跨学科趣味实验化学

赵 扬 著

中国原子能出版社

图书在版编目（CIP）数据

跨学科趣味实验化学 / 赵扬著. --北京：中国原子能出版社，2024.4（2025.3 重印）

ISBN 978-7-5221-3333-1

Ⅰ. ①跨…　Ⅱ. ①赵…　Ⅲ. ①中学化学课–初中–教学参考资料　Ⅳ. ①G634

中国国家版本馆 CIP 数据核字（2024）第 064303 号

内 容 简 介

《跨学科趣味实验化学》是一本面向学生的初中化学课外科普读物，书中实验内容丰富，含有很多生活中的实验，便于学生在日常完成实验，在实验中学习化学。同时，书中引入了大量的真实问题。真实问题的解决需要跨学科知识，因此自然融入了物理、地理、生物、历史等学科知识，增强了学生阅读的兴趣，同时有助于学生实际问题的解决，发展学生核心素养。同时，本书不仅提供了丰富的教学资源，而且还可以作为教师开发校本课程的宝贵素材。

跨学科趣味实验化学

出版发行　中国原子能出版社（北京市海淀区阜成路 43 号　100048）
责任编辑　刘东鹏
装帧设计　邢　锐
责任校对　冯莲凤
责任印制　赵　明
印　　刷　北京天恒嘉业印刷有限公司
经　　销　全国新华书店
开　　本　787 mm×1092 mm　1/16
印　　张　18.5
字　　数　462 千字
版　　次　2024 年 4 月第 1 版　2025 年 3 月第 2 次印刷
书　　号　ISBN 978-7-5221-3333-1　　　　**定　价**　**70.00 元**

发行电话：010-68452845

作者简介

赵扬，首都师范大学附属中学化学教师，中学高级，海淀区化学学科带头人，海淀区教育科研优秀种子教师，北师大教育博士在读。

关注课改前沿，深化教育改革。赵老师在教学中关注教育热点，积极实践学习方式变革的教学。她在跨学科课程、STEM 课程、项目式学习、游戏化学习、混合式学习等领域不断创新，发表论文 20 余篇。

近些年，赵老师专注于跨学科的化学课程与教学研究，她在初高中化学教学常规课堂里将物理、地理、生物等学科融入进来，形成别具特色的跨学科兴趣实验化学课堂。

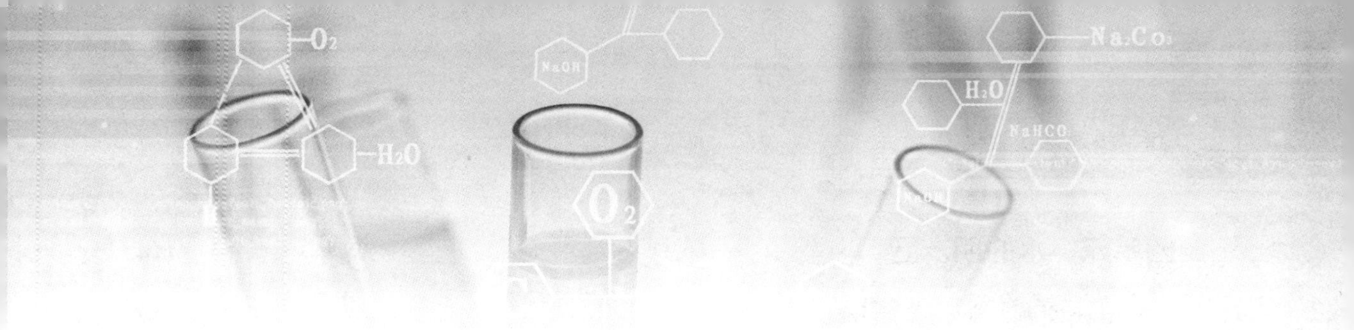

目　　录

绪言　化学就在你我身边

我们每天的生活，离不开化学的贡献。早上起床时，你使用了闹铃。闹铃帮助你养成了良好的作息习惯。闹铃的主体材料是化学方法冶炼的金属及合成的高分子树脂。起床之后，你叠起被子。被子要么是纯棉材料的，要么是聚酯纤维材料。前者是天然纤维，后者就是化学合成纤维。吃饭前，你要刷牙。牙膏是精细化工制品，而牙刷是一种塑料制品。你穿着一双运动鞋背着书包去上学，运动鞋底是一种橡胶材质，书包则是由化学纤维制作的。学习时，你用到电脑，电脑的主体芯片是由单晶硅制作的，电脑的外壳离不开金属材料和有机合成材料。你休闲时，玩一会儿足球，吃一块巧克力。足球是由特殊的有机高分子材料制成的，质量轻、弹性好。巧克力则是食品加工工艺产品，其制作过程中离不开化学反应的作用。

图Ⅰ　化学：就在我们身边

如此说来，化学的确已经融入了我们的生活。那么，化学是不是就只研究各种材料和用品呢？不是的，其实化学研究的范围很广，广到什么程度呢？广到我们目光能及和目光不能及的所有物质，包括我们赖以生存的空气和我们自己。这个大千世界都是化学的研究对象。也许你会有新的疑问：化学到底研究物质的哪些方面？让我们用一个例子来做个大概的说明吧。

图Ⅱ是神舟载人飞船升空的图片，这张图片可能让你有些想法或感触：“火箭腾空的巨大能量来自哪里？”“火箭用的燃料和汽车、飞机燃料有什么不同？”“为什么火箭腾空后会形成烟雾？这些烟雾里含有哪些成分？不同火箭形成的烟雾颜色为什么不一样？”“火箭主体材料是什么，这种材料应该具有哪些特性？这种材料的内部结构会是什么样的？”“火箭喷口的材料是什么，它为什么能耐受几千度的高温？”“火箭升空或穿越大气层，会对火箭主体材料产生哪些影响呢？”…这些想法归纳起来，大致上包括几个方面：这是什么，有哪些成分，有什么特性，为什么会有这些特性，可能会发生哪些变化，等等。这些问题正是化学研究物质的切入点，也是化学得以改造物质、改造世界的着力点。一言以蔽之，化学是研究物质的组成、结构、性质以及变化规律的科学。

图Ⅱ　神舟载人飞船升空

一、什么是化学

化学是在原子、分子水平上研究物质的组成、结构、性质及其应用的一门基础自然科学。迅猛发展的化学科学已成为生命科学、材料科学、环境科学、能源科学、信息科学等领域的重要基础，它在提高人类的生活质量、解决人类社会发展过程中出现的问题、促使人与自然和谐相处等方面发挥着重要的作用。

化学的英文为Chemistry，简写为Chem。对于化学的英文单词，我们可以这样拆分来理解。Chemistry=chem is try，译为“化学是不断尝试的结果”。“尝试”意味着实验，的确，化学作为科学学科的一员，属于实验学科。通过实验探究来获得核心知识、发展学科能力和收获必备品格是实验学科的特点。因此，本书特别注重实验对学习化学的重要性。与人教版教材的区别是加了很多兴趣实验，帮助学生在实验探究中形成学科能力。并且，为了帮助学生理解和迁移知识，在学习的过程中有意识地融入了物理、生物、历史等学科知识，让学生在跨学科教学中具备多角度研究物质的能力。

通过基础化学的学习，你应该在如下一些方面获得成就。

1. 化学知识：你需要熟知与当前和未来生活密切相关的元素化学知识，记住并理解一些中学化学学习必需的化学学科基本概念，能应用这些概念进行化学学习结果的表达。

2. 学科能力：你需要熟知同一元素单质、化合物之间的各种转化关系，理解学过的重要化学物质在生产与生活中的应用，理解日常生活中常见有毒、有害化学物质的致毒原理，知道什么样的日常用物质之间可以相互替代等。你要理解化学学科专用概念、名词、术语的真正含义，避免将来工作和生活中出现科学性错误。

3. 科学观念：你要知道化学无处不在，化学合成物质已经遍布现代生活的方方面面；要知道能源开发、环境改造、新材料制造、探究生命和宇宙奥秘都离不开化学。要知道化学元素周期律是你理解“量变质变、物极必反”等自然辩证法法则的重要基础。

4. 实验意识：化学属于实验科学，一切化学知识的形成都讲究实际证据。实验的技能也是生活中必需的，如化学现象的识别、材料鉴别、食物毒性鉴定等都要求进行实验探究。你要在本课程学习中学会基本的化学实验仪器使用方法，努力培养自己的实验意识和能力，将实验技能迁移到生活和别的学习领域中，并发挥重要作用。

5. 情感、态度、价值观：虽然你目前可能觉得化学抽象、不易理解、可能涉及有毒有害物质等，对化学有一些害怕，但是通过学习，你能改变原来对化学的这些错误认识，并体验到化学学习与探究给你带来的愉悦与激情、智慧与理性，形成对整个科学的正确而积极的认识。

接下来，我们通过几个兴趣实验感受一下化学学科的魅力。

探索海洋

闪亮的“镁”

请填写实验现象，并试着和老师、同学们交流讨论相关的问题。

［实验仪器及药品］ 镁条、砂纸、酒精灯、火柴、坩埚钳、护目镜。

［实验操作］ 戴好护目镜，取 5 cm 长的镁条，用砂纸打磨至表面出现银白色后，一端缠在坩埚钳上。用火柴将酒精灯点燃，观察实验现象。

［实验现象］ ______________________________

［交流讨论］

1. 点燃镁条出现如此闪亮的白光，那么这个实验有什么现实应用呢？

____

2. 你知道该反应后生成的白色固体是什么吗？

____

注意： 酒精灯使用的注意事项详见第一单元主题 1：魅力仪器的内容。实验操作过程中，由于镁条燃烧产生白光，请格外注意实验安全。

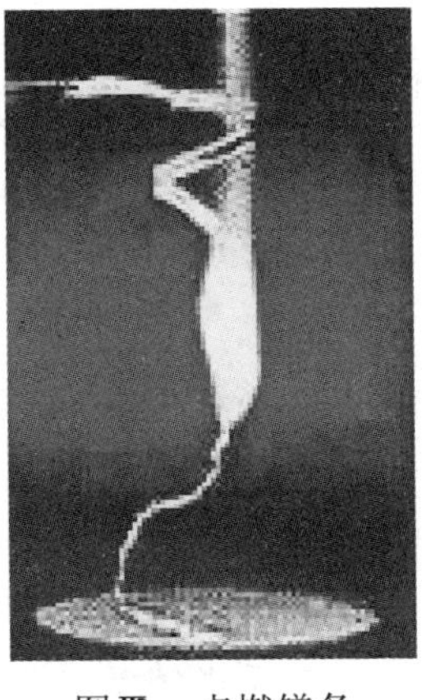
图Ⅲ 点燃镁条

实际上，镁条表面上有一层氧化膜，外观呈灰黑色。用砂纸打磨镁条，将氧化膜去除，能够得到银白色的金属镁（Mg）。金属镁的特点是燃烧时发出银白色的光，最早的闪光灯就是利用金属镁燃烧产生白光的性质而制备的。镁条燃烧时和空气中的氧气（O_2）作用，生成了一种银白色的固体——氧化镁（MgO）。

接下来的两则趣味实验，像魔术一样神奇。你如果掌握了操作方法，就可以向同学们表演魔术了！

探索海洋

茶水变墨水，墨水变茶水

[**实验仪器及药品**] 茶水、烧杯、玻璃棒、绿矾（化学名称：七水硫酸亚铁）、草酸晶体。

[**实验操作**] 魔术表演前将玻璃棒一端蘸有少量绿矾晶体，另一端蘸有少量草酸晶体。魔术开始时，将适量的茶水加入到烧杯中，然后将蘸有少量绿矾晶体的玻璃棒一端接触茶水，发现茶水变成“墨水”，然后将玻璃棒的另一端与“墨水”接触，发现，“墨水”又变成了“茶水”。

[**交流讨论**] 这是什么实验原理呢？

这是个非常有趣的化学反应。原来玻璃棒的一端事先蘸上绿矾（化学名称：硫酸亚铁）粉末，另一端蘸上草酸晶体粉末。因为茶水里含有大量的单宁酸，当单宁酸遇到绿矾里的亚铁离子后立刻生成单宁酸亚铁，它的性质不稳定，很快被氧化生成单宁酸铁的络合物而呈蓝黑色，从而使茶水变成了“墨水”。草酸具有还原性，将三价的铁离子还原成两价的亚铁离子，因此，溶液的蓝黑色又消失了，重新显现出茶水的颜色。但是，再次变成的“茶水”可不是能饮用的茶水，而是外观上看起来像茶水而已，千万不能直接饮用哦！这种现象在人们生活中也是经常遇到的，当你用刀子切削尚未成熟的水果时，常常看到水果刀口处出现蓝色，有人以为是刀子不洁净所造成的。其实，这种情况同上述茶水变墨水是一样的道理，就是刀子上的铁和水果上的单宁酸发生化学反应的结果。

探索海洋

魔棒点火

请填写实验现象，并试着和老师、同学们交流讨论相关的问题。

[**实验仪器及药品**] 浓硫酸、高锰酸钾、酒精、棉花、石棉网、三脚架、石棉网、一次性橡胶手套、护目镜。

[**实验操作**] 戴好护目镜和一次性橡胶手套。取 1～2 mL 浓硫酸加入一只洁净干燥的试管中，然后向其中缓慢加入半勺高锰酸钾（$KMnO_4$）粉末，然后将试管小心缓慢地放在试管架上。取一只小烧杯，加入半杯 95%酒精，然后将一小块棉花浸入到酒精中。将酒精取出，放在石棉网上，同时将石棉网放在三脚架上，此时用一支洁净干燥的玻璃棒蘸取少量试管内的药品，并将玻璃棒与棉花接触，发现棉花剧烈燃烧。

注意：浓硫酸和高锰酸钾有极强的氧化性，同时浓硫酸有一定的腐蚀性。因此，该实验只能在化学教师的陪同和允许下完成实验，不得擅自模仿。

[**交流讨论**] 这是什么原理呢？

这个实验像魔术一样神奇，没有火源，也可以点火。实际上，该反应是由于高锰酸钾和浓硫酸两者反应，生成了氧化能力极强的棕色油状液体七氧化二锰（Mn_2O_7），当这种物质接触到酒精（也称乙醇 C_2H_5OH）时，发生剧烈反应，放出大量热，放出的热量能使酒精达到着火点而燃烧。

二、化学的发展历史

50 万年前，北京猿人生活过的地方，发现了经火烧过的动物骨骼化石。有了火，原始人从此告别了茹毛饮血的生活，火种的使用是化学的启蒙。人类通过使用火制造陶器、冶炼金属和提取燃料等一系列实践活动，远离了原始单调的生活方式，逐步进入了文明社会。公元前 3000 年，中国人和埃及人学会了以粮食发酵酿酒，开启了数千年的葡萄酒文化和白酒文化。公元前 211 年，秦始皇灭六国后，寻求长生不老药成为当时最紧迫的问题，所以就有了徐福东渡寻找长生不老药的故事。不仅是中国皇帝在丹炉里寻求慰藉，欧洲大陆和阿拉伯世界的炼金术也在探索中。其中，希腊的炼金术士将铜、铅、锡、铁熔化，放入多硫化钙溶液中浸泡，在合金表面便形成了一层硫化锡，它的颜色酷似黄金，炼金术士误以为“黄金”已经炼成，实际上只不过是一场“点石成金”的传说而已。

图Ⅳ　火的使用，是化学的启蒙

1781 年，法国化学家拉瓦锡发现了许多有机物完全燃烧都会产生二氧化碳和水，表明有机物含有碳和氢。1789 年，他又通过对葡萄酒酿造过程的分析，证明质量守恒定律也适用于有机物。1810 年，盖・吕萨克和泰纳对蔗糖、乳糖淀粉、蜡等 15 种不含氮的有机物，以及蛋白、纤维蛋白、酪蛋白和明胶等含氮的有机物进行元素分析，并用有机物与氯酸钾混合，强烈加热使有机物燃烧，测量生成气体的体积的方法测定元素的组成。1820 年，为了治疗当时世界上最致命的疾病——疟疾，法国化学家佩雷迪尔和卡尔顿从金鸡钠树中提取出了疟疾特效药奎宁。1828 年，德国化学家维勒在合成氰酸铵时，意外地得到了尿素，这是第一个人工合成的有机化合物。1869 年，门捷列夫发现了元素周期律，他根据元素周期律编制了第一个元素周期表，把已经发现的 63 种元素全部列入表里，从而初步完成了使元素系统化的任务，从此化学走向科学的领域。

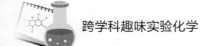

现代化学突飞猛进地发展。1906 年，德国费歇尔提出蛋白质的多肽结构理论，并合成出分子量为 1 000 的多肽。1909 年，丹麦化学家瑟伦森提出 pH 概念。1911 年，居里夫人因发现元素钋和镭第二次获得诺贝尔奖。1912 年，德国化学家霍夫曼人工合成橡胶成功。1916 年，德国开始用空气中的氮气大批生产氨和尿素，加速了现代农业的大发展。1927 年，英国的细菌学家亚历山大・弗莱明发明的青霉菌分泌物具有强大的杀菌能力。1932 年，德国人马克在染料中发现了对链球菌和金黄色葡萄球菌感染有特效的磺胺类抗生素百浪多息，挽救了无数链球菌感染的病患，因此获得诺贝尔生理医学奖。1937 年，杜邦公司的一位化学师偶然发现煤焦油、空气与水的混合物在高温下融化后能拉出一种坚硬、耐磨、纤细并灵活的细丝，这就是后来广为人知的尼龙纤维……

图Ⅴ　近代化学之父：拉瓦锡

化学的飞跃发展，给人类生活带来巨大的变化。如今，我们每天的生活已经离不开化学，作为青少年，我们应该掌握化学知识，提升自己的化学能力，将来运用化学知识为这个世界继续作出贡献。

第一单元　物质的变化

以实验探究为主的学习方式是学习化学最大的特色。本单元第一个主题“魅力仪器”带领同学们走进科学探究的海洋，学习仪器的正确使用方式。之后，为了区分宏观世界中哪些变化属于物理变化，哪些变化属于化学变化，我们通过“蜡烛燃烧”的实验探究，区分两种变化，进一步明确化学的研究范畴。接下来，将重点学习“燃烧”这一种化学变化，掌握燃烧的要素、爆炸与燃烧的关系以及灭火的原理和方法。此外，通过“神奇的化学变化”“DIY 水果电池”体会化学变化中化学能向其他形式的能量转化的事实。这一单元，丰富有趣的实验将一直陪伴着你，赶快行动吧！

本单元课题

变化与性质的调查研究

课题意义：生活中每天发生着各种各样的变化。如：清晨，树叶上出现了小露珠，这是一种物理变化。我们乘坐电梯上下楼，这也是一种物理变化。再如：汽车行驶时向外排放了气体，这是化学变化。人呼吸时，空气中的氧气参与了呼吸作用，这也是一种化学变化……生活中处处存在物理变化和化学变化。现在，让我们调查一下生活中的物理变化与化学变化，并学习每种变化中蕴含着什么性质吧！

课题目标：调查生活中不少于 10 种物理变化和 10 种化学变化。依次阐述这些变化中体现出哪些物理性质和化学性质。最终，你将形成一份不少于 800 字的调查报告。

开展计划：

1. 建立研究小组，每组 2～3 人。进行小组分工。

2. 根据本章的“烛火的智慧”学习物理变化与化学变化的区别，并根据“奇妙的燃烧”“灭火的奥秘”“警惕爆炸”“神奇的化学能量”“DIY 水果电池”学习内容，深入理解几种化学变化，并制定合理的计划。

3. 寻找专业人士咨询计划的可行性，及时调整计划。

4. 实施计划。

5. 书写调查报告，完成目标中的所有要求。

如：调查报告可参考以下格式

调查主题	
小组分工	
物理变化及性质	
化学变化及性质	
调查总结	

主题1　魅力仪器

学习目标

1. 了解实验室规则和实验安全知识。

2. 认识常见的化学仪器。

3. 能够用常见的化学仪器完成取用固体和液体试剂、加热液体、检验装置气密性等操作。

关键概念

实验室规则、基本仪器、实验操作

学科融合

物理、化学、生物　基本仪器的使用和实验室规则及安全知识

一、实验室注意事项

实验室中，有些试剂是有毒的，或者是有可燃、易爆等危险性的，因此，在使用化学试剂前，要看看标签上是否有某些危险品标志，如果有，要先咨询老师，问清楚使用注意事项。常见危险品标志如图 1-1 所示。

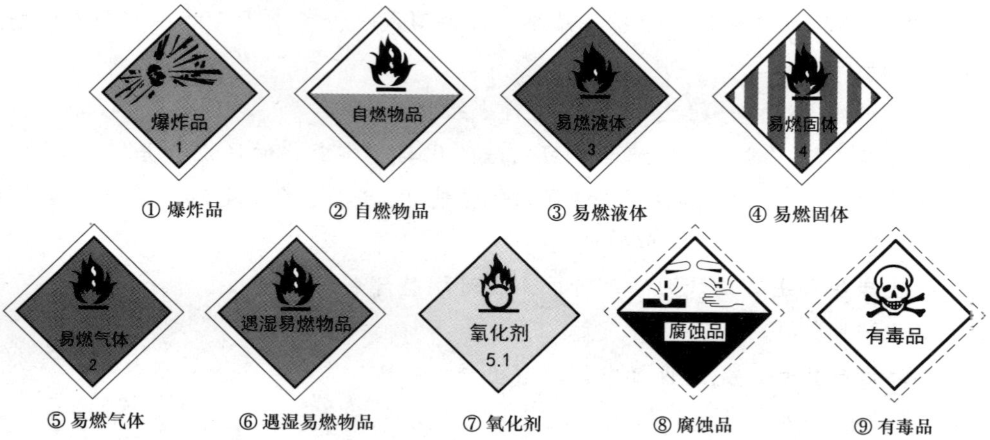

图 1-1　常见危险品标志

走进实验室，你就是一名化学家。化学家的科学素养，首先表现在良好的实验习惯上。这种实验习惯是自觉严格遵守实验室规则的结果。首先，让我们一起来了解掌握实验室规则。

（一）实验室规则

1. 实验开始前要认真阅读实验说明和安全注意事项；
2. 不准擅自动手做未经许可的实验。严禁随意混合药品。严禁违反操作规程、随意操作；
3. 实验室内严禁嬉笑打闹、高声喧哗；
4. 实验开始前要清点仪器药品，发现缺失或损坏要及时报告教师；
5. 实验后要切断电源、水源、气源，清洗仪器，清理实验台和地面；
6. 实验室内一切物品、未经许可不得擅自带出实验室；
7. 及时将仪器损坏情况报告给教师。

（二）身体保护

1. 穿合适的衣服、不要穿短裤、背心、凉鞋、长发应盘束；
2. 了解所有防护设备的放置地点和操作，如灭火器、灭火毯、急救箱等；
3. 需要佩戴护目镜的实验，必须始终佩戴护目镜；
4. 饮料、食物、口香糖不许带入实验室；
5. 严禁品尝实验药品，严格避免化学药品直接接触眼睛，不准将鼻子凑到盛试剂的容器口嗅闻。嗅物质的气味时，用手扇动试剂瓶口处的气体到你的鼻孔；
6. 浓酸、浓碱具有强腐蚀性，使用时要小心，不要把它洒在皮肤或衣服上。若皮肤不慎接触浓酸、浓碱后要用大量的水冲洗（碱灼伤后水洗后用 2%的醋或 2%的硼酸冲洗，再用水清洗；酸灼伤后水洗后用碳酸氢钠溶液冲洗，再用水清洗）；
7. 离开实验室时应用洗手液和水洗净双手。

（三）废物处理

将实验后的废物放入指定器皿或规定场所，未经允许不得将液体废物直接倒入下水道。

（四）加热操作

1. 使你的脸远离加热的试管和烧杯；
2. 当在试管里加热试剂时，不许将试管口对着任何人；
3. 绝对禁止用一个酒精灯点燃另一个酒精灯，绝对禁止用嘴吹灭酒精灯；
4. 加热时不得擅自离开，仔细照看燃着的酒精灯；
5. 避免接触灼热的仪器，防止烫伤；

6. 严禁加热密闭系统；

7. 发生火灾要冷静。小火用湿布或灭火毯盖灭，火势大时可用灭火器。

（五）药品取用

1. 仔细阅读试剂瓶标签，防止用错药品。试剂瓶标签始终朝外放置；

2. 不准将未用完的试剂放回原来的试剂瓶，也不要随意丢弃，更不要拿出实验室，要放入指定的容器内予以回收；

3. 用过的药匙和非专用滴管必须清洁后方可进行药品的取用。

二、认识基本仪器

初中化学实验用的常见仪器如图 1-2 所示。表 1-1 展示了试管、烧杯、集气瓶、酒精灯、量筒的使用注意事项。

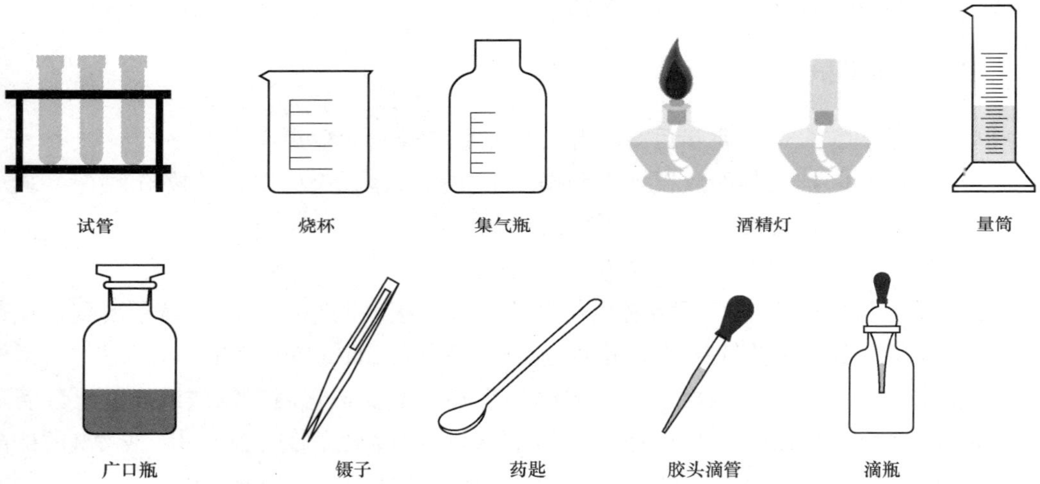

图 1-2　实验室常见仪器

表 1-1　五种常见的仪器的使用注意事项

仪器	用途	注意事项
试管	① 少量试剂的反应容器 ② 收集少量气体 ③ 少量物质的溶解	① 可直接加热，但加热后不能骤冷 ② 加热溶液不超过试管容积的 1/3 ③ 加热需用试管夹，夹在距上口 1/3 处
烧杯	① 溶解固体、稀释溶液 ② 较多试剂反应容器 ③ 加热液体用的容器	① 加热需要垫石棉网 ② 反应时液体不超过容积的 2/3；加热时不超过容积的 1/2
集气瓶	① 收集气体 ② 气体反应容器	① 收集气体用玻璃片盖好或用胶塞塞紧 ② 燃烧反应有固体生成，瓶底应放水或细砂
酒精灯	用于加热，加热时用温度最高的外焰	酒精量在 1/4～2/3 之间；加热用外焰；用后用灯帽盖灭；禁止点燃时添加酒精
量筒	量取液体（精度 0.1 mL）	不可加热；读数平视；不能作为反应容器

三、化学实验基本操作

（一）化学试剂的取用

你遇到过这种情形吗？晚餐时，汤有点淡，你把盐盒拿来，用小汤勺取出点盐，洒到汤碗中，搅一搅。其实这就是生活中取用固体“试剂”的实例，化学实验操作就源自生活，只不过它更标准化、程序化而已。

与生活中取用某些物品相比，化学实验室取用化学试剂要遵循哪些原则呢？首先，也是最重要的一点，是要避免试剂因相互混杂或沾染其他物质而被污染；其次，节约性原则，所取试剂要适量，够用就行。在实验室中，如果没有明确说明试剂的用量，一般固体试剂盖住试管底即可，液体试剂取 1 mL 左右。

固体试剂的保存和取用仪器如图 1-2 所示。固体试剂有粉末状、块状等各种不同的形状，常放在广口试剂瓶（简称广口瓶）里。取用固体试剂，要借助镊子或药匙，镊子用于取块状试剂，药匙用于取粉末状试剂。如果直接将锌粒或大理石等固体试剂投入试管中，试管底部将可能被砸裂；如果你将粉末状固体直接装入试管中，将可能有一些粉末粘在试管壁上。那么我们应该怎样正确取用固体试剂呢？

例如：取用锌粒的操作。左手将一支试管横放，右手用镊子夹取锌粒（Zn）放在试管口。将试管慢慢直立，让锌粒滑向试管底部。

又如：取用碳酸钠固体的操作。如图 1-3 所示，左手将试管横放，右手用药匙将碳酸钠（Na_2CO_3）粉末送入试管底部（或者将碳酸钠粉末放入纸槽中送入试管底部），慢慢直立试管，用手指轻弹药匙（或纸槽）后取出药匙（或纸槽）。药匙用后随即用纸擦净。

图 1-3　将固体粉末送入试管底部的操作

交流讨论

请同学们对固体试剂的操作要点进行小结。

常见的液体化学试剂以溶液居多，因此，取用溶液试剂是化学实验中最基本的操作之一。

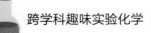

液体试剂常存放在细口试剂瓶（简称细口瓶）中，有时也存放在滴瓶中。若需取用较大量的液体试剂，一般采用直接倾倒的方式（如图 1-4），右手握住试剂瓶，使标签向着掌心；左手持拿住试管，将试管略微倾斜，试剂瓶口紧贴试管口，将液体沿着试管内壁缓缓倒入试管中，加入量不超过试管体积的 1/3；倾倒完毕，将试剂瓶口在试管口上轻刮一下，试管放回试管架；试剂瓶盖上瓶塞，标签向外放回原处。

若取用量较小，一般采用胶头滴管滴加的方式（如图 1-5 所示）。滴管要一直保持垂直向下，滴加过程中滴管必须垂直悬空，不能触碰到试管壁。使用完后滴管应立即用清水洗净备用，不得用未清洗的滴管从其他的试剂瓶中吸取液体试剂。吸有液体的滴管不能平放或倒置，防止试剂被橡胶帽中的杂质污染。滴瓶所带滴管用完后直接放回原滴瓶，不必清洗。

图 1-4　倾倒液体试剂

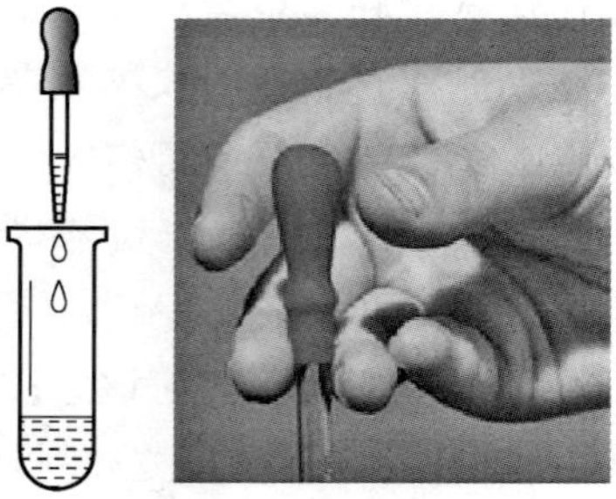

图 1-5　滴加液体试剂

以上倾倒液体或滴加液体，所取的液体体积并不准确。为了准确地取出所需体积的液体，需要借助可以定量的仪器，量筒就是常用的、定量量取液体的仪器之一。为了保证量筒刻度的准确性，它只能用来量取液体，不能用来长时间盛放液体。量筒用过之后要立即清洗，洗净的量筒最好能直立放置在仪器盒中。如果为了避免碰倒、碰碎，也可以将它横放在仪器盒中。量筒使用时，需要平视刻度线读数，其中视线与凹液面水平相切观察。

（二）加热操作

加热是生活中常用的一种升温手段，也是化学实验中一种必不可少的实验操作。无论是在生活中还是在实验室里，都要先了解不同加热手段可能带来的安全隐患，为了确保安全，既要严格按照标准程序来操作，防患于未然，又要能够在出现突发事故的情况下沉着处理。

1. 酒精灯的使用

实验室加热一般使用酒精灯。酒精灯由灯体、灯芯和灯帽三部分构成，如图 1-6 所示。

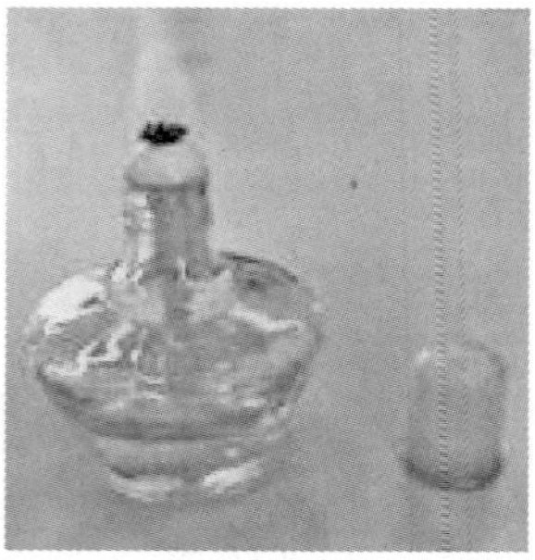

图 1-6　酒精灯的三部分

酒精灯以酒精为燃料。由于酒精易挥发、易燃，因此，使用酒精灯时一定要避免酒精洒出或灯体内酒精着火。

首先，酒精灯在存放及使用的过程中，必须始终保持正立，以免洒出酒精，引发事故。

其次，使用酒精灯之前，应先检查灯体内酒精的量，其量以占灯体体积的 1/4～2/3 为宜。在使用过程中，如果发现酒精的量太少，应该先熄灭酒精灯，等灯芯冷却后，才能往灯体中添加酒精，绝对不可以在燃着的情况下直接添加酒精，以免引起火灾。

最后，酒精灯一般用火柴或打火机来点燃，禁止用燃着的酒精灯去点燃另一盏酒精灯；熄灭酒精灯时必须用灯帽盖灭，不能用嘴吹灭，以免引起火灾。

只要你牢记上述几点，使用酒精灯就是很安全的。

2. 给物质加热

当需要加热的物质比较少，可利用试管在酒精灯上直接加热，此时液体的量不得超过试管体积的 1/3。当需要加热的物质比较多，最好选用容积较大的烧杯、锥形瓶等，此时先垫上石棉网，再加热，且液体的量不宜超过容器体积的 1/2。由于外焰温度较高，一般利用酒精灯的外焰来加热。

加热前如果容器外壁沾有水珠等，应用干抹布擦去，保持容器外壁干燥。

同学们，你们遇到过较热的玻璃杯滴上冷水后炸裂的情况吗？与此类似，实验室里的玻璃仪器在较热的前提下应避免骤冷，如沾到冷水、碰到较凉的物体等，以免炸裂。当然，也不要用手去触碰刚加热过的玻璃仪器，否则有可能烫伤。万一不小心被烫伤，应尽快用凉水冲洗以降温，然后视情况决定是否就医。

（三）装置气密性的检验

如图 1-7 所示，用手紧握试管，观察水中的导管口有没有气泡冒出。如果有气泡冒出，说明装置不漏气；如果没有气泡冒出，要仔细查原因，如是否塞紧或更换橡胶塞，直至不漏气后才能进行实验。

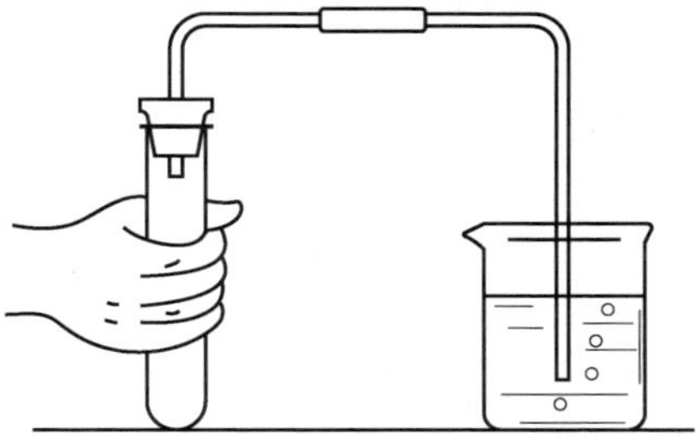

图 1-7　检验装置气密性

（四）玻璃仪器的洗涤

化学实验室里的瓶瓶罐罐，很多是玻璃制品，使用过后大多数都需要洗净以备用。玻璃器皿洗干净的标准是：内壁均匀的附着一层水膜，水既不聚成水滴，也不成股流下。多洗几支试管、多洗几个烧杯，你就清楚这个标准的含义了。

在动手练习之前，请大家回忆一下自己冲洗水杯的情形：如果水杯里有茶叶等固体物质，你是怎么做的呢？是把茶叶直接倒入水池中呢，还是先把茶叶捞出来倒入废物桶中？其实我们都知道，像泡过的茶叶这种不溶于水的固体废弃物，最好不要直接倒入水池。那么，清洗玻璃仪器时，如果有固体物，也应该先把固体物质放入废物缸中，再来洗涤仪器。

探索海洋

基本实验操作

请你依次完成以下 4 个实验，将实验现象和实验结论填写在表 1-2 的相应位置。

表 1-2　基本实验操作任务单

实验内容	实验现象	实验结论
锌粒与稀盐酸反应 1. 镊子夹取锌粒 2. 倾倒法加入稀盐酸 3. 观察实验现象 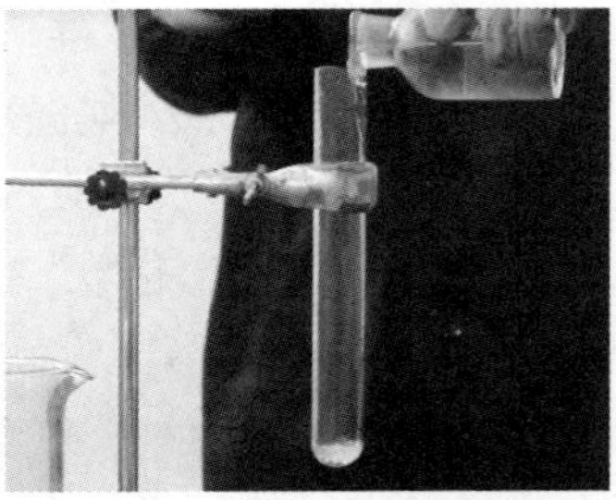 图 1-8　倾倒法加入液体		查阅资料，了解该反应产生的气体是什么？写在这里
碳酸钠粉末与稀盐酸反应 1. 药匙或纸槽取碳酸钠粉末 2. 滴加法加入稀盐酸 3. 观察实验现象 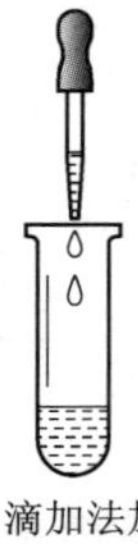 图 1-9　滴加法加入液体		查阅资料，了解该反应产生的气体是什么？写在这里
氢氧化钠与硫酸铜溶液反应并加热 1. 倾倒法加入 5 mL 硫酸铜溶液 2. 滴加法加入少量氢氧化钠溶液，观察实验现象 3. 对反应后的液体加热，观察实验现象  图 1-10　氢氧化钠和硫酸铜反应		说明该反应是化学变化还是物理变化

续表

实验内容	实验现象	实验结论
检查装置气密性 如图所示，连接装置，检查装置气密性。如果现象不明显，可以用酒精灯微热试管。 思考：反应原理是什么 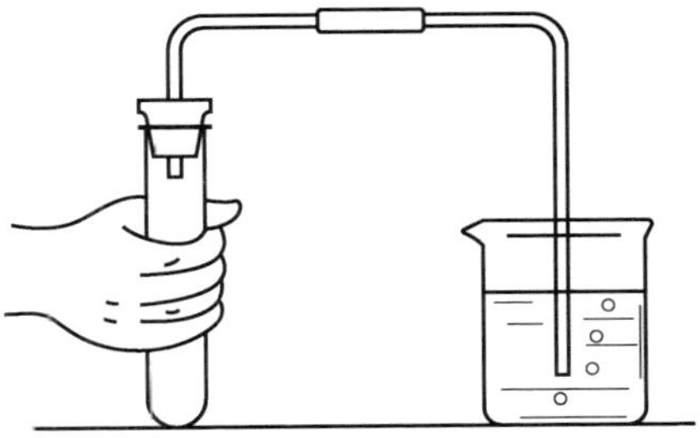 图 1-11　检验装置气密性		请在此处写出反应原理

小试牛刀

1. 下列仪器名称不正确的是（　　）。

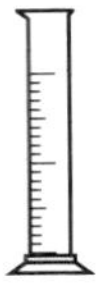   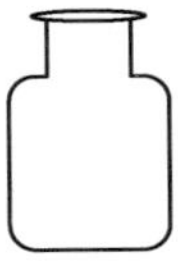

A. 量筒　　B. 酒精灯　　C. 玻璃管　　D. 集气瓶

2. 下列属于有毒品标志的是（　　）。

A. 　　B. 　　C. 　　D. 

3. 下列仪器，带有刻度的是（　　）。

A. 滴管　　B. 试管　　C. 量筒　　D. 酒精灯

4. 用酒精灯加热物质，一般要用外焰加热，其主要原因是（　　）。

A. 外焰温度最高　　B. 外焰温度最低

C. 外焰温度适中　　D. 外焰加热方便

5. 取用药品进行实验，正确的做法是（　　）。

A. 取用固体药品，可用手直接拿取

B. 倾倒液体时，可以快速往试管里倒

C. 若取用的药品实验后有剩余，应倒回原试剂瓶

D. 每取一种药品后，都应立即盖好试剂瓶，标签朝外，放回原处

6. 下列四项基本实验操作中，正确的是（　　）。

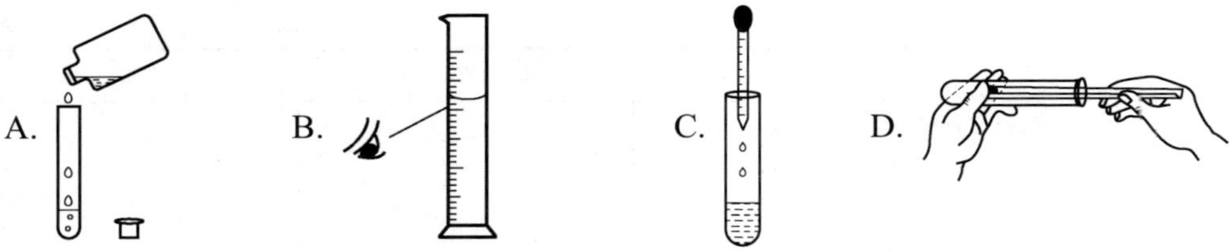

学习反思

亲爱的同学们，通过本节内容的学习，你达到学习目标了吗？请你根据自己的学习情况进行自我评价。

表 1-3　自我评价量表

学习目标	是否达成 （全部达成请画☆☆☆，部分达成请画☆☆，没有达成请画☆）	学习反思
了解实验室规则和实验安全知识		掌握较好的内容有：
认识常见的化学仪器		
能够用常见的化学仪器完成取用固体和液体试剂、加热液体、检验装置气密性等操作		有待提高的内容有：

主题 2　烛火的智慧

学习目标

1. 初步学习观察实验的方法，会观察并记录实验现象。
2. 学会区别物理变化和化学变化，了解物质的物理性质和化学性质。

关键概念

物理变化、化学变化、物理性质、化学性质

学科融合

物理　物理变化、物理性质

化学　化学变化、化学性质

世界是由物质组成的。大到宇宙中的星体、小到肉眼看不到的粒子，构成了千姿百态的物质世界。各种物质之间存在着多种相互作用，也不断地发生着变化。那么，物质究竟是什么呢？这可不容易回答，让我们从分析物质的变化和性质入手。

一、物理变化与化学变化

图 1-12　灯泡发光

首先，让我们一起来分析电灯和蜡烛在照明过程中的不同变化。

先来分析通电前后电灯的变化，如图 1-12。通电后，电灯发光了，同时伴有轻微的发热。我们知道，电灯发光靠的是灯丝（即钨丝）。那么，在短时间通电时，灯丝会因为通电而变短、变细、最后消失吗？不会。

再来分析点燃前后蜡烛的变化。点燃的蜡烛也发光、发热。除此之外，其他的变化有哪些呢？哦，蜡烛逐渐变短，靠近火焰的蜡烛会部分熔化，对气味敏感的人可能还能闻到一股蜡烛味。那么，燃烧时蜡烛逐渐变短，是因为蜡烛熔化的原因，还是因为其他原因？如果仅仅是因为蜡烛熔化的原因，那么当蜡烛被熄灭时，熔化的蜡烛又会凝固，这样剩余的蜡烛总量应该和点燃前相等，但是我们都有这个生活经验，燃烧过的蜡烛比点燃前确实短了、轻了，最终蜡会彻底消失。

这么看来，照明的这个过程中，电灯和蜡烛发生了一些相同的变化，如都发光、发热，但也有不同的变化，其中最大的不同，在于灯丝没有被消耗，而蜡烛却逐渐被消耗直至耗光。我们不得不追问下去：照明前后，灯丝一直是原来的那根钨丝吗？被消耗的蜡烛哪去了？细细想想，我们能推断出来，无论通电与否，灯丝还是原来的那根钨丝，没有什么本质的不同，但是被消耗的蜡烛肯定不再是蜡烛了，肯定变成了其他的东西，“飞”走了。可见，照明前后灯丝没有发生本质的变化，没有变成其他的东西，而蜡烛却变成了其他的东西，发生了本质的变化。

从上述例子可以看出，物质发生的变化中，有些变化过程改变了这种物质本身，使这种物质变成了其他物质，而有些变化过程只改变了物质的形状等，并没有改变这种物质本身，没有使这种物质变成其他物质。

我们把没有新物质生成的变化叫作**物理变化**，把有新物质生成的变化叫作**化学变化**。

交流讨论

分析下列生活实例，看看主要发生了物理变化还是化学变化，填写表 1-4。

表 1-4　物理变化、化学变化

变化过程	变化类型	变化过程	变化类型
1. 鞋底被扎个洞		5. 头发被剪断	
2. 磕破鸡蛋		6. 酒精挥发	
3. 泥土做成砖坯		7. 冰淇淋受热融化	
4. 氢气球上升		8. 鞋底被火烧焦	

续表

变化过程	变化类型	变化过程	变化类型
9. 煎熟鸡蛋		12. 头发慢慢长长	
10. 砖坯烧制成砖		13. 酒精燃烧	
11. 氢气球遇火爆炸		14. 融化后的冰淇淋逐渐变酸臭	

二、物理性质和化学性质

还记得我们在本节对电灯和蜡烛照明进行的对比吗？电灯和蜡烛不同的使用方式，能否给我们这样的启示：电灯和蜡烛的某些性质是不同的？

灯丝通电照明这一过程，说明灯丝（金属钨，W）具有导电性；蜡烛燃烧这一过程，说明蜡烛具有可燃性。我们已经知道，灯丝通电只发生了物理变化，蜡烛燃烧主要发生了化学变化。因此，我们把像导电性这种不需要发生化学变化就能体现出来的性质称为**物理性质**，而把像可燃性这种只有经化学变化才能体现出来的性质称为**化学性质**。那么，具体而言，哪些性质属于物理性质，哪些性质属于化学性质呢？

颜色、状态、气味、硬度、密度、熔点、沸点、导电性、导热性、挥发性、延展性等是常见的物理性质。当物质呈现这些性质时，都没有生成其他的物质，都与化学变化无关。

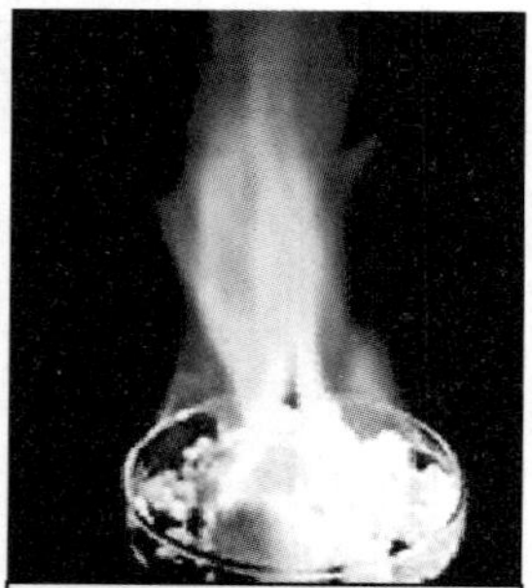
化学性质：可燃性

图 1-13　化学性质：可燃性

化学性质除了可燃性外，还包括其他很多方面。以金属为例，我们知道，常温下铁（Fe）在潮湿的空气中很容易生锈（$Fe_2O_3 \cdot xH_2O$），铜（Cu）在潮湿的空气中会生成铜绿[$Cu_2(OH)_2CO_3$]，而金（Au）在潮湿的空气中则不会发生变化，这些事实说明潮湿空气中铁会生成新物质——铁锈，发生了化学变化，体现了铁“在潮湿空气中能生成铁锈”这一化学性质；同样也说明潮湿空气中铜会生成新物质——铜绿，体现了铜“在潮湿空气中能生成铜绿”这一化学性质。而金在潮湿的空气中不会生成新物质，没有发生化学变化。无论如何，当物质呈现这些化学性质时，一定有其他的物质生成，一定发生了化学变化。

到目前为止，我们已经能够比较好地分析、判断一个过程到底是物理变化过程，还是化学变化过程，也能分析这个过程所体现出来的性质，到底是物理性质，还是化学性质，那就让我们动起手来，在接下来的几个探究活动中，结合每个操作的现象，来分析一下这个操作过程中主要发生了物理变化还是化学变化，分别体现了哪些物理性质或化学性质吧。

探索海洋

蜡烛的燃烧

[实验仪器及药品] 澄清石灰水、蜡烛、酒精灯、火柴、烧杯等。

[实验流程]

（1）提出问题：蜡烛燃烧时火焰温度一样吗？蜡烛燃烧后变少了，是变成了什么呢？

（2）查阅资料：① 二氧化碳能使澄清石灰水（$Ca(OH)_2$）变白色浑浊。② 水蒸气（H_2O）遇冷会凝结。

（3）实验步骤（方法与操作）

某同学对蜡烛（主要成分是石蜡）及其燃烧进行了探究。其实验步骤有：① 点燃蜡烛，紧贴烛芯将火柴梗放入火焰中约 1 秒后取出；② 在火焰上方罩一个冷而干燥的小烧杯；③ 用一个干燥的烧杯，将其底部靠近火焰；④ 切下一块石蜡，放入水中；⑤ 熄灭蜡烛，用火柴去点白烟；⑥ 迅速倒转烧杯，加入澄清石灰水，振荡。参看（4）的实验记录，以上操作步骤的正确排序是____________________________________。

（4）记录并分析现象（表达与交流），填写结论（解释、归纳与结论），见表 1-5。

表 1-5　蜡烛燃烧的任务单

探究步骤	对实验的观察和描述
点燃前	石蜡放入水中观察到的现象____________________________________
燃着时	① 点燃蜡烛，如图所示，把一根火柴梗放在蜡烛的火焰中，约 1 s 后取出可以看到火柴梗的________（选填图中字母）处最先炭化（变黑），这说明______处温度最高 ② 在火焰上方罩一个冷而干燥的小烧杯，观察到的现象是： ____； 倒转烧杯，加入澄清石灰水振荡的现象是：____________________________________ ③ 烧杯底部靠近火焰一会后的现象是：____________________________________ 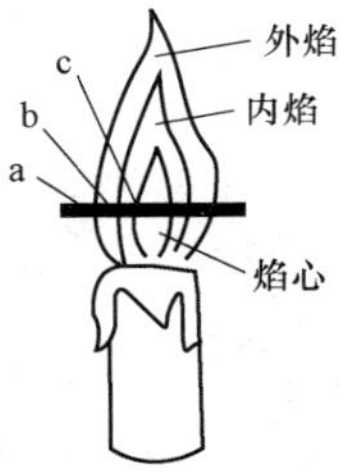 图 1-14　蜡烛燃烧时的 3 层火焰
熄灭后	吹灭蜡烛，观察到一缕白烟，用火柴去点白烟，能否点着？如何点着？

[实验结论] 蜡烛燃烧生成________________________________。

[反思与评价]

1. 这次实验中，物理变化有：______________________，化学变化有：______________。体现出蜡烛的物理性质有：______________________，化学性质有：________________。

2. 小明进行实验时，将烧杯底部靠近蜡烛，发现烧杯底部变黑。你能说说这黑色物质是什么吗？____。

实验现象的观察和记录也是有章可循的。这个章法是什么呢？主要是两点："有序"和"有重点"。

第一，有序。按照变化前、变化中及变化后的时间顺序观察，也可以按照自上而下的空间顺序观察，描述实验现象也依照时间顺序和空间顺序来叙述。

第二，有重点。"变化前"重点关注物质的颜色、状态等；"变化中"关注是否有发光、放热、有气体放出、沉淀生成，以及气体的颜色、沉淀的颜色、溶液的颜色变化等现象；"变化后"要关注是否有新物质生成，新物质的颜色、状态等。

刚才的实验，点燃前，我们发现蜡烛一般来说是白色或红色的固体，切下一小块蜡烛，放入水中，观察到蜡烛浮在水面上，说明蜡烛的密度小于水。点燃蜡烛时，发现蜡烛燃烧产生明亮的火焰。过一会儿，出现了蜡油熔化的现象，蜡油熔化的过程是物理变化，蜡烛从固体变成液体。将火柴梗放在蜡烛的火焰中，发现火柴梗两端最先炭化，这说明火焰的外焰温度最高。在火焰上方罩一个干冷的小烧杯以及倒转烧杯，加入澄清石灰水的操作是为了检验蜡烛燃烧的产物。通过查阅资料可知，蜡烛燃烧能够产生水和二氧化碳。利用水蒸气遇冷液化的性质检验水，利用二氧化碳使澄清石灰水变浑浊的性质检验二氧化碳。蜡烛熄灭后，产生一缕白烟。你知道白烟的成分是什么吗？白烟是二氧化碳吗？实际上，你通过实验发现，白烟是可以被点燃的，说明白烟是可燃物，而二氧化碳不是可燃物。说明白烟不是二氧化碳。那么，通过反应来看，我们预测，白烟应该是石蜡固体颗粒。那么，石蜡固体颗粒怎么跑到空气中了呢？这是因为蜡烛燃烧的过程中，放出热量，使石蜡熔化变成液态石蜡，液态石蜡会继续吸热变成气态石蜡，在空气中，气态石蜡遇冷凝结成石蜡小颗粒，形成了白烟。

图 1-15　蜡烛燃烧产生白烟

烧杯底部接近蜡烛，发现底部变黑，这是形成了黑色的碳。进一步实验发现，罩在火焰上方的烧杯位置越低，产生黑色固体越多。查阅资料可知：蜡烛+氧气（足量）→二氧化碳+水；蜡烛+氧气（少量）→一氧化碳+水；蜡烛+氧气（极少量）→碳+水。

小试牛刀

1. 蜡烛燃烧的火焰温度最高的是（　　）。

A. 焰心　　B. 内焰　　C. 外焰　　D. 都一样高

2. 能使石灰水变浑浊的气体是（　　）。

A. 氧气　　B. 氮气　　C. 水蒸气　　D. 二氧化碳

3. 蜡烛燃烧的实验，说明蜡烛中一定含有的元素是（　　）。

A. 碳和氢　　B. 碳和氧　　C. 氢和氧　　D. 碳、氢、氧

4. 蜡烛燃烧过程中，属于化学变化的是（　　）。

A. 蜡烛燃烧前先熔化成蜡烛油　　B. 蜡烛燃烧的火焰呈明亮的黄色

C. 蜡烛逐渐变短　　D. 蜡烛燃烧的产物是二氧化碳和水

5. 填写实验报告（表 1-6）

表 1-6　蜡烛燃烧的实验

实验步骤	实验现象	结论
① 把一只干燥的冷烧杯罩在酒精灯上	烧杯内壁出现水雾	酒精燃烧时生成了________
② 用手触摸上一步骤中的烧杯底部	感觉有些烫	酒精燃烧时________（填“放热”或“吸热”）
③ 收集酒精灯燃烧后产生的气体，并将气体通入澄清石灰水	________________	酒精燃烧时生成了二氧化碳

学习反思

亲爱的同学们，通过本节内容的学习，你达到学习目标了吗？请你根据自己的学习情况进行自我评价。

表 1-7　自我评价量表

学习目标	是否达成 （全部达成请画☆☆☆，部分达成请画☆☆，没有达成请画☆）	学习反思
初步学习观察实验的方法，会观察并记录实验现象		掌握较好的内容有：
学会区别物理变化和化学变化，了解物质的物理性质和化学性质		有待提高的内容有：

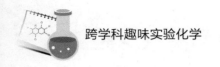

主题 3　燃烧的秘密

学习目标

理解燃烧三个要素：可燃物、助燃物（O_2）、温度达到着火点。

关键概念

燃烧三要素、自燃

学科融合

物理　物态变化

化学　燃烧三要素

燃烧是生活中常见的一种现象。烹饪、烟花、火炬等都离不开燃烧。燃烧也是人类最早利用的化学反应之一。燃烧时放热，古人常利用燃烧反应来取暖。现在，我们想知道，燃烧是如何产生的呢？

图 1-16　燃烧现象

一、燃烧的条件

燃烧是一种放热发光的化学反应。通常，燃烧需要三个条件。（1）可燃物；（2）助燃物（一般为氧气）；（3）温度达到着火点。首先，燃烧需要可燃物。不是所有的物质都可以燃烧。比如：水、玻璃就不是可燃物。无论多高的温度，它们都不会燃烧，只会发生状态的改变。此外，为什么在地球上可以燃烧呢？环绕在地球周围的是一层空气，空气中有氧气（O_2），氧气是一种助燃性的气体。一般来说，物质在氧气的帮助下才可以燃烧。最后，燃烧需要温度达到着火点。一个纸箱放在角落，它本身是可燃物，周围也有氧气，为什么没有燃烧呢？是因为它的温度没有达到着火点。着火点，顾名思义，使物质达到燃烧的最低温度，又称之为燃点。通常，着火点是一种物质的固有属性，对于可燃物来说，一种物质的着火点是一个固定的值。表 1-8 是一些常见物质的着火点。

表 1-8　常见物质的着火点

物质	着火点/ ℃	物质	着火点/ ℃
氢气	580～600	白磷	60
甲烷	650～750	红磷	260
高温焦炭	440～600	硫黄	190
乙烯	542～547	铁粉	315～320
乙炔	406～440	镁粉	520～600
一氧化碳	641～658	铝粉	550～540
硫化氢	346～379	可可粉	420
淀粉（谷类）	380	咖啡	410
橡胶	350	米	440
软木	470	砂糖	350
木材	400～470	肥皂	430
横造纸	450	漂白布	495
木炭	320～400	聚四氟乙烯	670
泥煤	225～280	尼龙	500
无烟煤	440～500	聚苯乙烯	450～500

二、酒精

酒精的化学名称为乙醇，化学式为 C_2H_5OH，是一种可燃物，在空气中燃烧时产生淡蓝色的火焰，燃烧生成二氧化碳和水。其化学方程式如下：

$$\underset{\text{乙醇}}{C_2H_5OH} + \underset{\text{氧气}}{3O_2} \xlongequal{\text{点燃}} \underset{\text{二氧化碳}}{2CO_2} + \underset{\text{水}}{3H_2O}$$

酒精的沸点很低，只有 78 ℃，也就是说，在乙醇燃烧时，温度远远超过 78 ℃，乙醇燃烧的过程中，酒精液体不断气化，变成酒精蒸汽，气化吸热。

三、自燃

在生活中，动植物的呼吸、食物的腐烂、酒和醋的酿造、人的衰老、钢铁的生锈等都包含物质的缓慢氧化。但并不是所有的缓慢氧化都像钢铁生锈那样悄无声息。有些可燃物由于缓慢氧化而能引起自发燃烧，我们称之为自燃。例如：白磷在空气中能自燃，裸露在地表的煤层能自燃，贮存棉花的仓库、沾满油的破布或棉花等堆积时间长了而引起的自燃都与物质的缓慢氧化有关。

所以，为了安全起见，在保存可燃物时，我们应该了解其是否发生缓慢氧化或自燃。例如：通过表 1-8 可知，白磷着火点只有 60 ℃，保存白磷时，为了防止其自燃，经常把少量白磷保存在冷水里。

探索海洋

燃烧的秘密

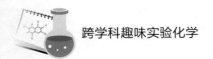

小丽来到实验室，她想探究燃烧的秘密。燃烧，真的需要那三个条件吗？

探索 1：探究乒乓球是否为可燃物

乒乓球是生活中一种常见的物质，它看起来十分像塑料，其实它是一种纤维，化学名称是赛璐珞。乒乓球是可燃物吗？请你设计实验进行探究，写出需要的实验用品，并完成实验。

［**实验用品**］______

［**进行实验**］填写表 1-9

表 1-9　探究乒乓球是否为可燃物的任务单

实验操作	实验现象	实验结论
（请填写实验操作）	乒乓球______（填“有”或者“没有”）燃烧	乒乓球是可燃物吗？______（填“是”或“否”）

探索 2：蜡烛在不同气体中的变化

蜡烛在不同气体中可能会产生不同的现象。小丽对此非常好奇，她想完成这个实验。

［**实验用品**］______

［**进行实验**］填写表 1-10

表 1-10　蜡烛在不同气体中的变化任务单

实验操作	实验现象	实验结论
1. 如图 1-17 所示，取烧杯，向其中加入两勺小苏打（$NaHCO_3$），均匀铺在杯底 2. 将蜡烛点燃，将其固定在药瓶盖中，用镊子夹取，将蜡烛和药瓶盖放置到烧杯中 3. 将盐酸（HCl）沿烧杯内壁缓慢倒入，观察现象 4. 取另外一只烧杯，沿杯壁加入二氧化锰（MnO_2），铺满杯底即可 5. 将蜡烛点燃，用镊子夹取蜡烛，放入杯子中用药匙小心地将双氧水（H_2O_2）放入烧杯中，观察 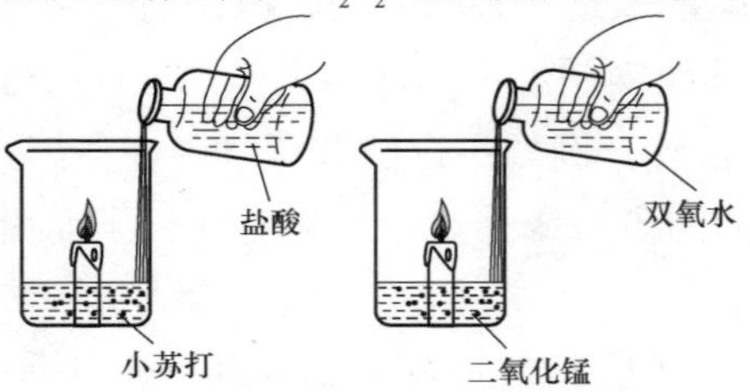 图 1-17　蜡烛在不同气体中的燃烧	（请填写蜡烛的现象） 1. 第一只烧杯（盐酸＋小苏打） ______ 2. 第二只烧杯（双氧水＋二氧化锰） ______	（请解释实验现象） 盐酸和小苏打反应生成了______，该气体______（填“支持”或“不支持”）燃烧 双氧水和二氧化锰反应生成了______，该气体______（填“支持”或“不支持”）燃烧 以上说明，燃烧需要______

探索 3：烧不坏的手帕（填写表 1-11）

表 1-11　烧不坏的手帕任务单

实验操作	实验现象	实验结论
1. 如图 1-18 所示，戴好护目镜 2. 向烧杯中倒入 30 mL 水、30 mL 酒精，用玻璃棒搅拌均匀 3. 将手帕放入混合溶液中，完全浸透 4. 取出手帕。用手轻轻拧干手帕上的溶液，以不滴下来为宜 5. 用镊子夹住手帕比较靠中间的部位，点燃手帕在燃烧过程中，轻轻地晃动手帕 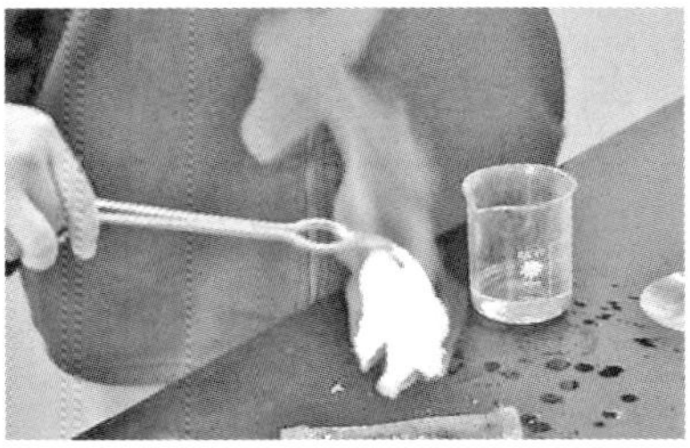 图 1-18　烧不坏的手帕	手帕______（填“有”或“没有”）燃烧	请解释该实验原理： ______________________ ______________________ ______________________ ______________________ 以上说明，燃烧需要______

第一个实验中，我们发现乒乓球能够燃烧，说明乒乓球是可燃物，实际上乒乓球的材质是赛璐珞，是一种硝化纤维。第二个实验中，根据实验操作，我们发现实验用品有：小苏打、盐酸、二氧化锰、双氧水、烧杯、蜡烛、火柴、镊子、酒精灯。在第一只烧杯中，蜡烛熄灭，这是因为盐酸和小苏打反应生成了二氧化碳，它不支持燃烧。而双氧水和二氧化锰反应能够生成氧气，该气体支持燃烧。通过对比发现，燃烧需要氧气。反应的化学方程式如下：

$$\underset{\text{碳酸氢钠}}{Na_2HCO_3} + \underset{\text{盐酸}}{HCl} = \underset{\text{氯化钠}}{NaCl} + \underset{\text{水}}{H_2O} + \underset{\text{二氧化碳}}{CO_2\uparrow}$$

$$\underset{\text{过氧化氢}}{2H_2O_2} \xrightarrow{MnO_2} \underset{\text{水}}{2H_2O} + \underset{\text{氧气}}{O_2\uparrow}$$

第三个实验中，手帕没有燃烧。这是因为手帕浸满了酒精，酒精一边燃烧一边挥发，带走了热量，使手帕上温度始终没有达到着火点。因此，我们发现，燃烧需要使温度达到着火点。

拓展学习

燃烧的助燃剂

一般说来，氧气为助燃剂，那么，助燃剂还有其他的吗？下面介绍两种助燃剂。

1. 氯气（Cl_2）

氯气，化学式为 Cl_2，是一种黄绿色的气体，如图 1-19 所示。你别看它颜色漂亮，

图 1-19　氯气

氯气可是一种有强烈刺激性气味的剧毒的气体，具有窒息性。使用氯气一定要小心。氯气是一种助燃性气体，它的密度大于空气。许多金属、非金属都可以与氯气反应。在点燃的条件下，金属钠（Na）和氯气反应生成氯化钠（NaCl），这是我们生活中食盐的主要成分。氢气（H_2）在氯气中点燃，产物为氯化氢（HCl），氢气可以安静的燃烧，火焰呈苍白色。如果把盛有氢气和氯气的混合气体的瓶子放在光照下，可以发生爆炸。

2. 二氧化碳（CO_2）

通常，在我们的认知中，二氧化碳作为灭火剂，是不支持燃烧的。可是万事都有例外，金属镁（Mg）却可以在二氧化碳中燃烧，是不是很神奇。当点燃的金属镁放在二氧化碳中时，镁继续燃烧，发出耀眼的强光，同时生成一种黑色物质。其反应的化学方程式如下：

$$\underset{\text{镁}}{2Mg} + \underset{\text{二氧化碳}}{CO_2} \xlongequal{\text{点燃}} \underset{\text{氧化镁}}{2MgO} + \underset{\text{碳}}{C}$$

小试牛刀

1. 下列不是物质燃烧所必需的条件是（　　）。

A. 可燃物　　B. 助燃物　　C. 氢气　　D. 温度达到着火点

2. 图 1-20 所示的一组实验可用于研究燃烧条件。下列说法中正确的是（　　）。

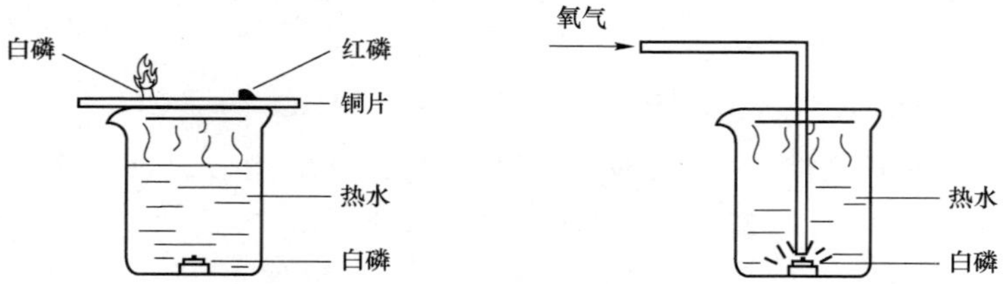

图 1-20　探究燃烧条件

A. 此组实验烧杯中的热水只起提高温度的作用

B. 左图中水下白磷未燃烧是由于没有与氧气接触

C. 左图实验不能比较白磷和红磷的着火点高低

D. 若将右图中白磷换成红磷，也能观察到燃烧现象

3. 小红在纸叠船中加入适量水，用酒精灯直接加热，纸船安然无恙。纸船没有燃烧的主要原因是（　　）。

A. 纸不是可燃物　　B. 没有与氧气接触

C. 没有达到着火点　　D. 水能灭火

4. 图 1-21 是探究物质燃烧条件的 3 个对比实验。根据各实验得到相应的燃烧条件

（表 1-12）有：

图 1-21　探究燃烧条件

表 1-12　探究燃烧的条件

实验 1	
实验 2	
实验 3	

学习反思

亲爱的同学们，通过本节内容的学习，你达到学习目标了吗？请你根据自己的学习情况进行自我评价。

表 1-13　自我评价量表

学习目标	是否达成 （全部达成请画☆☆☆，部分达成请画☆☆，没有达成请画☆）	学习反思
理解燃烧三个要素：可燃物、助燃物（O_2）、温度达到着火点		掌握较好的内容有： 有待提高的内容有：

主题 4　灭火有窍门

学习目标

1. 理解灭火的原理。
2. 能够将灭火的原理应用在不同的灭火情形中。

关键概念

灭火原理、灭火方法、自制灭火器

学科融合

化学 灭火原理、方法、灭火器

物理 密度、电路短路

2015年8月12日，天津滨海新区发生了危险化学品爆炸事件，许多消防员不幸牺牲。消防员不清楚燃烧物的属性，直接选择用水灭火，而实际上，这种燃烧物是一种有机物，在水的作用下燃烧更加旺盛，最后导致了爆炸。由此可见，灭火，选择方法非常重要。出现火灾时，不能盲目选择灭火方法。

一、灭火原理

熄灭蜡烛有很多种方法，例如：吹灭、用水浇灭、用烧杯扣灭、用二氧化碳等。你是否想过蜡烛熄灭的原因呢？吹出的气，能够加速周围的空气流动，空气流动会带走蜡烛燃烧放出的热量，使温度低于蜡烛的着火点而熄灭。用水浇灭是因为水气化吸热，使温度降到该物质的着火点以下，同时水和水蒸气覆盖在可燃物周围，起到了隔绝空气的作用。用烧杯扣灭、用二氧化碳都是隔绝了空气。

做完饭后，你怎样将燃烧的天然气熄灭呢？直接关闭阀门，断开气源就行。这相当于隔离了可燃物。

清除可燃物或使可燃物与其他物品隔离、使温度降到着火点以下、隔绝氧气（空气），都能达到灭火的目的。所以灭火的原理就是破坏燃烧的条件之一，使燃烧反应停止，就可以达到灭火的目的。“火”字加一横为“灭”，你明白汉字的意思了吗？

二、灭火器的使用

灭火时，可选用的一些常见灭火器，如图1-22～图1-24所示。

表1-14 几种常见的灭火器

灭火器	灭火原理	适用范围
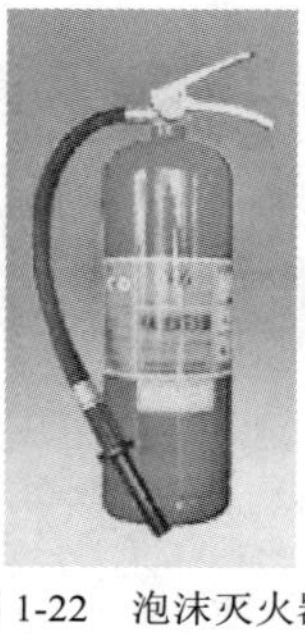 图1-22 泡沫灭火器	灭火时，能喷射出大量二氧化碳及泡沫，它们能黏附在可燃物上，使可燃物与空气隔绝，达到灭火的目的 反应原理为： $6NaHCO_3 + Al_2(SO_4)_3 = 2Al(OH)_3\downarrow + 6CO_2\uparrow + 3Na_2SO_4$ 碳酸氢钠 硫酸铝 氢氧化铝 二氧化碳 硫酸钠	可用来扑灭木材、棉布等燃烧引起的失火

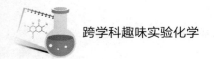

续表

灭火器	灭火原理	适用范围
 图 1-23　干粉灭火器	利用压缩的二氧化碳吹出干粉（主要含有碳酸氢钠、磷酸二氢铵、磷酸氢二铵、磷酸铵等）来灭火	除可用来扑灭一般失火外，还可用来扑灭油、气等燃烧引起的失火
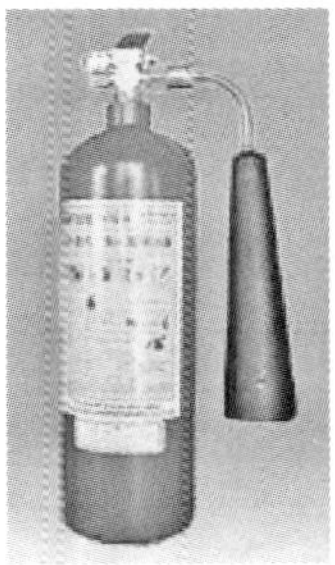 图 1-24　二氧化碳灭火器	在加压时将液态二氧化碳压缩在小钢瓶中，灭火时再将其喷出，有降温和隔绝空气的作用	可用来扑灭图书、档案、贵重设备、精密仪器等处的失火

探索海洋

生活和实验室常见灭火实例

小华来到实验室，他想了解一些灭火的方法。

探索 1：实验室，酒精洒在桌面着火怎么办

化学实验通常使用酒精灯，点燃的酒精灯不小心碰倒了，酒精洒在桌面上，看到桌面上的火焰，你将如何灭火呢？

［**灭火方法**］____

［**灭火原理**］____

注意：如果火势很大，直接选择灭火器进行灭火。

探索 2：生活中，油锅、电器着火怎么办

生活中炒菜时，可能会出现油锅着火的现象。电器因使用不当也会着火。那么，如何灭火呢？这里面的灭火原理是什么？

情景 1：油锅着火

［**灭火方法**］____

［**灭火原理**］____

［**实验反思**］是否能选择用水灭火？________________________

情景 2：电器着火

［灭火方法］______

［灭火原理］______

［实验反思］是否能选择用水灭火？______

探索 3：模拟干粉灭火器、液态二氧化碳灭火器

通过学习，我们知道，灭火器有三种。现在我们来感受一下干粉灭火器和液态二氧化碳灭火器吧。请你根据前面所学的内容，解释这两种灭火器的灭火原理吧。

［进行实验］

表 1-15　模拟干粉灭火器、液态二氧化碳灭火器任务单

实验操作	实验现象	灭火原理
1. 在两个蒸发皿中各放置一张小小的纸，并把它点燃 2. 在第一个蒸发皿中加入少量碳酸氢钠粉末，观察实验现象 3. 在第二个蒸发皿中加入少量干冰，观察实验现象 （注：液态二氧化碳灭火器有时会喷出干冰）	（请填写蜡烛的现象） 第一个蒸发皿 ______ 第二个蒸发皿 ______	第一个蒸发皿 ______ ______ ______ ______ 第二个蒸发皿 ______ ______ ______ ______

探索 4：自制泡沫灭火器

前面介绍的泡沫灭火器的灭火原理比较复杂，涉及高中阶段学习的水解反应。在初中阶段，我们可以用其他的反应原理替代，也可以起到同样的效果。

表 1-16　自制泡沫灭火器实验单

实验操作	实验现象	灭火原理
1. 如图 1-25 Ⅱ 所示，制作一个泡沫灭火器  图 1-25　简易泡沫灭火器及内部工作原理 2. 在蒸发皿中各放置一张小小的纸，并把它点燃 3. 如图 1-25 Ⅲ 所示，对准蒸发皿，将容器倒置		

酒精不小心洒在桌子上，需要用湿抹布灭火。这是因为湿抹布有两点效果。一是隔绝氧气，二是使酒精的温度降低到着火点之下，达到了灭火的效果。那么，用干抹布能够灭火吗？同学们可以在实验室模拟这个实验，你会发现，干抹布不能灭火，由于酒精

燃烧后干抹布很难将氧气瞬间隔绝，并且抹布本身也是可燃物，由于酒精燃烧时温度较高，如果使用干抹布，则直接会导致抹布也燃烧起来。

跨学科

与物理学科的融合：密度、电路短路对灭火的影响

生活中，有时会遇到油锅着火的现象。很多人因为看到油锅着火十分紧张，忙中出错，向其中浇水来灭火，结果不但没有灭火，反而造成着火的油飞溅出来，容易伤人。这是为什么呢？请同学们思考，油和水相比，谁的密度大，谁的密度小呢？实际上，油的密度小于水。向油锅浇水时，油浮在水面上继续燃烧，并且容易飞溅伤到人。那么，应该怎样灭火呢？实际上，我们只需要将锅盖盖上，或者向油锅中加一些蔬菜就可以了。这是因为隔绝了氧气，达到了灭火的效果。

那么，电器着火时怎么办？直接浇水可以吗？绝对不可以。我们生活中的自来水是混合物，含有一些杂质，由于杂质的存在，使生活中的自来水成为导体。当电路着火时，向其中浇水，首先，自来水可能会把电路中的电导向人体，人容易触电而造成伤害。其次，自来水接触到着火的电路时，会造成电路局部短路，电流过大而产生更多的热量，此时不仅不能灭火，反而加大了火势，如果火势太大，空间较小时，则容易造成爆炸的惨烈事故。因此，电器着火时应先切断电源，然后选择用灭火器灭火。

拓展学习

什么是电路短路？

电源短路是指在电路中，电流不流经用电器，直接连接电源正负两极。根据欧姆定律 $I=U/R$（其中，I 代表电流，U 代表电压，R 代表电阻）知道，由于导线的电阻很小，电源短路时电路上的电流会非常大。这样大的电流，电池或者其他电源都不能承受，会造成电源损坏；更为严重的是，因为电流太大，会使导线的温度升高，严重时有可能造成火灾。如图 1-26 所示，当开关闭合时，如果导线 a 点出现火灾，此时用自来水灭火，水的作用相当于 b 处的导线，造成用电器短路。此时，用于导线（水）处的电阻（R）小于用电器电阻，电流不通过用电器而直接通过导线（水）形成回路，由于电压（U）一定，电阻越小，电流（I）越大，产生的热量越大，对于 a 处导线而言，会导致火灾越来越大。

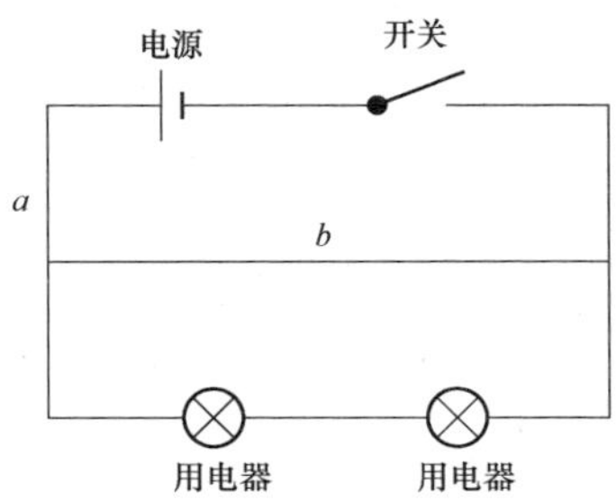

图 1-26　电路短路示意图

在燃烧的纸条中加入碳酸氢钠，发现过一会儿，纸条不再燃烧了。这是因为碳酸氢钠受热分解产生的二氧化碳和水能够起到灭火的作用，实验原理详见表 1-14。在燃烧的

纸条中加入干冰，发现纸条过一会儿也熄灭了。这是因为干冰升华吸热，吸走了热量，使纸条的温度在着火点之下而达到了灭火的效果。

自制灭火器的原理是：由于浓盐酸浓度较高，与碳酸钠溶液发生反应时十分剧烈，短时间内产生的二氧化碳、水及原溶液形成泡沫，达到灭火的效果。

$$Na_2CO_3 + 2HCl = NaCl + H_2O + CO_2\uparrow$$

Na_2CO_3	$2HCl$	$NaCl$	H_2O	$CO_2\uparrow$
碳酸钠	盐酸	氯化钠	水	二氧化碳

拓展学习

楼房着火逃生方法

2017 年 6 月 14 日，英国伦敦市格伦费尔大楼火灾烧毁了 151 个家庭，造成至少 80 人死亡，这是二战以来伦敦造成死亡人数最多的一次火灾。起初着火区域为二楼，大火在短短一个多小时内蔓延至楼顶。可见，火灾是意想不到的，会瞬间发生。面对火灾，冷静的逃生本领格外重要。伦敦大火给予我们警示：我们应当有防患于未然的安全意识。如果有一天，楼房着火了，你将如何逃生呢？

首先，我们来做这样一个实验：如图 1-27 所示，在两根燃着的、高矮不同的蜡烛上盖一个大烧杯。由于隔绝了空气，一会儿后两根蜡烛都会熄灭。你认为应该是哪一根先熄灭？你的理由是什么？请你实际做做看。

图 1-27　高低蜡烛

实验证明：高蜡烛先熄灭，这是因为燃烧产生烟气，烟气的密度小于空气，往上走，有毒，不支持呼吸。因此，上方的氧气浓度低于下方。这也给我们一定的启示：当火势较大时，逃生时要弯下腰、匍匐前进。欲速则不达，千万不要跑步前进。

最后总结一下，我们遇到火灾，该怎么办呢？如果是小火，则赶快想办法灭火。如果是大火，逃生最要紧。一旦遇到高楼发生火灾，逃生要注意安全为第一原则，不能慌乱，要有秩序地撤离，遇到有烟气的地方应该匍匐前进。此外，将家里的厚衣服厚被子等裹在自己的身上，尽可能避免烧伤。另外，用湿毛巾堵住嘴巴和鼻子，尽可能少吸入有毒的烟气。

遇到火灾时，要冷静。生命诚可贵！运用科学知识逃生最重要。你学会了吗？

小试牛刀

1. 有一堆图书不慎失火，应选择的最佳灭火剂是（　　）。

A. 水　　　　B. 干粉灭火剂

C. 泡沫灭火剂　　　　D. 液态二氧化碳灭火剂

2. 民用设施着火时，消防人员用高压水枪喷水灭火。水在灭火中的主要作用是（　　）。

A. 降低燃烧物的着火点　　　　　　　B. 防止燃烧产物污染空气

C. 分解出能灭火的物质　　　　　　　D. 使温度降低到可燃物的着火点以下

3. 根据你生活的经验和所学知识判断，下列做法错误的是（　　）。

A. 电线短路着火，立即用水浇灭

B. 加油站，面粉厂贴有“禁止烟火”的标志

C. 焊接金属时用稀有气体作保护气

D. 做菜时不慎油锅着火，迅速用锅盖盖灭

4. 在实验室中不小心将酒精灯碰倒，酒精燃烧起来，最合理、最简单的灭火措施是（　　）。

A. 用嘴吹灭　　　　　　　　　　　B. 用泡沫灭火器扑灭

C. 用湿抹布盖灭　　　　　　　　　D. 用水冲灭

5. 用扇子一扇，燃着的蜡烛立即熄灭，其原因是（　　）。

A. 供给的氧气减少　　　　　　　　B. 供给的空气增加

C. 使蜡烛的着火点降低　　　　　　D. 达不到着火点

6. 根据你的生活知识判断下列做法中，正确的是（　　）。

A. 可考虑用高粱、玉米等经发酵、蒸馏制燃料酒精

B. 图书馆资料着火时，立刻用泡沫灭火器灭火

C. 一旦有人触电，立即用手将人拉开脱离电源

D. 厨房里天然气大量泄漏时，立刻打开排气扇排气

7. 扑灭油井大火的方法有：① 使炸药在大火上爆炸　② 用液态氮。试回答：

（1）方法①灭火的原理是什么？________________

（2）方法②灭火的原理是什么？________________

8. “釜底抽薪”（釜：指古代的锅，薪：指柴火）这句成语中的化学原理是：

____

学习反思

亲爱的同学们，通过本节内容的学习，你达到学习目标了吗？请你根据自己的学习情况进行自我评价。

表 1-17　自我评价量表

学习目标	是否达成 （全部达成请画☆☆☆，部分达成请画☆☆，没有达成请画☆）	学习反思
理解灭火的原理		掌握较好的内容有：
能够将灭火的原理应用在不同的灭火情形中		有待提高的内容有：

主题 5　当心爆炸

学习目标

1. 理解物理爆炸和化学爆炸的原理。
2. 树立警惕爆炸的意识。

关键概念

物理爆炸、化学爆炸

学科融合

化学　化学爆炸的原理

物理　物理爆炸的原理

历史　爆炸在军事上的应用

2015 年 8 月 12 日 52 分许，位于天津市滨海新区天津港的天津东疆保税港区瑞海国际物流有限公司（以下简称瑞海公司）危险品仓库发生火灾爆炸事故，造成 165 人遇难、8 人失踪，798 人受伤住院治疗，304 幢建筑物、12 428 辆商品汽车、7 533 个集装箱受损。截止 2015 年 12 月 1 日，事故造成直接经济损失人民币 68.66 亿元。可见，爆炸对人类的损失是巨大的。生活中，我们要掌握爆炸的原理，并树立警惕爆炸的意识。

爆炸是在极短时间内，释放出大量能量，产生高温，并放出大量气体，在周围介质中造成高压的化学反应或状态变化，同时破坏性极强。爆炸分为两种情况：一种为物理爆炸，一种为化学爆炸。

一、物理爆炸

物理爆炸是由于液体变成蒸汽或者气体迅速膨胀，压力急速增加，并大大超过容器的极限压力而发生的爆炸。生活中，比较常见的是蒸汽锅炉、液化气钢瓶等的爆炸。

锅炉的爆炸是典型的物理性爆炸，其原因是过热的水迅速蒸发出大量蒸汽，使蒸汽压力不断提高，当压力超过锅炉的极限强度时，就会发生爆炸。又如，氧气钢瓶受热升温，引起气体压力增高，当压力超过钢瓶的极限强度时即发生爆炸。发生物理性爆炸时，气体或蒸汽等介质潜藏的能量在瞬间释放出来，会造成巨大的破坏和伤害。上述这些物理性爆炸是蒸汽和气体膨胀力作用的瞬时表现，它们的破坏性取决于蒸汽或气体的压力。

物理爆炸的发生通常是由于人为操作不当产生的。2017 年 2 月 13 日，遵义市播州区泮水镇一煤矿锅炉爆炸，近 1 吨重的锅炉，腾空而起飞出 200 多米远，掉入一栋民房后方空地里。事故导致两名正在洗澡的工人受伤，周边多栋民房受损。这个事故就是由于工人没有及时检测锅炉的运转情况而出现了爆炸事故。

二、化学爆炸

化学反应引起的爆炸是比燃烧更加剧烈的氧化还原反应，其实燃烧和爆炸仅一步之遥。可燃物在有限的空间内急剧地燃烧，就会在短时间内聚积大量的热，使气体的体积迅速膨胀就会引起爆炸。我们经常看到或听到的由火灾引起的爆炸很多，例如，矿井瓦斯爆炸等。

除了可燃性气体能发生爆炸外，面粉、煤粉等粉尘也能发生爆炸。因为可燃物形成细小的粉末后，飘浮在空气中，与氧气的接触面积很大，这样遇到明火燃烧起来就更剧烈，以至于发生爆炸。

我们在油库、面粉加工厂、纺织厂、煤矿的矿井内、化工厂等地方，经常会看见“严禁烟火”字样或图标，因为这些地方的空气中常混有可燃性的气体或粉尘，它们接触到明火，就有发生爆炸的危险。我们应该认识一些与燃烧和爆炸有关的图标（如图 1-28 所示），提高我们的安全防火意识。

图 1-28　有关燃烧和爆炸的图标

下面，我们一起来体验两个爆炸实验。

探索海洋

面粉爆炸实验

面粉爆炸产生大量的面粉的极细的粉尘，当这些粉尘悬浮于空中，并达到很高的浓度时，比如每立方米空气中含有 9.7 g 面粉时，一旦遇有火苗、火星、电弧或适当的温度，瞬间就会燃烧起来，形成猛烈的爆炸，其威力不亚于炸弹。生活中，一定不能让小朋友随便扬起面粉玩耍，一旦接触到火源，后果不堪设想。

表 1-18　面粉爆炸实验

实验示意图	现象	结论及方程式
如图 1-29，剪去空金属罐和小塑料瓶的上部，并在金属罐和小塑料瓶的底侧各打一个比橡胶管外径略小的小孔。连接好装置，在小塑料瓶中放入干燥的面粉，点燃蜡烛，用塑料盖盖住罐。从橡胶管一端快速鼓入大量的空气（人距离该装置远一些），使面粉充满罐，观察现象 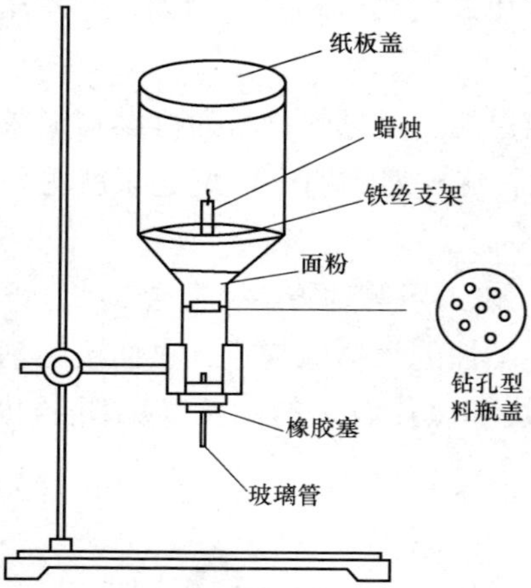 图 1-29　面粉爆炸		

跨学科

与历史学科的融合：面粉炸弹在军事上的应用

第二次世界大战期间，希特勒的空军不断轰炸英国，炸弹从天而降。英国一家面粉厂的厂主暗自庆幸炸弹没有击中他的厂房，但几乎与炸弹落下的同时，车间里自己发生了大爆炸，屋顶飞上了天，爆炸的威力超过了炸弹的破坏作用。与此同时，其他几家面粉厂也发生了爆炸。

2015 年 6 月 27 日，台湾地区一水上乐园举办“彩色派对”时发生粉尘爆炸，造成 12 人死亡，498 人受伤，爆炸源正是面粉。彩色派对，是以印度的“彩色节”为原型的疯狂派对，核心环节就是互相抛洒彩粉嬉戏为乐。

根据台湾地区消防局事故鉴定报告，现场由于人群的跳跃、风吹，加上工作人员不断往空中喷洒面粉、玉米粉，致使空气中的粉尘浓度达到爆炸下限。部分面粉、玉米粉抛洒到一台电脑灯的灯面，数百度的高温引发了爆炸，火势透过地上、空气中、人群的身上的玉米粉一路大面积延烧，引发了惨剧。

2017 年 12 月，一款彩色的“网红气球”在合肥街头走红，受到孩子和年轻人的追捧。与此同时，南京“网红气球”爆炸，也引发不少关注。这种在街上最低售价仅 2 元，小朋友都喜欢的玩具，何以有如此大的威力？实际上，很多“网红气球”里面主要成分是氢气，存在很大的安全隐患，如果遇到明火容易引起爆炸。

下面，我们通过一个实验体会一下氢气爆炸的威力。

探索海洋

氢气爆炸实验

表 1-19　氢气爆炸实验

实验示意图	现象	结论及方程式
如图 1-30，准备一个小药瓶，在底部用挖出一个小洞。堵住小洞，用排水法收集氢气，约 10 秒后取出，倒扣在实验台上，同时手指堵住小洞。用燃烧的木条接近药瓶口，将药瓶口略微嵌开一个缝隙，同时松开手指，观察实验现象  图 1-30　面粉爆炸		

实验中，小药瓶冲上天空，并发出明亮的爆炸声。如此小的氢气就能产生这么强大的爆炸效果，联想第四单元主题 3 玩转水中，我们在电解水时获得氢气，有的同学点燃时也听到了爆炸声。氢气爆炸十分危险，生活中我们一定要提高警惕，谨防爆炸。为了安全起见，购买气球时一定不要从不法商贩处购买气球。安全的气球中应该充的是氦气，这是一种稀有气体，密度小于空气，化学性质非常稳定，遇到火源也不会发生危险。但是氦气的价格比氢气贵，不法商贩为了降低成本，会选择氢气作为气球中的填充气体。氢气密度小于空气，但是具有可燃性，遇明火会有爆炸的危险。

小试牛刀

1. 严禁携带上列车的易燃、易爆物是（　　）。

A. 汽油　　B. 食盐　　C. 食醋　　D. 葡萄酒

2. 下列措施中，符合易燃易爆物的安全要求是（　　）。

A. 为了安全，存放易燃物的仓库要尽可能封闭，不让风吹进来

B. 为了节约运费，把酒精和鞭炮等物品同时装进一辆货车上运送

C. 只要不影响工作，面粉加工厂的工人可以在车间内吸烟

D. 生产酒精的车间里，所有的照明设备均采用隔离和封闭装置

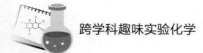

3. 以美国为首的北约军队空袭南斯拉夫联盟共和国是对一个主权国家的粗暴侵犯。北约军队使用的有一种“油气炸弹”，这种炸弹爆炸时首先释放出大量的可燃性气体，然后将可燃性气体引爆，这时，躲在防护工事里的人即使不被炸死，也会因为窒息而死亡，其原因是什么？

学习反思

亲爱的同学们，通过本节内容的学习，你达到学习目标了吗？请你根据自己的学习情况进行自我评价。

表 1-20　自我评价量表

学习目标	是否达成 （全部达成请画☆☆☆，部分达成请画☆☆，没有达成请画☆）	学习反思
理解物理爆炸和化学爆炸的原理		掌握较好的内容有： 有待提高的内容有：
树立警惕爆炸的意识		

主题 6　神奇的化学能量

学习目标

1. 知道化学反应伴随着能量变化：吸热和放热。
2. 通过实验探究掌握暖宝宝、自加热米饭、冰袋的化学原理。

关键概念

化学能、热能、能量转化

学科融合

化学　化学能和热能的转换

生物　光合作用、呼吸作用的能量转换

生活中能量无处不在。你也许会说：飞往篮筐的篮球具有能量，因为它正在移动。你还能确定投出篮球的运动员也具有能量。也许你还会说，正在燃烧的蜡烛放出光和热，因此具有能量。与物质一样，在化学反应中，能量也不能被创造或消灭，能量只能转化，也就是说，只能从一种形式转化成另一种形式。例如：在乘坐过山车时，上坡时速度逐

渐减慢，是动能逐渐转化成势能；下坡时速度越来越快，那强烈的刺激感来源于势能向动能的转化。

能量以多种形式存在。与物质变化相关的能量形式有动能、势能、化学能、电磁能、电能和热能等。在本课题中，涉及到的能量主要有化学能和热能。

化学能：化学能是一种很隐蔽的能量，只有在发生化学变化的时候才可以表现出来。在放热反应中，化学能转化成热能或者其他形式的能量。在吸热反应中，会有热能或其他形式的能转化成化学能。

热能：这是生命的能源。例如：人体中存在热能（过程量），也可以说成内能（状态量）。人每天的劳务活动、体育活动、上课学习和从事其他一切活动，以及人体维持正常体温、各种生理活动都要消耗能量。这里所说消耗的能量即为热能。

能量的转化：能量不能凭空产生，也不能凭空消失。只能由一种能量转化成另一种能量。燃料的燃烧是一种将化学能转化为热能和光能的化学变化。当你将自行车推上山顶时，储存在你所吃的食物中的化学能最终转化为动能。类似的，其他形式的能也可以转化成化学能。在化学变化中，化学能可以转化为其他形式的能，其他形式的能也可以转化成化学能。地球上最重要的与化学能相关的能量转化之一是光合作用。发生光合作用时，植物将光能转化成化学能，合成了糖。这些植物，以及以植物为食的动物和其他生物，再一次将这些化学能转化为进行生命活动所需要的能量，如图 1-31 所示。

图 1-31　植物光合作用的原理

交流讨论

请你查阅相关资料，了解生物的呼吸作用。并说说呼吸作用是把什么能量转化成什么能量。

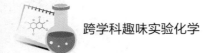

实际上，植物呼吸过程和人类的呼吸过程是非常类似的，如图 1-32 所示，在呼吸过程中，植物体内的有机物和氧气结合，发生化学反应，化学能转化成热能。

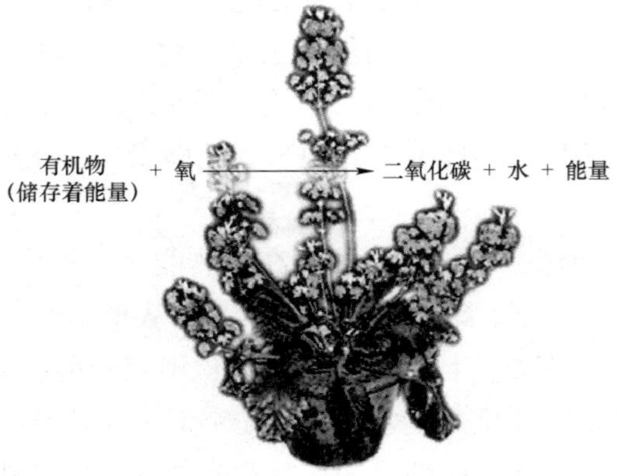

图 1-32　植物呼吸作用的原理

近年来，市场上出现了“暖宝宝”“自加热米饭”这类新发明，如图 1-33 所示。相信同学们都不陌生。前者可以贴在衣服上，会慢慢地放出热量，供人们在冬天御寒之用。后者是一种快捷食品，通过将其中的化学固体溶于水中，即可产生大量的热，将饭菜加热，供人们食用。这些物品在使用时是如何实现能量转化的呢？让我们来一探究竟吧！

图 1-33　左图：暖宝宝　右图：自加热米饭

探索海洋

自制暖宝宝

铁粉（Fe）缓慢氧化（生锈）的过程会发生能量变化，同时铁粉会生成铁锈。暖宝宝就是利用这样的原理制作的。下面，让我们一起来自制一个暖宝宝，请你查阅资料，具体阐述各种原料的作用，填写下面的表格。

［**实验材料**］果冻晶体、小杯子、铁粉、氯化钙（$CaCl_2$）、带拉链的塑料袋、水（H_2O）。

［**实验设计**］

果冻晶体的分子中有较多的孔隙，能够吸水。小杯子起到容器的作用，使果冻充分吸水。铁粉是主要的反应物质，它和氧气作用伴随着能量变化，这个过程中化学能以热量的形式散出。氯化钙能够溶解在水中，形成氯化钙的溶液，该溶液能加速铁粉氧化的过程。带拉链的塑料袋就不言而喻了，这是盛放暖手宝的外包装。

表 1-21 “自制暖宝宝”任务单

制作过程	原料作用
1. 在小杯子中加入 3/4 的水 2. 在杯中加入一些果冻晶体，等到晶体吸收了所有的水后涨大 3. 向一个有拉链的塑料袋中加入 4 勺果冻晶体 4. 向塑料袋中加入 1 勺铁粉，然后加入 1.5 勺氯化钙 5. 用手挤压搓揉塑料袋，使塑料袋中的物质尽量混合均匀，大概半分钟 6. 把塑料袋封好，然后摇晃塑料袋使它们更均匀地分布在塑料袋里。这个塑料袋就是我们自制的暖宝宝 7. 将暖宝宝放在手心里，感受它释放的热量	果冻晶体： 小杯子： 铁粉： 氯化钙： 带拉链的塑料袋： 水：

探索海洋

自加热米饭的秘密

注意：生石灰具有腐蚀性，使用时不能直接接触皮肤。

［提出问题］自热米饭中究竟是什么物质之间的反应产生了热量？

［查阅资料］自热米饭的反应原理是生石灰与水反应。

［实验设计］

表 1-22 “自加热米饭的秘密”任务单

实验操作	实验现象	实验结论
取一块生石灰放入蒸发皿中，滴加少量水，观察固体变化和温度变化		

［实验反思］生石灰在生活中还常常用作干燥剂，请你查阅相关资料，写出该反应过程中的化学反应方程式：________________

生石灰中加入水时，固体逐渐散开，将手放在固体上方，感受到反应放出的大量的热。该反应的化学方程式如下，过程中的能量变化与“自制暖宝宝”的过程类似，你知道是怎样转化的吗？

$$CaO + H_2O = Ca(OH)_2$$

氧化钙　　水　　氢氧化钙

“暖宝宝”和“自加热米饭”的结果均是使环境温度上升，还有些变化可以使环境温度下降，例如：化学冰袋。顾名思义，这个冰袋可以降温，这是如何实现的呢？

探索海洋

制作化学冰袋

通过上面的实验探究，我们知道暖宝宝和自加热米饭都是化学反应中的放热反应。那么，化学反应中的吸热变化在生活中有什么用途呢？

[**提出问题**] 如何通过吸热反应自制化学冰袋呢？

[**查阅资料**] 八水合氢氧化钡 [$Ba(OH)_2 \cdot 8H_2O$] 和氯化铵（NH_4Cl）反应会吸热。

[**实验设计**]

表 1-23 “制作化学冰袋”任务单

实验操作	实验现象	实验结论
取一个自封塑料袋，在塑料袋塑封线下上挖一个小孔，向其中加入 10 g 八水合氢氧化钡和 5 g 氯化铵。将塑料袋密封后，用手挤压搓揉塑料袋，使它们充分地混匀，感受温度变化	将自封塑料袋放在手中，感觉到________	八水合氢氧化钡与氯化铵的反应是______（填“放热”或“吸热”）反应

[**实验反思**] 查阅相关资料，你能写出这两个物质反应的化学方程式吗？

____

实验过程中，将自封塑料袋放在手中，感觉到冰凉。说明该反应从环境中吸收了热量，从而使环境的温度下降，这个过程中来自环境的热能转化成化学能。实验过程中的反应方程式如下：

$$\underset{\text{氯化铵}}{2NH_4Cl} + \underset{\text{八水氢氧化钡}}{Ba(OH)_2 \cdot 8H_2O} = \underset{\text{氯化钡}}{BaCl_2} + \underset{\text{氨气}}{2NH_3\uparrow} + \underset{\text{水}}{10H_2O}$$

拓展学习

萤火虫发光的秘密

Q：萤火虫发光的原理是什么？

A：科学家研究发现，萤火虫的腹部有发光器，有小窗孔状的发光层。这些发光层包含了几千个发光细胞，这些细胞中含有两类物质：一类是荧光素，这是一种有机化合物；另一类是荧光素酶，这是一种生物催化剂。荧光素在荧光酶的催化作用下，可以和空气中的氧气反应，释放能量，发出荧光。可见，萤火虫发光是化学变化，这个反应放出能量，能量以光的形式释放。

Q：萤火虫发光会烧死自己吗？

A：因为反应中释放的能量几乎全部以光的形式释放，只有极少部分以热的形式释放，所以萤火虫的光属于冷光，萤火虫也不会因身体过热而灼伤自己。这一点和之前探究的“暖宝宝”以及“自加热米饭”的能量转化有很大不同。在这两种物质中，化学能几乎全部以热量的形式释放。

Q：萤火虫发光为什么会一闪一闪？

A：萤火虫发出光忽明忽暗，闪烁不定，这主要和气管传输的氧气的量有关系。当氧气充足时，反应剧烈，光线较强。氧气不足时，反应较缓慢，光亮就会减弱，甚至黯淡无光。而且，在萤火虫体内有一种三磷酸腺苷（ATP）的高能化合物，每当荧光变弱时，荧光素与 ATP 相互作用后，萤火虫就会重新发光。

图 1-34　萤火虫发光

小试牛刀

1. 下列关于能量转换的认识中不正确的是（　　）。

A. 电解水生成氢气和氧气时，电能转变成化学能

B. 白炽灯工作时电能全部转化成光能

C. 绿色植物光合作用过程中太阳能转变成化学能

D. 煤燃烧时化学能主要转变成热能

2. 下列观点你不赞成的是（　　）。

A. 氢气让人欢喜让人忧

B. 煤为人类提供能源和化工原料的同时，也埋下了祸根

C. 煤气化能提高市民的生活质量，同时也是潜伏着的无形杀手

D. 水资源是取之不尽的

3. 根据化学反应的实质是旧键的断裂和新键的形成过程，下列变化中不属于化学变化的是（　　）。

A. 白磷在 260 ℃转化为红磷　　　　B. 石墨在高温高压下转化为金刚石

C. 干冰转化为 CO_2 气体　　　　D. 固态 S_8 加热到 444.6 ℃转化为硫蒸气 S_2

4. 请你举出 3 例化学能转化成热能的例子。

（1）________________________________

（2）________________________________

（3）________________________________

5. 有些物质溶于水会放热，有些物质溶于水会吸热。请你查阅有关资料，各举出一例，并说明，这个过程是物理变化还是化学变化。

溶解放热的例子：____

溶解吸热的例子：____

学习反思

亲爱的同学们，通过本节内容的学习，你达到学习目标了吗？请你根据自己的学习情况进行自我评价。

表 1-24　自我评价量表

学习目标	是否达成 （全部达成请画☆☆☆，部分达成请画☆☆，没有达成请画☆）	学习反思
知道化学反应伴随着能量变化：吸热和放热		掌握较好的内容有：
通过实验探究掌握暖宝宝、自加热米饭、冰袋的化学原理		有待提高的内容有：

主题 7　DIY 水果电池

学习目标

1. 能理解简单电路图的工作原理。
2. 能利用简单电路的原理制作一个能使二极管发光的水果电池。
3. 能理解“电极远近与二极管发光之间的关系”实验中运用了控制变量法的思想。

关键概念

电路、水果电池、能量转化

学科融合

化学　水果电池的反应原理

物理　简单电路的原理、能量转化

生活中你接触过干电池。家里的很多小家电都需要干电池对其供电来运作。图 1-35 所示的是一种生活中常用的干电池的内部构造。你知道干电池是如何供电的吗？这里面的科学原理又是什么，你知道吗？水果上连接相应的电极后也可以成为电池，对外供电吗？在本课题中，我们将一同制作水果电池，探索其中的奥秘。

一、简单电路的基本原理

干电池：干电池是一种一次性电池。因为这种化学电源装置中的电解质是一种不能流动的糊状物，所以叫作干电池，这是相对于具有可流动电解质的电池说的，例如水果电池中水果里面含有流动的电解质。干电池不仅适用于手电筒、收录机、照相机等，而且也适用于国防、科研、电信等国民经济中的各个领域，十分好用。如图 1-35 所示，普通干电池大都是锰锌电池，中间是正极碳棒，外包石墨和二氧化锰的混合物，再外是一层纤维网。网上涂有很厚的电解质糊，其构成是氯化铵溶液和淀粉，另有少量防腐剂。最外层是金属锌皮做的筒，也就是负极。电池放电时发生了二氧化锰、氯化锌和锌的反应，由负极（锌）给出电子，电子沿外电路流动，流向正极（石墨），在电池内部，有带电的离子定向移动，从而形成了闭合回路。

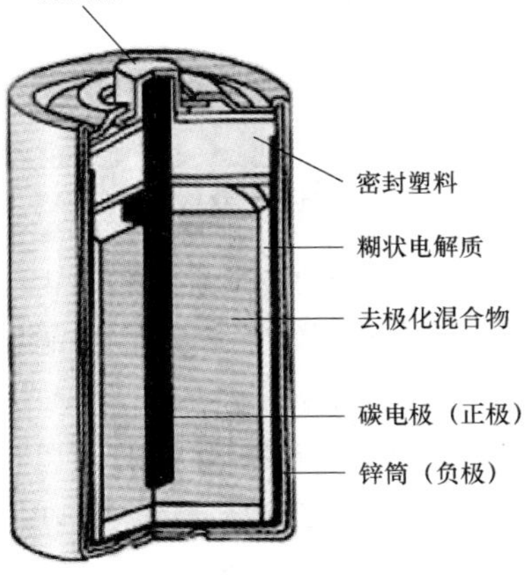

图 1-35　干电池内部结构示意图

电路图：用电路元件符号表示电路连接的图，叫电路图。图 1-36 是一种简单的电路图及对应的电路元件说明。在我们即将要制作的水果电池中，水果加上相应的电极之后相当于电路中的“电源”。开关是用来控制电路的断开和闭合。图 1-36 所示状态为开关断开状态，这个状态下小灯泡不会发光。电流表的单位是安培（符号 A），用于串联到电路中，用来测电路中电流大小。电流值越大，说明小灯泡发光越亮。电压表的单位是伏特（符号 V），并联到被测小灯泡的两端，电压值越大，小灯泡越亮。

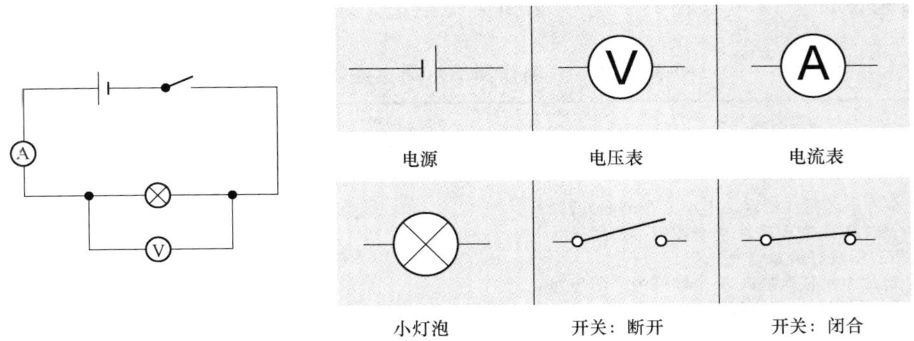

图 1-36　一种简单的电路图

二极管是一种具有两个电极的装置，它只允许电流由单一方向流过，如图 1-37 所示，如果将二极管反接在电路中，电路不通，它不会发光。与小灯泡相比，二极管的电阻较小，容易在水果电池中发光，因此使用二极管代替小灯泡完成实验。

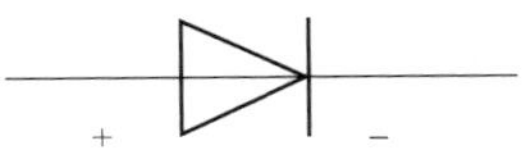

图 1-37　一种二极管

交流讨论

请你画出能使二极管发光的最简单的电路图。要求有电源、导线、二极管、开关。

二、制作水果电池

图 1-38 所示是一种简单的水果电池。在柳橙（印子柑）两端插入锌片和铜片，然后把 LED 灯连入到电路中，发现灯泡发光。水果可以对外供电了！你知道哪些水果可以用来制作水果电池吗？为什么要插入不同的金属片？插入同一种金属片可以吗？下面，我们将通过实验来一同探究。

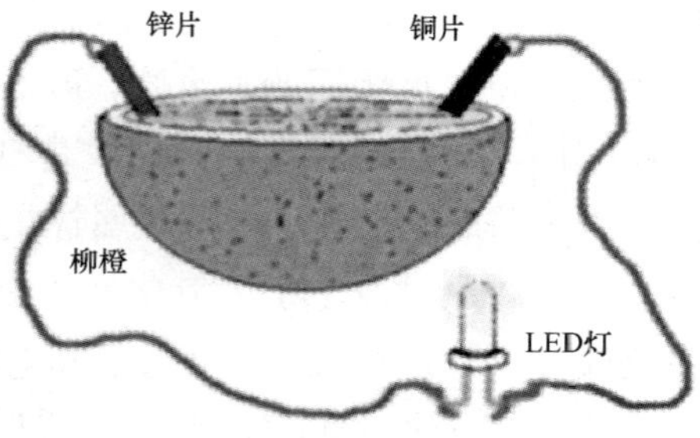

图 1-38　一种简单的水果电池

探索海洋

制作简单水果电池

［**提出问题**］为什么需要在水果两端插入不同的金属片？

［**实验用品**］柠檬（3 个）、铜片（6 个）、锌片（6 个）、灯泡及灯具座（1 套）、导线（若干）、小刀等。

［**实验设计**］请填写相关实验现象和实验结论，填写表 1-25。

表 1-25　“制作简单水果电池”任务单

实验操作	实验现象	实验结论
1. 制作 3 个柠檬备用（切底、用小刀在侧面划开） 2. 将 6 个铜片电极依次插入 3 个柠檬中，用导线连接成通路，观察灯泡是否发光 3. 将 6 个锌片电极依次插入 3 个柠檬中，用导线连接成通路，观察灯泡是否发光 4. 将 3 个铜片电极、3 个锌片电极依次插入 3 个柠檬中，用导线连接成通路，观察灯泡是否发光 5. 在发光的电路中，用电压表和电流表测一测小灯泡两端的电压和通过的电流数据，记录下来		（1）在 2，3，4 三个电路的对比中，通过小灯泡是否发光，对比可以得出什么结论 （2）试着写出形成水果电池的条件

［**实验反思**］

1. 为什么实验中要选取 3 个柠檬串联？只用 1 个柠檬是否可以？实验现象有什么

区别？

____

2. 水果电池供电的过程中存在着怎样的能量变化？

____

通过对比水果电池和干电池，我们可以发现化学电池中都有以下成分：电解质溶液（水果中的液体，也可以是干电池中的糊状物质）、不同化学活动性的电极材料（两种不同的金属或金属和碳棒）。酸性水果和其中的一个电极发生化学反应，化学能转化成电能。

同学们在完成任务一的探究中，发现所测的电压大小有所不同。这是为什么呢？究竟是哪些因素影响水果电池的电压呢？带着这个疑惑，进入下一个任务探究。

探索海洋

探究水果电池的二极管发光亮度与哪些因素有关？

[提出问题] 水果电池的二极管发光亮度与哪些因素有关？

[猜想与假设]

猜想 1：电压大小与水果种类有关。

猜想 2：电压大小与两电极间距离有关。

猜想 3：电压大小与两电极插入水果的深度有关。

猜想 4：______________________________

[实验设计] 请根据猜想 2 进行合理的实验设计，填写表 1-26。

表 1-26　“制作简单水果电池”任务单

实验操作	实验现象	实验结论

[实验反思] 在实验设计的过程中，体现了科学探究的哪种思想？______________

在实验的过程中，我们发现，电极间的距离越远，二极管发光亮度越低。在实验的过程中，要注意控制变量法，保持水果的种类和数量、插入水果电池的深度都不变才可以。

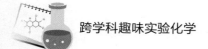

拓展学习

1. 能量守恒

能量既不会凭空产生，也不会凭空消失，只能从一个物体传递给另一个物体，而且能量的形式也可以互相转换。这就是人们对能量的总结，称为能量守恒定律。它是在5个国家、由各种不同职业的10余位科学家从不同侧面各自独立发现的。其中迈尔、焦耳、亥姆霍兹是主要贡献者。这是自然科学中最基本的定律之一，它科学地阐明了运动不灭的观点。

能源在一定条件下可以转换成人们所需要的各种形式的能量。例如，煤燃烧后放出热量，可以用来取暖；可以用来生产蒸汽，推动蒸汽机转换为机械能，推动汽轮发电机转变为电能。电能又可以通过电动机、电灯或其他用电器转换为机械能、光能或热能等。这些转换都遵循能量守恒定律。

2. 新能源

传统的三大化石能源有煤、石油和天然气（主要成分为 CH_4）。它们属于不可再生的能源，由于化石燃料储量有限，且作为能源又会对环境造成危害，所以目前急需开发和使用清洁燃料和新能源。

天然气是目前最常用的一种清洁燃料，其燃烧反应的化学方程式为：

$$CH_4+2O_2 \xlongequal{点燃} CO_2+2H_2O$$

目前已经使用的清洁燃料还有酒精、沼气（主要成分为 CH_4）、乙醇汽油、甲醇汽油等。其中，甲醇、乙醇（俗称酒精，化学式为 C_2H_5OH）、沼气可通过绿色植物发酵制得，称为可再生能源（也称生物质能）。酒精燃烧反应的化学方程式为：

$$C_2H_5OH+3O_2 \xlongequal{点燃} 2CO_2+3H_2O$$

氢气被认为是最清洁的燃料，但由于氢气的制取成本高和储存困难，所以作为燃料暂时还不能广泛使用。目前，对氢能源的开发和储氢材料研发及技术已经取得了很大进展，随着科技的发展，氢气终将会成为主要的能源之一。

我们要对传统的能源如化石能源、电能、水电提高利用率的同时，还要积极寻找和开发新能源，例如，太阳能、核能、风能、地热能、潮汐能、燃料电池、可燃冰等，以满足人类社会的需求和发展。

小试牛刀

将两种不同的金属片插在水果中就能做成一个水果电池。所用的金属片就是电池的正、负极。实验课上，同学们用自己带来的各种水果和老师提供的铜和铝两种金属片做成了不同的水果电池。用导线将水果电池的两极与电压表相连，测出水果电池的电压，发现各种水果的电压不同。水果电池的电压大小与什么因素有关呢？某同学经过试验探究，获得数据如下：

水果种类	苹果	菠萝	猕猴桃	苹果	猕猴桃	苹果	菠萝
电极插入深度	2 cm	3 cm	4 cm	3 cm	3 cm	4 cm	4 cm
电压	0.12 V	0.30 V	0.44 V	0.18 V	0.38 V	0.28 V	0.35 V

请回答以下几个问题：

（1）由上述数据你能得到什么实验结论？（写出两条即可）

结论 1：____________________

结论 2：____________________

（2）从上表中提取出能充分证明你的结论的数据，用列表的方式表示出来。

证明	相关数据
结论 1	
结论 2	

（3）请你设计一个实验方案，利用上述器材来判断水果电池中的两个金属片哪个是正极，哪个是负极。

____

____

学习反思

亲爱的同学们，通过本节内容的学习，你达到学习目标了吗？请你根据自己的学习情况进行自我评价。

表 1-27　自我评价量表

学习目标	是否达成 （全部达成请画☆☆☆，部分达成请画☆☆，没有达成请画☆）	学习反思
能理解简单电路图的工作原理		掌握较好的内容有： 有待提高的内容有：
能利用简单电路的原理制作一个能使二极管发光的水果电池		
能理解“电极远近与二极管发光之间的关系”实验中运用了控制变量法的思想		

单元小结

核心知识

魅力仪器	（1）实验安全注意事项 （2）基本仪器的使用 （3）基本实验操作：取固体和液体；量取固体和液体；加热试管
烛火的智慧	（1）物理变化与化学变化的区别和联系 （2）区分物理性质和化学性质 （3）如何科学有序地观察实验现象
燃烧的秘密	（1）燃烧三要素 （2）控制变量法在证明燃烧条件中的应用
灭火有窍门	（1）灭火的原理 （2）常见火灾的灭火方法
当心爆炸	物理爆炸和化学爆炸的区别
神奇的化学能量	化学反应伴随着能量变化，吸热或放热
DIY 水果电池	（1）简单电路的工作原理 （2）水果电池的工作原理及控制变量法在水果电池中的应用

思维导图

请试着画一个思维导图，将本单元核心知识进行关联，明确知识之间的关系，明确知识与实验之间的关系，并试着想想跨学科知识是怎样用于解决一个真实问题的？

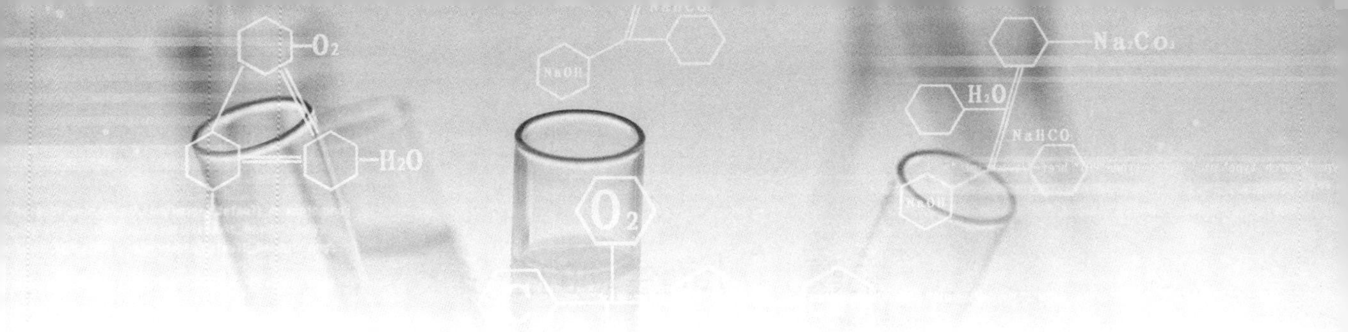

第二单元　物质的奥秘

元素是物质组成的基石，一百多种的元素通过不同的组合形成了我们的世界。当你用扫描电子显微镜观察物质，你会看到分子和原子，这些微小粒子形成不同的空间结构，进而形成了物质。分子和原子是构成物质的微观粒子。那元素、分子、原子、物质它们彼此之间是什么关系呢？研究元素、分子、原子这些概念，对认识物质有什么作用呢？让我们一同来探秘。

本单元课题

制作动感分子

课题意义：你是学校“科学社”的材料科学家。你的老师需要一些教具：分子模型。这种教具帮助学生理解看不见的分子的结构和组成。请你为老师3D打印出相关的分子：氧气、氢气、一氧化碳、二氧化碳、金刚石、石墨、碳-60等。在这个过程中，你需要表示出来不同原子的大小。

课题目标：用3D打印以上分子，并为它们贴上标签。

开展计划：

1. 建立研究小组，每组2～3人。进行小组分工。
2. 学习3D打印技术。
3. 根据本章的“神奇的元素”“小而生动的分子”等相关知识制定合理的计划。
4. 寻找专业人士咨询计划的可行性，及时调整计划。
5. 实施计划。
6. 书写探究报告，并完成目标中的所有要求。

附：探究报告可参考的格式

探究主题	
探究意义	
探究过程	
探究正文	
探究反思	

主题1　小而生动的分子

学习目标

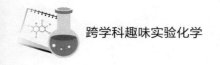

1. 知道宏观世界由微观粒子构成。
2. 初步认识原子，对分子和原子的关系有初步的认识。
3. 初步掌握分子的性质特点，能用原子和分子的性质解释一些化学现象。
4. 制作分子模型，并能用分子模型表示宏观物质并解释现象。

关键概念

分子和原子的性质、分子（原子）和物质的关系

学科融合

化学　分子、原子的性质；分子、原子、物质的关系

技术　3D 打印技术

一、微观世界的奥秘

我们的大千世界，微观上都是由分子、原子等微粒构成的。对着一个人的手背拍照，如果不断的提高精度，将看到神奇的变化。在这个过程中，你将逐步看到细胞、细胞核、染色体甚至 DNA 分子和其中的原子。宏观上看到的是手背，微观上就能看到构成它的分子、原子了。从宏观到微观的变化，是人类逐渐认识物质本质的过程。图 2-1 是拍摄精度从 0.1 m 逐渐放大至 1 亿倍的人手背皮肤系列照片。

我们发现，分子很小，小到我们无法用肉眼看到。例如水，常温下，是一种光滑流动的液体，现在取一滴水，从微观上看，又是怎样一番景象呢？

一滴水，用肉眼看，直径为 0.5 cm 左右。用放大 2 000 倍的光学显微镜看，水滴会变成 10 m^3 大小，约有一间房子那么大，我们看到的仍旧是相当光滑的水。再放大 2 000 倍，此时水的表面积已经有 20 km^2 了，如果我们再贴近看就会看到某种挤在一堆的东西，它们不再有光滑的外表了，看起来像是从很远的距离外看到的足球比赛时场上的一群人。为了看清这挤在一堆的东西究竟是什么，再放大 250 倍，此时已经放大了 10 亿倍，这时这滴水差不多大到要盖过整个中国的时候，就会看到它是由一个一个微粒构成的。每个微粒是 1 个水分子，每个水分子含有 1 个较大的氧原子和 2 个较小的氢原子，如图 2-2 所示。

人类真伟大，发明了扫描隧道显微镜，如图 2-3 所示。人类看到了分子和原子。甚至可以移动原子。图 2-3 是用该仪器获得的硅原子图像和苯分子图像。有了这些高端的仪器，才确认了物质是由分子、原子构成的。

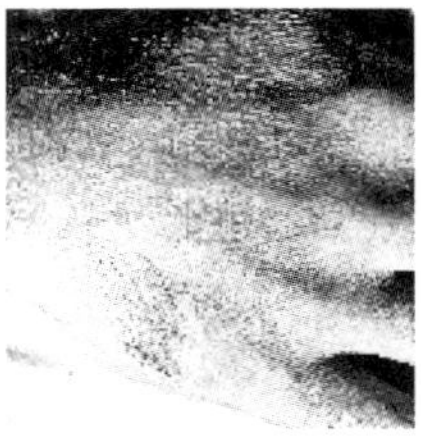

10^{-1} m (手背皮肤)

10^{-2} m (皱纹细部)

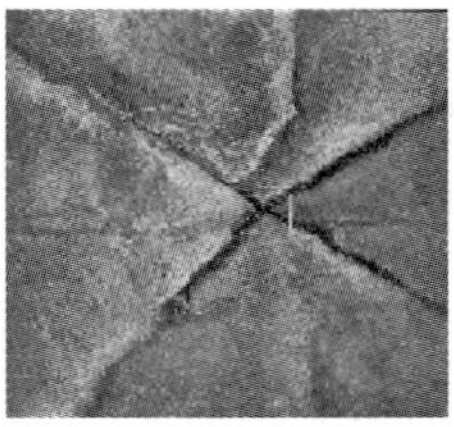

10^{-3} m (毛孔)

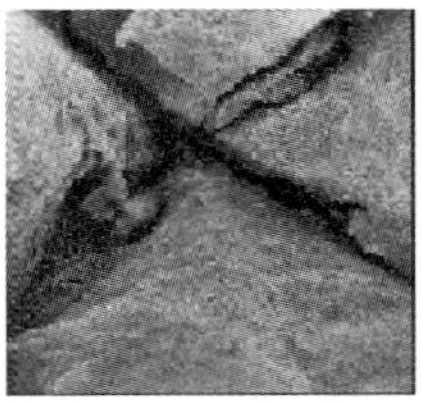

10^{-4} m (皮肤的组织结构)

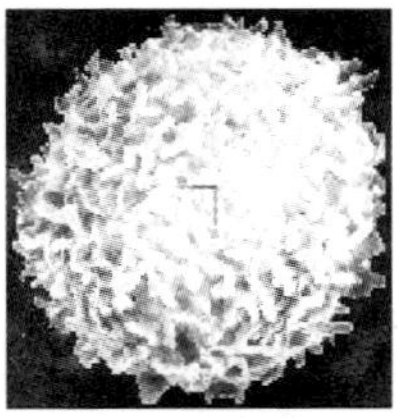

10^{-5} m (细胞)

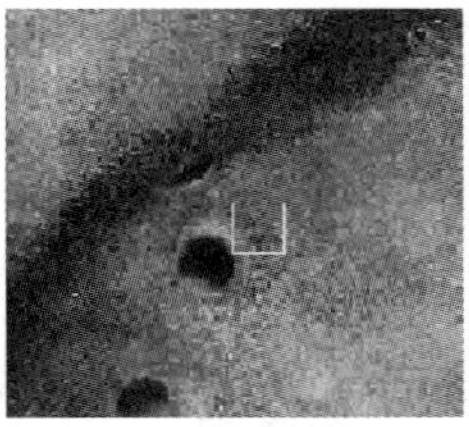

10^{-6} m (细胞核膜)

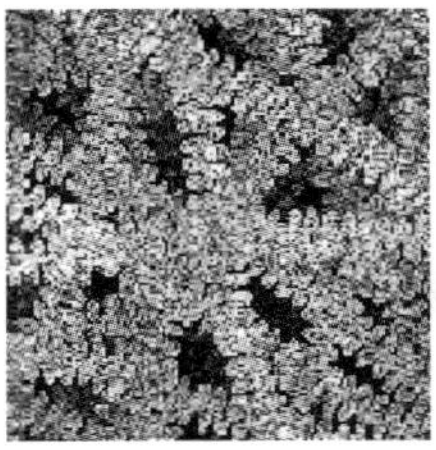

10^{-7} m (染色体)

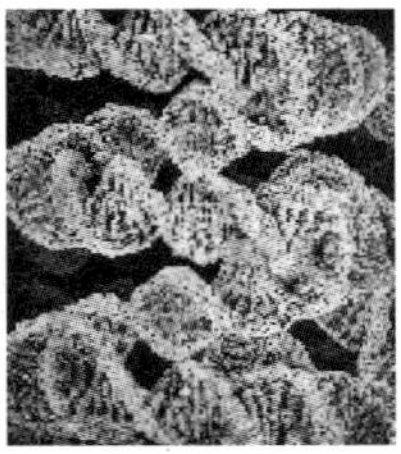

10^{-8} m (DNA分子)

10^{-9} m (组成DNA分子中的原子)

图 2-1　拍摄精度从 0.1 m 逐渐放大至 10^{-9} m 倍的人手背皮肤系列照片

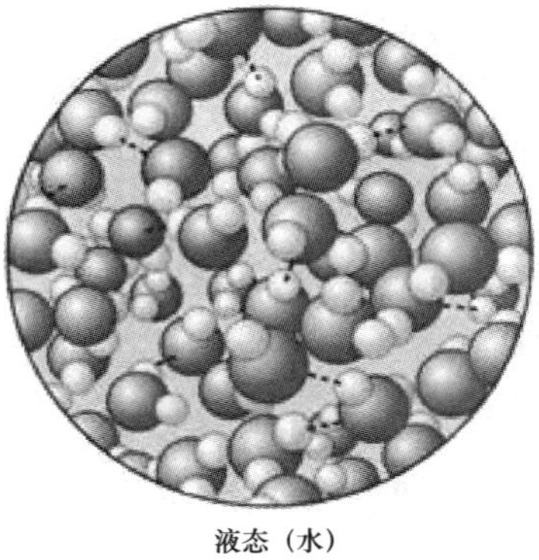

液态（水）

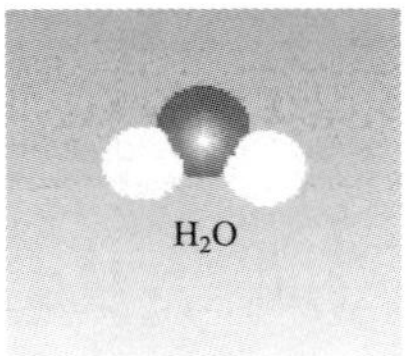

图 2-2　宏观水的微观构成

扫描隧道显微镜

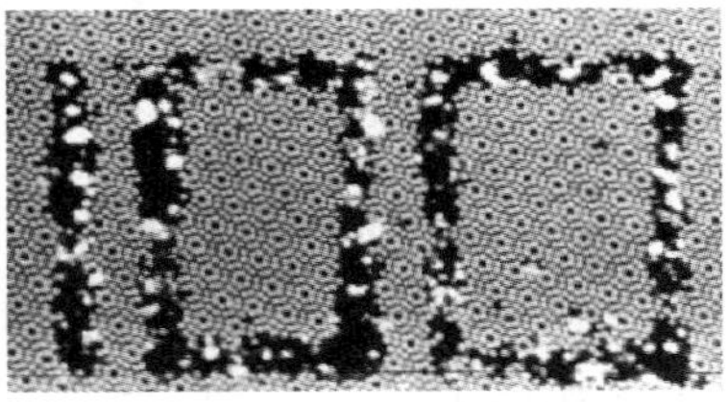

扫描隧道显微镜下移动硅原子所得的图像

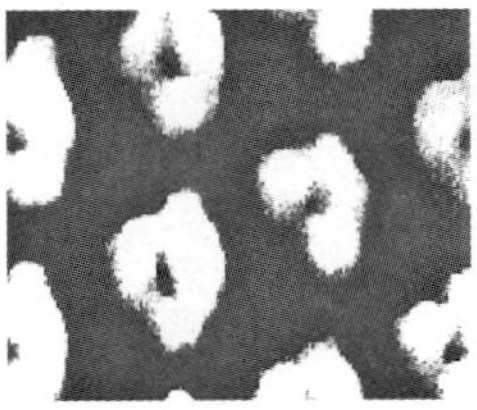

苯分子图像

图 2-3　扫描隧道显微镜及看到的原子、分子

探索海洋

动手制作分子模型

请你完成以下 4 个小制作，体会分子和原子的性质吧！

1. 如图 2-4 所示，用蓝色的球代表氢原子，红色的球代表氧原子，黑色的球代表碳原子，灰色的球代表氮原子，分别拼出 5 个氢分子（H_2）、5 个二氧化碳分子（CO_2）、5 个水分子（H_2O）、5 个氨分子（NH_3），拼完后举手告诉老师。看哪个小组拼得又快又好。

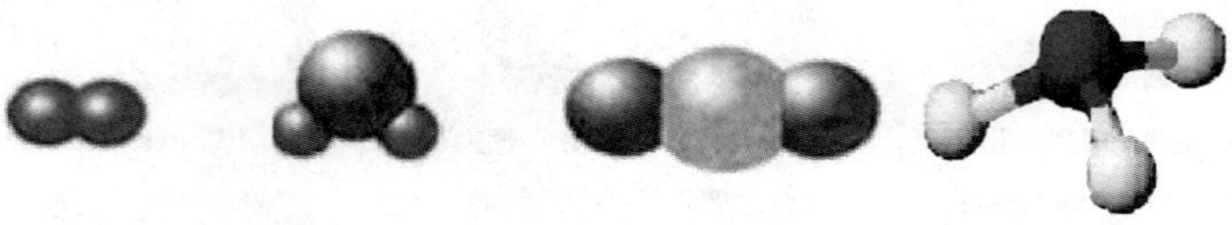

H_2　　H_2O　　CO_2　　NH_3

图 2-4　氢气、水、二氧化碳、氨气的微观示意图

2. 如何展示水（一种纯净物）的微观状态？如何展示氢气和氨气（一种混合物）的微观状态？将示意图画在下面的空白处。

3. 跨学科——与技术学科的融合：用 3D 打印技术打印不少于 5 个分子

在此环节，根据所学以及查阅资料，设计要打印的 5 个分子的“模样”，然后运用 3D 打印技术将选择的分子打印出来。我们看看哪一组同学打印的分子最符合真实情况。

4. 揭开化学反应的神秘面纱

如果将水（H_2O）通电，我们将得到氢气（H_2）和氧气（O_2），如果将氢气（H_2）和氧气（O_2）燃烧，又会得到水（H_2O）。这两个过程的化学方程式（表示化学变化的数学公式）如图 2-5 所示。

$2H_2O \xlongequal{电解} 2H_2\uparrow + O_2\uparrow$

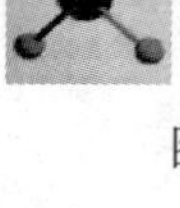

$2H_2 + O_2 \xlongequal{点燃} 2H_2O$

图 2-5　水通电、氢气燃烧的化学反应

绿球代表氢原子，红球代表氧原子。首先，先拼出水分子的模型，然后想办法将水分子变成氢分子和氧分子，看看在这个过程中，你至少需要几个水分子才能完成实验？之后，再拼出氢分子和氧分子，想办法将拼出的两种分子通过化学变化变成水分子，在

这个过程中，你至少需要几个氢分子和几个氧分子，才能保证变化中所有的原子都变成了水分子？

在第 4 个小制作当中，我们发现要想让水分子（H_2O）通过化学反应变成氢分子（H_2）和氧分子（O_2），至少需要 2 个水分子。

交流讨论

1. 水（H_2O）这种物质中是否含有氢气（H_2）？水分子（H_2O）中是否含有氢分子（H_2）？

2. 分子和原子之间是什么关系？

3. 通过探究，你能体会出化学反应的本质是什么吗？

由分子构成的物质，分子是保持其化学性质的最小粒子。分子是由原子构成的。有些分子由同种原子构成，如 1 个氧分子是由 2 个氧原子构成的，1 个氢分子是由 2 个氢原子构成的；大多数分子是由两种或两种以上原子构成，如 1 个二氧化碳分子是由 1 个碳原子和 2 个氧原子构成的，1 个氨分子是由 1 个氮原子和 3 个氢原子构成的，如图 2-6 所示。

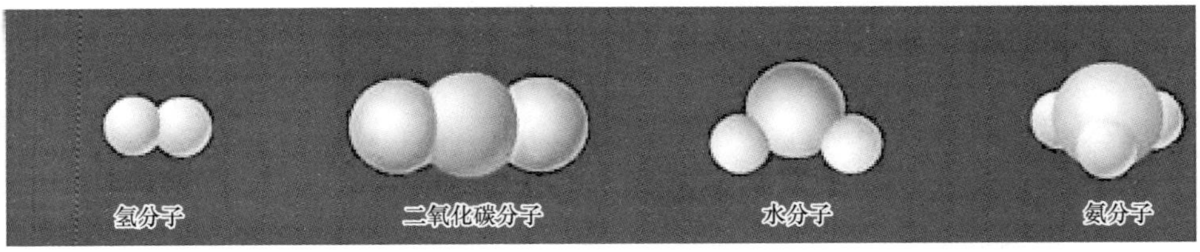

图 2-6　几种分子的模型

在化学变化中，分子可以分成原子，原子又可以结合成新的分子。例如，加热红色的氧化汞粉末时，氧化汞分子会分解成氧原子和汞原子，每 2 个氧原子结合成 1 个氧分子，许多汞原子聚集成金属汞，如图 2-7 所示。可见，在化学变化中，分子的种类可以变化，而原子的种类不会发生变化，因此，原子是化学变化中的最小粒子。

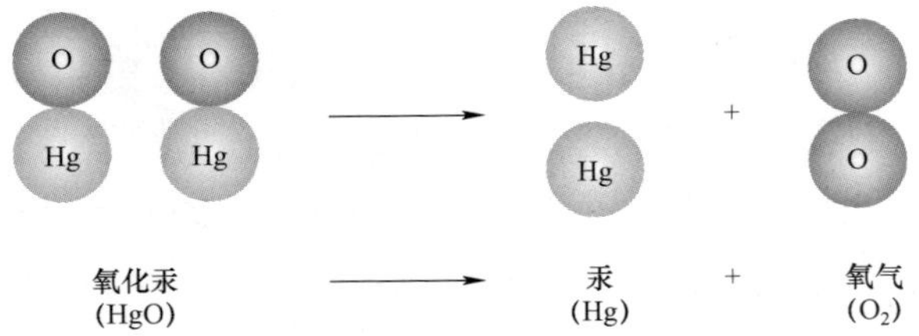

图 2-7　氧化汞分子分解示意图

交流讨论

在物理变化中，例如：水蒸发变成水蒸气，这个过程中水分子的种类发生改变了吗？在电解水的实验中，水分子在反应后是否发生变化？如何从分子角度区分物理变化和化学变化？

如图 2-8 所示，水蒸发变成水蒸气的过程中，只是分子之间的间隔发生了变化，分子的种类没有改变，依旧是水分子（H_2O）。在电解水的实验中，水分子反应后发生了变化，由水分子变成了氢分子（H_2）和氧分子（O_2）。那么，物理变化就是分子种类不变但分子间隔发生改变的变化，化学变化就是分子种类本身改变的变化。

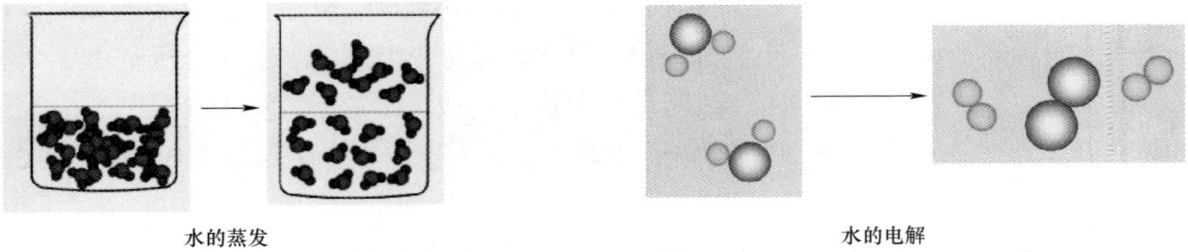

图 2-8　水的蒸发和水的电解微观示意图

二、分子的性质

生活中，你会有这样的经验，走过花圃会闻到花香；湿的衣服经过晾晒就会变干；糖块放到水里会逐渐“消失”，而水有了甜味。为什么会有这些现象呢？我们一起来探索分子的奥秘。

探索海洋

分子的性质初探

表 2-1　分子的性质初探任务单

实验示意图及操作步骤	现象	结论
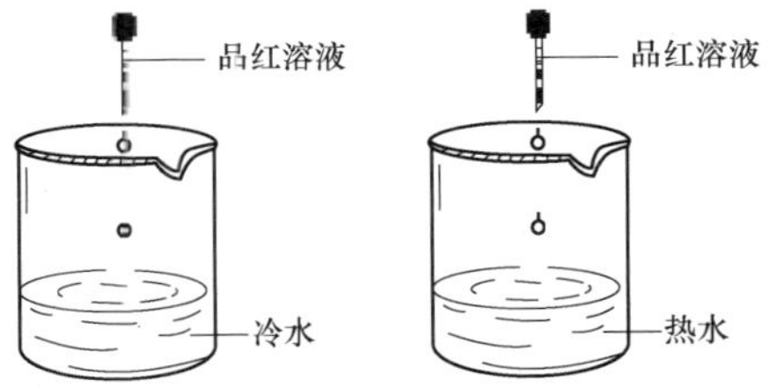 图 2-9　品红在冷水和热水中的扩散 如图 2-9 所示，在两个相同的烧杯中分别加入等体积的冷水和热水，并滴加相同滴数的品红溶液	品红在哪个烧杯中扩散得快	说明分子具有什么性质
如图 2-10 所示，在 50 mL A 烧杯中加入少量浓氨水，在 50 mL B、C 烧杯中加入酚酞。用 500 mL 烧杯罩住 A、B 两个小烧杯 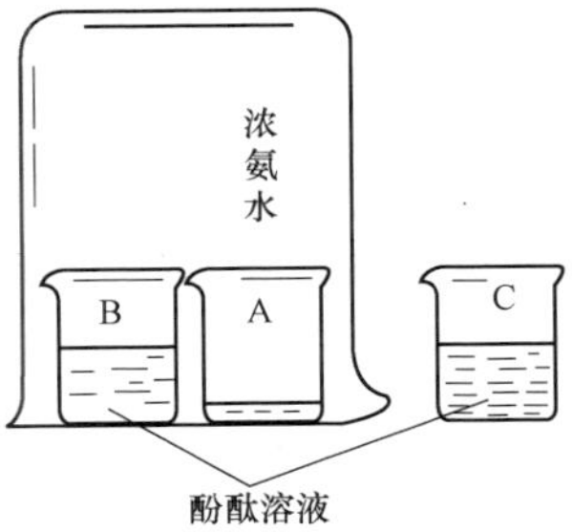 图 2-10　氨在空气中的扩散 注意事项：为减少污染和对人体的伤害，A、B、C 三个烧杯可改为小药瓶盖来做	A、B、C 3 个烧杯中哪几个烧杯出现红色	说明分子具有什么性质
如图 2-11 所示，在 100 mL 的容量瓶中加入约 50 mL 红墨水，再沿着玻璃棒小心地向瓶内加酒精到接近其刻度线 1～2 cm 处，改用滴管小心加酒精到液面与刻度线相切，塞好塞子，多次倒转容量瓶使液体充分混合后，正立、静置，观察混合液体的液面 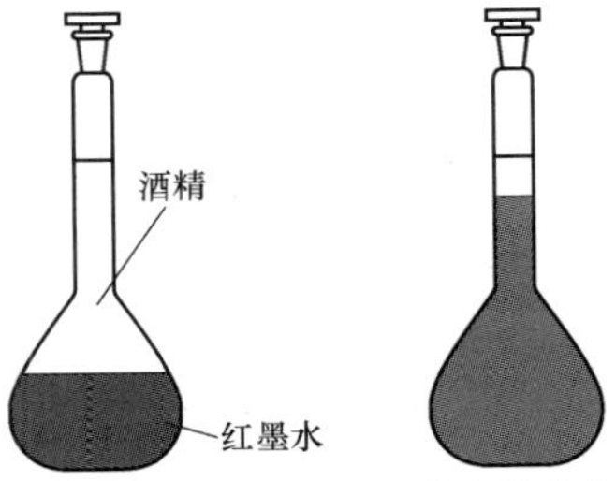 图 2-11　酒精与水混合后体积的变化	液面出现了什么现象	说明分子具有什么性质

交流讨论

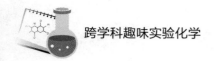

1. 根据实验，请你总结分子这样的微观粒子所具有的性质。

2. 用分子运动论解释下列生活中的事实：① 湿的衣物晾一会儿就干了。② 夏天洒在地上的水一会儿就不见了。③ 糖放到水里，一会儿就不见了。④ 气体可以压缩储存于钢瓶中。

关于分子的性质，想必大家已有很多感性认识。下边我们做一下归纳：分子总是在不停地运动着，分子之间有空隙，分子很小但有一定的体积和质量，同种物质的分子化学性质相同、不同物质的分子化学性质不同。

1. 分子总是在不停地运动着

在无外力作用的情况下，一切物质的分子都在不停地做无规则的运动。温度越高，分子的运动速率越快，固体、液体、气体中，气体的扩散速率最快，气体分子总是能够充满整个容器空间。由于分子的运动速率跟温度有关，所以这种运动叫作分子的热运动。

2. 分子之间有空隙

气体、液体、固体的分子间都有间隔。气体的分子间隔较大，气体被压缩时体积变小，就是因为压缩过程中气体分子间的间隔变小了。固体分子间的间隔，我们可以通过STM（扫描隧道显微镜）技术观察到固态物质分子的排列，可以直接看到固体分子间存在有间隔。

3. 分子很小，但有一定的体积和质量

通常分子的质量和体积都很小。例如，1 个水分子的质量约为 3×10^{-26} kg，1 滴水（以 20 滴水为 1 mL 计）中大约有 1.67×10^{21} 个水分子，如果 10 亿人来数 1 滴水里的水分子，每人每分钟数 100 个，日夜不停，需要 3 万多年才能数完。

4. 同种物质的分子化学性质相同，不同物质的分子化学性质不同

由分子构成的物质，分子是保持物质的化学性质的最小微粒，如果分子不发生变化，则其化学性质不变。例如：水变成水蒸气，这是一个物理变化，宏观上没有新物质生成，微观上没有新的分子生成，水和水蒸气都是由水分子（H_2O）构成的，化学性质相同。

不同的物质则化学性质不同。例如：水（H_2O）和过氧化氢（H_2O_2），虽然它们含有的元素是相同的，但由于分子结构不同，化学性质也有很大的不同，水很稳定，不易发生分解反应，而过氧化氢很不稳定，见光、受热条件下都会分解生成水和氧气。

小试牛刀

1. 下列叙述中不正确的是（　　）。

A. 直接构成物质的粒子，只能是分子

B. 分子是保持物质化学性质的一种粒子

C. 分子中可能含有多个原子

D. 不同物质的分子，化学性质不同

2. 将 100 mL 水与 100 mL 酒精混合后，总体积（　　）。

A. 大于 200 mL　　　　B. 等于 200 mL

C. 小于 200 mL　　　　D. 等于 100 mL

3. 人们漫步在槐树林中，能闻到浓郁的槐花香，这说明了（　　）。

A. 分子是有质量的　　　　B. 分子间有间隔

C. 分子在不断地运动　　　　D. 分子是可分的

4. 用打气筒将空气压入自行车胎内，主要是因为（　　）。

A. 气体分子很小　　　　B. 气体分子可分

C. 气体分子间距离较大　　　　D. 气体分子在不断运动

5. 下列事实不能用分子观点解释的是（　　）。

A. 柳絮纷飞　　　　B. 花香四溢

C. 给轮胎打气时气体被压缩　　　　D. 1 滴水中大约有 1.67×10^{21} 个水分子

6. 易拉罐饮料是用很薄的铝片制成的。在空罐中注入少量水，用酒精灯加热到沸腾，待大量水蒸气溢出后，先移去酒精灯，再用厚胶纸把罐口封住，待自然冷却后，发生现象是（　　）。

A. 罐外壁出现小水滴　　　　B. 罐变瘪了

C. 罐爆裂了　　　　D. 罐变瘪了，且罐内壁出现小水滴

7. 从下列图 2-12 中不能获取的信息是（　　）。

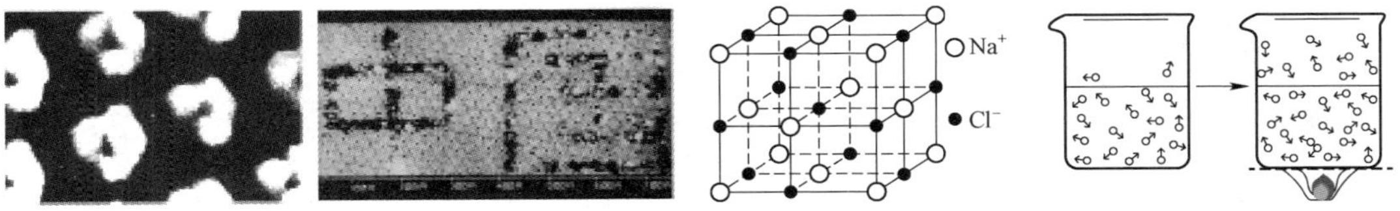

苯分子图像　　通过移走硅原子构成的文字　　NaCl晶体模型　　水受热蒸发

图 2-12　分子、原子的图像

A. 分子之间有间隔

B. 硅原子是由原子核和电子构成的

C. 受热水分子运动速率加快

D. 构成物质的粒子有分子、原子和离子

8. 下列事实说明了分子的什么性质？

（1）酒精挥发。说明：________________

（2）热胀冷缩。说明：________________

（3）一块蔗糖放到水里溶解后，我们看不见蔗糖的分子。说明：________________

学习反思

亲爱的同学们，通过本节内容的学习，你达到学习目标了吗？请你根据自己的学习情况进行自我评价。

表 2-2　自我评价量表

学习目标	是否达成 （全部达成请画☆☆☆，部分达成请画☆☆，没有达成请画☆）	学习反思
知道宏观世界由微观粒子构成		掌握较好的内容有： 有待提高的内容有：
初步认识原子，对分子和原子的关系有初步的认识		
初步掌握分子的性质特点，能用原子和分子的性质解释一些化学现象		
制作分子模型，并能用分子模型表示宏观物质并解释现象		

主题 2　原子的故事

学习目标

1. 知道原子概念的来历，了解人类认识原子的历史过程。
2. 掌握卢瑟福原子结构模型及常见原子的核外电子排布规律。

关键概念

原子结构、原子结构的探索历史、相对原子质量

学科融合

化学　原子结构、相对原子质量

历史　原子结构的发现历史、我国科学家对相对原子质量的贡献

跨学科

与历史学科的融合：原子结构的发现历史

小小原子，认识它确是岁月悠久，来之不易。在两个多世纪的时间里，科学家试图通过建立原子模型来理解为什么物质会表现出我们所看到的那些性质。随着研究的深入，原子模型也经历了几个阶段，如图 2-13 所示。

1808年，道尔顿模型

英国科学家约翰·道尔顿认为，同种元素是由相同的原子组成的，不同元素的原子具有不同的质量。道尔顿把原子想象成实心球体。

1897年，汤姆生模型

英国科学家J.J汤姆生发现了电子。后来他提出了新的原子模型，认为原子是一个带正电的球体，上面嵌着带负电的电子。他的模型看上去就像嵌有葡萄干的小蛋糕。

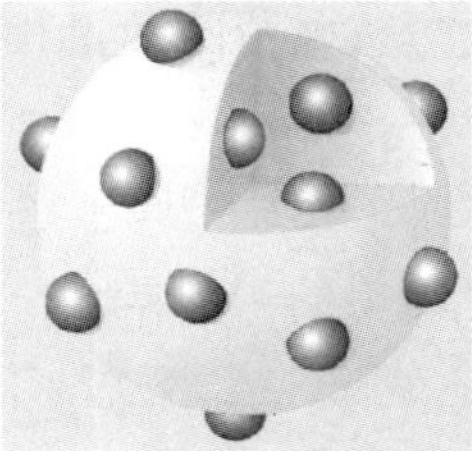

1911年卢瑟福模型

英国物理学家欧内斯特·卢瑟福认为，原子的大部分空间是空的，电子沿轨道围绕体积很小的、带正电的原子核做随机运动。

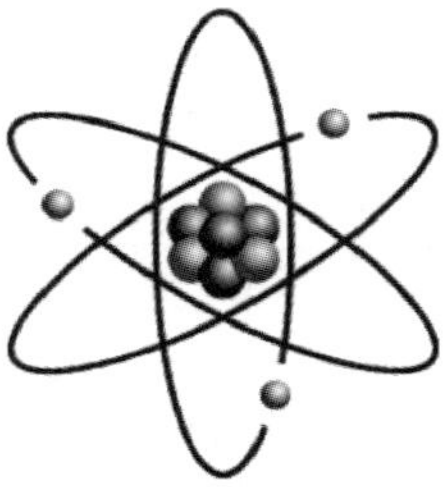

1913年波尔模型

丹麦物理学家玻尔提出了核外电子分层排布的原子结构模型，否定了随机运动一说。他认为，当电子从一个轨道跃迁到另一个轨道时，会吸收或辐射能量。

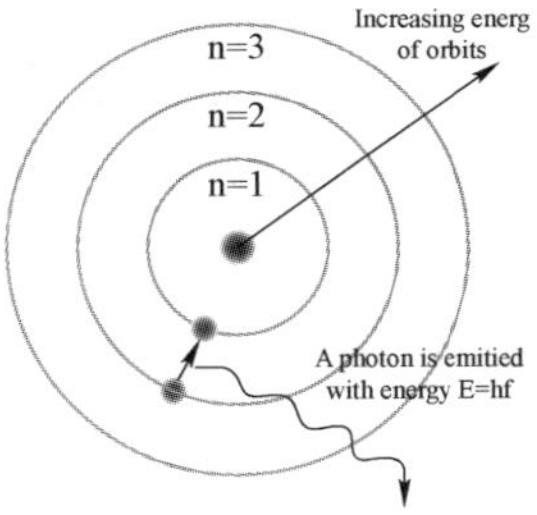

图 2-13　原子结构发展历程

一、原子的结构

如今，对于原子的内部研究，科学家们建立了现代模型。现代模型要归功于 20 世纪 20 年代至今的研究成果。这一模型指出，电子在原子核周围形成了一团带负电的云，我们不能确定在某一特定的时刻电子处于什么位置。初中阶段，我们主要学习的是卢瑟福的原子结构模型。原子是由原子核与一个或多个核外电子构成的。原子核是原子中心极微小的核，它包含更小的粒子——质子和中子。质子带有一个单位正电荷（用“+”表示）。中子不带电荷，是中性的。原子内还有一种粒子在原子核外的空间内运动，它就是电子。电子绕着原子核不停地快速运动，电子带有一个单位的负电荷。电子可用符号“e^-”表示。

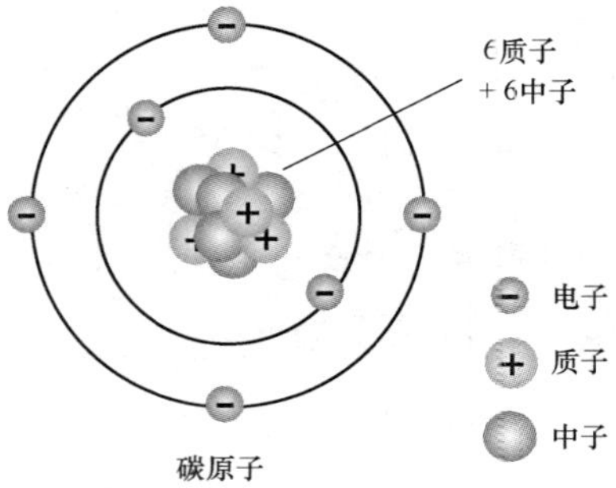

图 2-14　一种碳原子内部结构

图 2-14 所示的是碳原子模型。如果你数一数其中的质子的数目，你会发现它们共有 6 个。在一个原子中，质子的数量与电子的数量相等，因此，碳原子中也有 6 个电子。其结果就是正电荷的数量与负电荷的数量相等。电荷平衡，整个原子呈中性。

与原子相比，原子核的体积更小，如果把原子比作一个体育场，那么原子核只相当于体育场中的一只蚂蚁。因此，原子核外有很大的空间。电子就在这个空间里做高速运动。

科学研究表明，在含有多个电子的原子中，核外电子具有不同的运动状态，离核近的电子能量较低，离核越远，电子的能量越高。离核最近的电子层为第一层，次之为第二层，依次类推为三、四、五、六、七层，离核最远的也叫最外层。核外电子的这种分层运动又叫作分层排布。用原子结构示意图可以简明、方便地表示核外电子的分层排布情况，如图 2-15 所示。

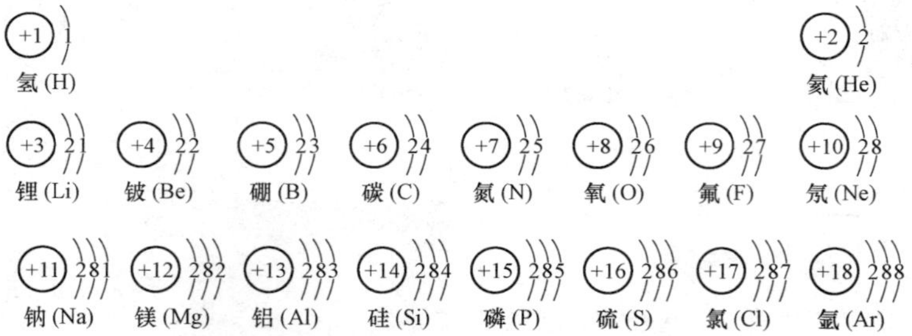

图 2-15　常见原子的结构示意图

二、相对原子质量

原子的质量很小。例如，1 个氢原子的质量约为 1.67×10^{-27} kg，1 个氧原子的质量约为 2.657×10^{-26} kg。由于原子质量的数值太小，书写和使用都不方便，所以国际上一致同意采用相对质量，即以一种碳原子质量的 1/12 为标准，其他原子的质量与它比较所得到的比，作为这种原子的相对原子质量。根据这个标准，氢的相对原子质量约为 1，氧的相对原子质量约为 16。在原子内部，尽管电子占据了原子体积的绝大部分，但它的质量仅占原子质量的很小部分，约 1 840 个电子的质量之和才等于 1 个质子的质量。另外，质子的质量与中子的质量几乎相等。这就意味着，原子的质量几乎全部集中在质子和中子上。一个质子或中子的相对原子质量为 1，故而，相对原子质量可以近似算作质子数和中子数之和。表 2-3 是一些常见元素的相对原子质量。

表 2-3　常见原子的相对原子质量

名称	符号	相对原子质量	名称	符号	相对原子质量	名称	符号	相对原子质量
氢	H	1	铝	Al	27	铁	Fe	56
氦	He	4	硅	Si	28	铜	Cu	63.5
碳	C	12	磷	P	31	锌	Zn	65
氮	N	14	硫	S	32	银	Ag	108
氧	O	16	氯	Cl	35.5	钡	Ba	137
氟	F	19	氩	Ar	40	铂	Pt	195
氖	Ne	20	钾	K	39	金	Au	197
钠	Na	23	钙	Ca	40	汞	Hg	201
镁	Mg	24	锰	Mn	55	碘	I	127

跨学科

与历史学科的融合：张青莲与相对原子质量的测定

中国科学院院士张青莲教授为相对原子质量的测定作出了卓越的贡献。他于 1983 年当选为国际原子量委员会委员。他主持测定了铟、铱、锑、铕、铈、铒、锗、锌、镝几种元素相对原子质量的新值，被国际原子量委员会采用为国际新标准。

图 2-16　张青莲（1908—2006）

拓展学习&跨学科

与物理学科的融合：静电的产生

用“原子结构”的相关知识解释生活现象：为什么冬天静电这么多？

相信大家在冬天都有这样的困扰：脱毛衣的时候、摸门把手的时候，还有跟别人握手的时候，都会被一阵“噼里啪啦”的静电给电到，有时候还伴随有强烈的电火花。那么，为什么单单冬天静电这么肆虐呢？要想弄明白这个问题，我们首先要知道静电是怎么产生的。这就是由原子结构的知识决定的啦。我们这个世界的所有物质都是由原子组成的，原子中含有大量的正电荷与负电荷，其中正电荷又叫作质子，负电荷又叫作电子。一般情况下，正负电荷电量相同，这样正负一抵消，物质整体上就不带电。如果两个本来不带电的物体发生了接触和摩擦，其中一个物体中的负电荷就会跑到另一个物体上，而且，一般都不会再转移回来。这样两个物体就都有了过剩的电荷，从而显现出了带电的性质。

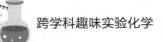

所谓静电就是这些积累下来的电荷，这个积累电荷的过程也就是静电产生的过程。那么，为什么冬天静电会比较多呢？有什么有效的方法减少静电呢？其实这个说法是不太准确的，每个季节都会产生很多静电，只是冬天静电被释放出来的很多。空气中飘浮着一些小液滴，我们用肉眼无法观察到。当空气不太干燥时，小液滴会和皮肤充分接触，转移一些带电小球，减少静电的积累。但是冬天天气干燥，空气中的小液滴很少，通过小液滴转移的静电很少，于是静电慢慢积累，达到一定的程度，就形成放电的现象啦！

图 2-17　静电

小试牛刀

1. 下列关于原子核的说法中，正确的是（　　）。

A. 原子核虽然很小，却几乎集中了整个原子的质量

B. 一个原子可以有一个原子核，也可以有多个原子核

C. 原子核占据了原子的大部分体积，也几乎集中了整个原子的质量

D. 质子带正电荷，而中子带负电荷，故原子核同原子一样并不带电荷

2. 在原子中，质子数等于（　　）。

A. 中子数　　B. 核外电子总数

C. 相对原子质量　　D. 中子数和电子数之和

3. 某原子中共有 40 个粒子，其中 14 个粒子不带电，则其质子数为（　　）。

A. 13　　B. 14　　C. 40　　D. 27

学习反思

亲爱的同学们，通过本节内容的学习，你达到学习目标了吗？请你根据自己的学习情况进行自我评价。

表 2-4　自我评价量表

学习目标	是否达成 （全部达成请画☆☆☆，部分达成请画☆☆，没有达成请画☆）	学习反思
知道原子概念的来历，了解人类认识原子的历史过程		掌握较好的内容有：
掌握卢瑟福原子结构模型及常见原子的核外电子排布规律		有待提高的内容有：

主题 3　离子的由来

学习目标

1. 了解分子、原子、离子之间的关系。
2. 认识常见的离子。

关键概念

离子的形成、离子的写法

常见物质中，有的是由分子直接构成的，例如：水（H_2O）、氨（NH_3）、二氧化碳（CO_2）和硫酸（H_2SO_4）等；有的是由原子直接构成的，例如：金属、金刚石等。除此以外，还有的物质既非由原子直接构成，也非由分子构成，而是由离子构成的，例如：食盐（氯化钠 NaCl）。

什么是离子呢？离子就是带电荷的原子或原子团，带正电荷的离子叫阳离子，带负电荷的离子叫阴离子。最初提出“离子”这一概念源于科学家发现，有的物质在熔化状态下不导电，而有的物质（如食盐）在固态时不导电而熔化状态下能导电。为理解熔化的食盐导电的事实，科学家通过比较各类原子结构特点，总结很多实验事实，认为在金属钠与氯气反应生成 NaCl 的过程中，发生了如图 2-18 所示的变化。

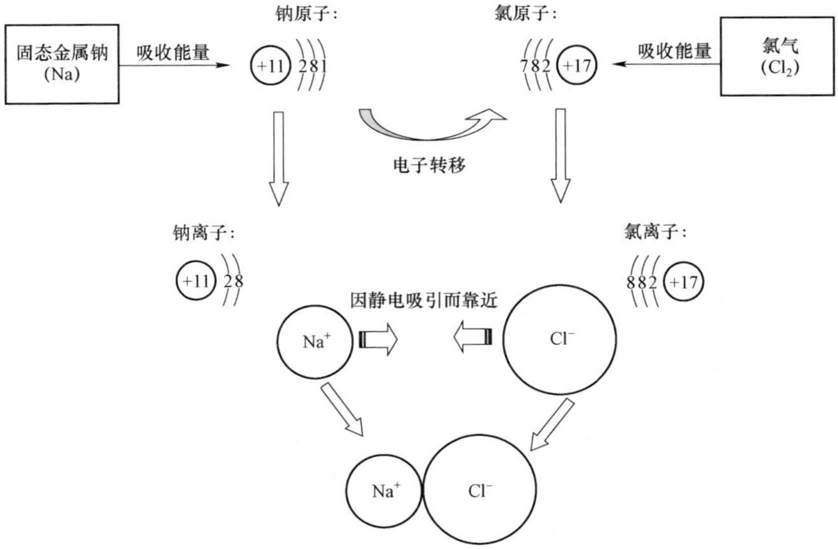

图 2-18　氯化钠形成过程示意图

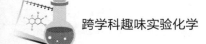

食盐（氯化钠）晶体就是这样由若干钠离子（Na^+）和若干氯离子（Cl^-）按照一定规律结合在一起形成的，如图 2-19 所示。

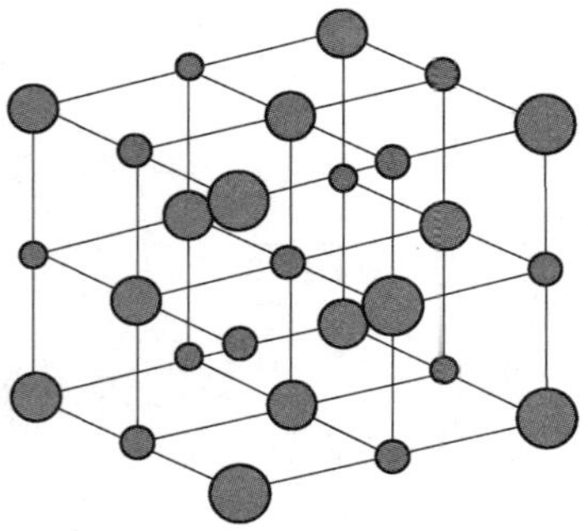

图 2-19　氯化钠的晶体结构

形象地说，当钠原子和氯原子相遇时，两者进行了一番“交谈”，钠原子失去一个电子变成钠离子，氯原子得到一个电子变成氯离子，如图 2-20 所示。

如果是金属镁跟氯气反应，则一个镁原子失去 2 个电子，形成带 2 个正电荷的镁离子（Mg^{2+}），而氯原子仍然形成只带一个负电荷的氯离子，这时二者就以 1:2 的比例结合形成离子化合物氯化镁（$MgCl_2$）。

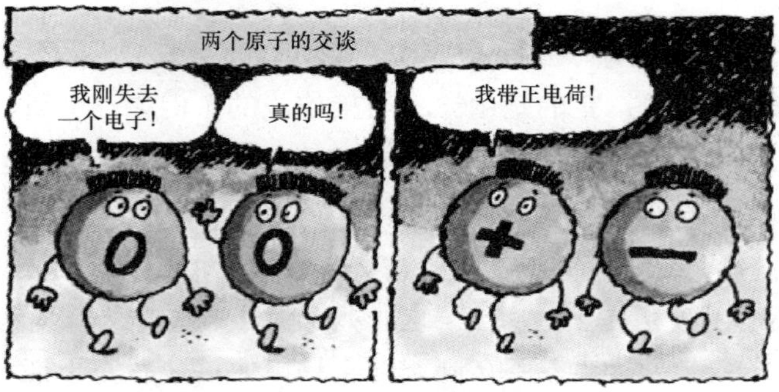

图 2-20　两个原子的交谈

长期研究中人们发现，所有元素中，只有氦、氖、氩、氪、氙、氡等稀有气体元素能以独立原子形式存在于自然界中，人们认为这些元素的原子具有稳定结构。别的元素原子即使在单质里，也不存在单独的原子状态，都发生了一定形式的原子间的结合。

归纳总结稀有气体原子的电子层结构特征可以发现，它们的最外层均为 8 电子结构（氦的最外层为第 1 层，最多只能容纳 2 个电子），再加上人们考察 Na^+、Mg^{2+}、Al^{3+}、K^+、Ca^{2+}、Cl^-、O^{2-}、F^-等能稳定存在的单核离子最外层也是 8 电子结构，于是提出了“八电子稳定结构学说”。

应该指出，八电子稳定学说只是化学发展史上的一个重要经验理论，适用于大多数常见物质。但该理论并不是绝对正确的，有的物质并不符合该学说。

交流讨论

1. 从原子结构来看，为什么钠离子带 1 个单位的正电荷，而镁离子则带 2 个单位的正电荷？为什么氯离子带 1 个单位的负电荷？

2. 根据氧原子的结构，推测氧形成的离子带几个单位的何种电荷？

根据原子结构（图 2-15），钠原子（Na）的最外层电子数为 1，在化学反应中容易失去这一个电子而形成最外层是 8 电子的稳定结构，失去 1 个电子后，钠原子（Na）变成钠离子（Na^+），带 1 个单位正电荷。而镁原子（Mg）的最外层电子数为 2，在化学反应中容易失去这两个电子而形成最外层是 8 电子的稳定结构，失去 2 个电子后，镁原子（Mg）变成镁离子（Mg^{2+}），带 2 个单位正电荷。同理，氯原子（Cl）的最外层电子数为 7，在化学反应中容易得到一个电子而形成最外层是 8 电子的稳定结构，得到 1 个电子后，氯原子（Cl）变成氯离子（Cl^-），带 1 个单位负电荷。那么，氧原子的最外层是 6 个电子，它容易得到 2 个电子形成稳定结构，因此带 2 个单位的负电荷。

有些原子团（几个原子结合在一起形成的原子集体，包括分子）也会得到或失去电子形成离子，例如：硫酸根离子 SO_4^{2-}、碳酸根离子 CO_3^{2-}、铵根离子 NH_4^+、高锰酸根离子 MnO_4^-、氢氧根离子 OH^-等，一些常见的离子如表 2-5 表示。

表 2-5　常见的离子及所带电荷数

名称	电荷	离子	名称	电荷	离子
锂离子	+1	Li^+	氧离子	−2	O^{2-}
钠离子	+1	Na^+	硫离子	−2	S^{2-}
钾离子	+1	K^+	铵根离子	+1	NH_4^+
钙离子	+2	Ca^{2+}	硝酸根离子	−1	NO_3^-
镁离子	+2	Mg^{2+}	碳酸氢根离子	−1	HCO_3^-
铝离子	+3	Al^{3+}	氢氧根离子	−1	OH^-
氟离子	−1	F^-	碳酸根离子	−2	CO_3^{2-}
氯离子	−1	Cl^-	硫酸根离子	−2	SO_4^{2-}

小试牛刀

1. 在下列构成关系图中的方框内填写粒子的名称。

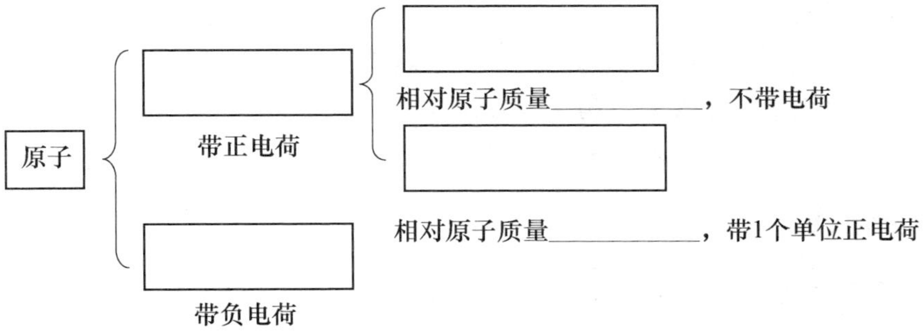

2. 下列各微粒的结构示意图中表示阳离子的是（　　）。

A. 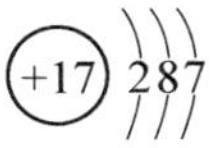

B. 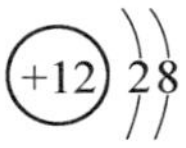

C. 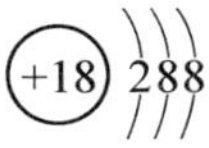

D. 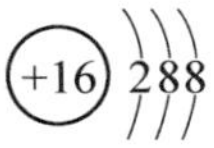

3. 具有下列原子结构的原子（R）中，易形成 –2 价阴离（R^{2-}）的是（　　）。

A. 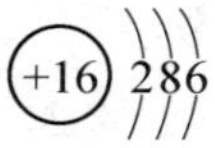　B. 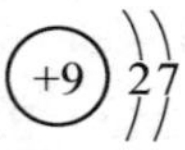　C. 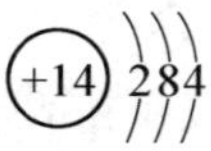　D. 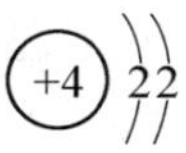

4. 下列微粒中，最外电子层不是稳定结构的是（　　）。

A. 氖原子　B. 氯原子　C. 钠离子　D. 硫离子

5. 下列微粒中，与 Na^+的质子数和电子数都相同的是（　　）。

A. F^-　B. H_2O　C. NH_4^+　D. OH^-

6. 某微粒最外层有 8 个电子，该微粒是（　　）。

A. 阴离子　B. 阳离子　C. 稀有气体原子　D. 无法确定

学习反思

亲爱的同学们，通过本节内容的学习，你达到学习目标了吗？请你根据自己的学习情况进行自我评价。

表 2-6　自我评价量表

学习目标	是否达成（全部达成请画☆☆☆，部分达成请画☆☆，没有达成请画☆）	学习反思
了解分子、原子、离子之间的关系		掌握较好的内容有：
认识常见的离子		有待提高的内容有：

主题 4　神奇的元素

学习目标

1. 了解元素的概念，理解元素与原子之间的关系，知道元素在生活中的用途。
2. 了解元素的分类，知道金属元素与非金属元素的差别。
3. 初步了解元素周期表的结构，能在周期表中找到常见元素的位置。
4. 通过“制作魔灯”的焰色反应理解金属元素的应用。

关键概念

元素概念、元素用途、元素分类、元素周期表、焰色反应

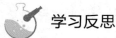

学科融合

化学　元素概念、用途、分类

历史　元素的发现史

一、元素

原子可看作是用化学手段无法再分的粒子。我们知道，原子是由原子核与核外电子构成的，而原子核又是由质子和中子共同构成的。

最初大家都认为不同的原子应该具有不同的化学性质。但是实践中科学家发现，有些原子的组成和质量虽然不同，但它们在化学变化过程中表现出的行为却是完全相同的。比如：碳-12（质子数为 6，中子数为 6）和碳-14（质子数为 6，中子数为 8）它们都能形成二氧化碳（CO_2）；再比如：氢-1（质子数为 1，中子数为 0）和氢-2（质子数为 1，中子数为 1），它们都能形成化学性质完全相同的水（H_2O）。深入研究可以发现，这些具有相同化学性质的原子，其结构里有一点是相同的，那就是它们具有相同数目的质子。

人们把具有相同质子数的一类原子，称为一种**元素**。或者说，元素是具有相同质子数的同一类原子的总称。如：氢-1、氢-2、氢-3（质子数为 1，中子数为 2）三种原子，都只有 1 个质子，称为氢元素（符号为 H）；碳-12 和碳-14 两种原子，都有 6 个质子，称为碳元素（符号为 C）。

目前，人类共从自然界发现和制造了一百多种元素。为研究方便，人们又根据元素在化学反应中表现出的性质，把元素分为金属元素和非金属元素两大类。地壳里各元素的含量及人体中元素含量如图 2-21 所示。

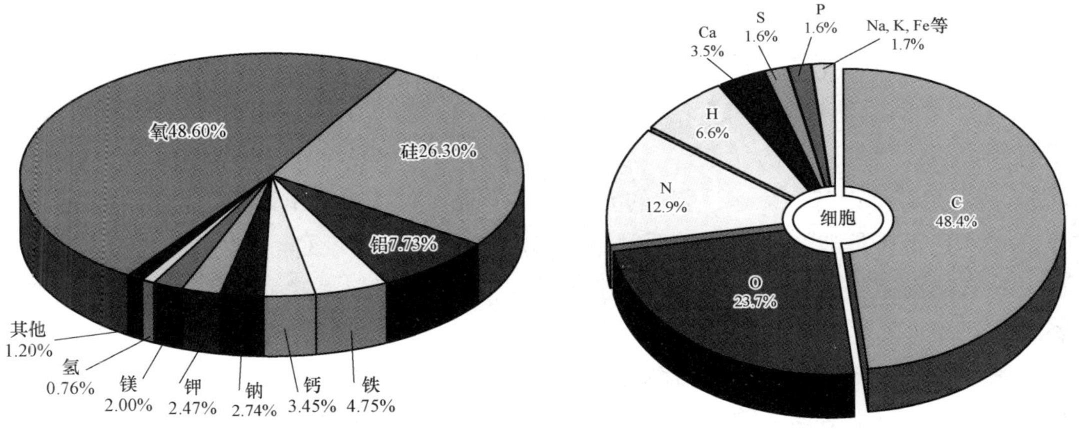

图 2-21　地壳（左）和人体（右）中各元素的含量比较（数据表示元素的质量分数）

我们看到，除氧外，很多元素在地壳和人体里的含量很不一致，如碳（C）、氢（H）、氮（N）等，这些事实引发了科学家们关于生命起源和进化的很多思考。

交流讨论

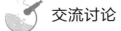

请你查阅有关资料，了解同一种元素下的不同原子在实际生活中有哪些不同的用途

呢？例如：碳元素的三种原子：碳-12、碳-13、碳-14。

如图 2-22，元素在生活中无处不在。观察一种饮料的配方表，你会看到“钠、磷、钾、钙、锌”的字样，这里分别指代钠元素、磷元素、钾元素、钙元素、锌元素。生活中，我们常说要补钙，“补钙”补的就是钙元素。如果使用的是固体钙片，那么，这里的钙元素是指碳酸钙（$CaCO_3$）中的钙。在食盐的外包装上，看到“精制碘盐”，这里的碘指的也是碘元素，以碘酸钾（KIO_3）的形式存在。

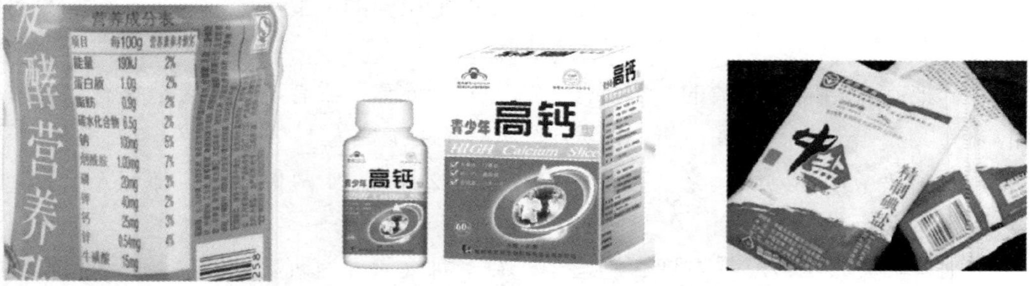

图 2-22　饮料瓶、钙片包装、食盐包装上的元素信息

二、元素的表示方法

绝大多数表示元素名称的汉字都是中国化学家造的字。它们非常有规律，金属元素（除汞外）都具有金字边“钅”结构，如：铁（Fe）、铜（Cu）、钠（Na）、铝（Al）；而带有气字头“气”结构的元素，一般常温下其单质呈气态，如：氢（H）、氧（O）、氯（Cl）、氮（N）；带有三点水“氵”的元素只有一个，它是溴（Br）元素，其单质常温下呈液态，它是一种非金属元素；而常温下单质呈液态的金属元素则是汞（Hg），其状态在表示它的汉字里也有所体现；带石字边“石”的元素都是其单质常温下呈固态的非金属元素。

国际上一般采用元素拉丁语名称的第一个字母（大写）表示该元素，当第一个字母相同时，则从拉丁语词汇的后边再取另一字母（小写）加以区分。92 号铀元素（U）以后的元素大都在自然界里找不到，属于人造元素，很多人造元素的符号由三个字母构成，第一个大写，后边两个则为小写。有些人造元素的国际命名是为纪念著名科学家的，如：96 号元素锔（Cm）是为了纪念居里夫人，99 号元素锿（Es）是为了纪念爱因斯坦，100 号元素镄（Fm）是为了纪念著名科学家费米，101 号元素钔（Md）是为了纪念发现了元素周期律的门捷列夫，102 号元素锘（No）是为了纪念诺贝尔，等等。

表 2-7　常见元素的名称和元素符号

元素名称	元素符号	元素名称	元素符号	元素名称	元素符号
氢	H	镁	Mg	氯	Cl
碳	C	铝	Al	钙	Ca
氮	N	硅	Si	铁	Fe
氧	O	磷	P	铜	Cu
钠	Na	硫	S	锌	Zn

三、元素的分类

为方便研究和交流，科学家按照元素原子的核电荷数多少，给元素编写了序号，叫作原子序数。即：

原子序数＝原子的核电荷数＝原子的质子数＝原子的核外电子数

氢元素的原子只有 1 个质子，于是其原子序数为 1；氧元素的原子都有 8 个质子，其原子序数为 8；铁原子核内均有 26 个质子，故铁的原子序数为 26……

多年的研究中科学家发现，元素的化学性质主要跟其原子半径和最外层电子数有关。下边让我们研究一下金属元素和非金属元素核外电子排布的规律。

交流讨论

请观察第二节中图 2-15，根据名称把它们分为金属元素、非金属元素两大类，观察对比金属元素、非金属元素原子的最外层电子数目，找出其一般规律。

通过观察比较 1～18 号元素的核外电子排布规律我们可以发现，金属元素原子的最外层电子数一般少于 4，而非金属元素原子的最外电子数则一般不少于 4，稀有气体元素原子的最外层电子数则一般达到了最外层电子数的最大值 8（氦的第 1 层为最外层，也达到了最大值 2）。事实上，所有元素中，只有稀有气体元素的原子可以单独稳定地存在，其他任何元素的原子常温下都不能单独以原子状态存在。这是不是很有趣呢？

探索海洋

制作魔灯

有些金属元素在灼烧时，能够产生多彩的焰火，如图 2-23 所示。这种变化称之为焰色反应。人们利用焰色反应制作烟花。

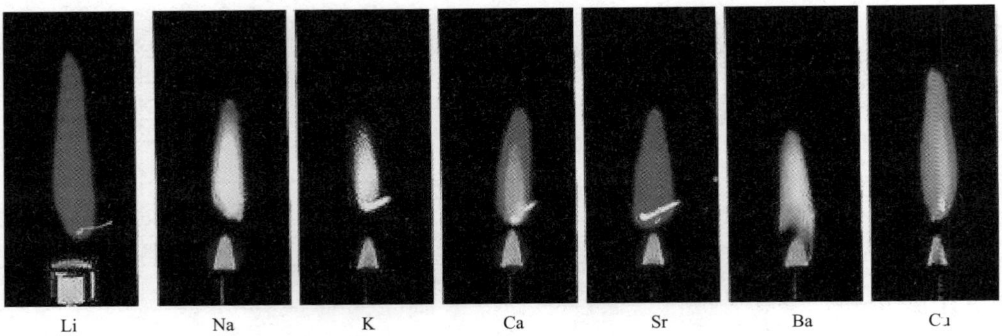

图 2-23　几种金属元素的焰色反应（从左往右一次是：锂、钠、钾、钙、锶、钡、铜）

含有金属锂（Li）元素的物质灼烧时，产生红色火焰。含有金属钠（Na）元素的物质燃烧时，产生黄色火焰。含有金属钾（K）元素的物质灼烧时，透过蓝色钴玻璃观察能够看到紫色火焰。含有金属钙（Ca）元素的物质灼烧时，产生橘红色火焰。含有金属锶（Sr）元素的物质灼烧时，产生洋红色火焰。含有金属钡（Ba）元素的物质灼烧时，产生黄绿色火焰。含有金属铜（Cu）元素的物质灼烧时，产生绿色火焰。下面，让我们动起手来，制作一个魔灯，让它喷出多彩火焰吧！

［**实验目的**］利用焰色反应，用蒸发皿制作多彩焰火。

［**实验原理**］某些金属元素的物质灼烧时，元素原子的电子吸收热量从稳定态到活跃的状态。但是活跃状态的电子并不稳定，它们会从活跃的状态重新回到稳定态，这时放出能量，以不同颜色的光的形式释放。

［**实验器材**］95%的工业酒精、氯化钠、硝酸钾、硝酸钡、硝酸锶、八水氢氧化钡、硫酸铜、六水氯化钴、蒸发皿、坩埚钳、量筒、烧杯、胶头滴管、玻璃棒。

［**实验操作**］第一步，配制合适浓度的酒精溶液。

（1）取 95%的工业酒精 75 mL 于 250 mL 烧杯中。

（2）在烧杯中加水稀释溶液总体积为 100 mL。

第二步，加入少量含金属的物质。

（1）加 10 mL 刚刚配制的溶液于蒸发皿中。

（2）加入 1 勺含金属的物质，用玻璃棒搅拌均匀。

注意：这里的含金属的物质是指氯化钠、硝酸钾、硝酸钡、硝酸锶、八水氢氧化钡、硫酸铜、六水氯化钴这 7 种物质中的一种。如果想在一个蒸发皿中产生多种颜色的火焰，可以加入这 7 种中的多种物质。

请你动手完成该实验，填写表 2-8 的实验现象和结论。

表 2-8　“制作魔灯”的焰色反应任务单

实验现象	实验结论

四、元素周期表

1869 年，俄国化学家门捷列夫在前人研究的基础上，编写并发表了第一张化学元素周期表，后来历经数位科学家的修订，形成了目前比较完善的元素周期表。它是我们深入学习和研究化学的重要工具。元素周期表有很多种画法，图 2-24 表示的是长式元素周期表。

化学元素周期表

	ⅠA	ⅡA	ⅢB	ⅣB	ⅤB	ⅥB	ⅦB	Ⅷ	Ⅷ	Ⅷ	ⅠB	ⅡB	ⅢA	ⅣA	ⅤA	ⅥA	ⅦA	0
1	1 H 氢																	2 He 氦
2	3 Li 锂	4 Be 铍											5 B 硼	6 C 碳	7 N 氮	8 O 氧	9 F 氟	10 Ne 氖
3	11 Na 钠	12 Mg 镁											13 Al 铝	14 Si 硅	15 P 磷	16 S 硫	17 Cl 氯	18 Ar 氩
4	19 K 钾	20 Ca 钙	21 Sc 钪	22 Ti 钛	23 V 钒	24 Cr 铬	25 Mn 锰	26 Fe 铁	27 Co 钴	28 Ni 镍	29 Cu 铜	30 Zn 锌	31 Ga 镓	32 Ge 锗	33 As 砷	34 Se 硒	35 Br 溴	36 Kr 氪
5	37 Rb 铷	38 Sr 锶	39 Y 钇	40 Zr 锆	41 Nb 铌	42 Mo 钼	43 Tc 锝	44 Ru 钌	45 Rh 铑	46 Pd 钯	47 Ag 银	48 Cd 镉	49 In 铟	50 Sn 锡	51 Sb 锑	52 Te 碲	53 I 碘	54 Xe 氙
6	55 Cs 铯	56 Ba 钡	镧系	72 Hf 铪	73 Ta 钽	74 W 钨	75 Re 铼	76 Os 锇	77 Ir 铱	78 Pt 铂	79 Au 金	80 Hg 汞	81 Tl 铊	82 Pb 铅	83 Bi 铋	84 Po 钋	85 At 砹	86 Rn 氡
7	87 Fr 钫	88 Ra 镭	锕系	104 Rf	105 Db	106 Sg	107 Bh	108 Hs	109 Mt	110 Ds	111 Rg	112 Cn Uub	113 Uut	114 Uuq	115 Uup	116 Uuh	117 Uus	118 Uuo

镧系	57 La 镧	58 Ce 铈	59 Pr 镨	60 Nd 钕	61 Pm 钷	62 Sm 钐	63 Eu 铕	64 Gd 钆	65 Tb 铽	66 Dy 镝	67 Ho 钬	68 Er 铒	69 Tm 铥	70 Yb 镱	71 Lu 镥
锕系	89 Ac 锕	90 Th 钍	91 Pa 镤	92 U 铀	93 Np 镎	94 Pu 钚	95 Am 镅	96 Cm 锔	97 Bk 锫	98 Cf 锎	99 Es 锿	100 Fm 镄	101 Md 钔	102 No 锘	103 Lr 铹

图 2-24　长式元素周期表

元素周期表中，共有 7 行 18 列。每一行叫作一个周期，我们可以看到各周期元素的数目并不一定完全相同，第一周期只有 2 种元素，第二、三周期各有 8 种元素，第四、五周期则各有 18 种元素，第六、七周期则各有 32 种元素。我们相信，随着科学研究的深入，人类还会发现或制造出第八周期元素来。我们把各个列划分为不同的“族”，有主族（用 A 表示）、副族（用 B 表示）、0 族、第Ⅷ族等。

拓展学习

与历史学科的融合：元素的发展史

在科学史上，元素是怎样被发现的呢？元素周期表的历史又是怎样的呢？在元素发现的历程中，呈现了很多有趣的故事。让我们一起来看一下吧！

一、关于元素的发现历史

古代中国有五行学说，认为物质由“金、木、水、火、土”五种元素构成；古希腊亚里士多德则认为物质由“水、火、土、气”四种元素构成。如图 2-25 所示。

13—14 世纪，西方的炼金术士对亚里士多德的思想进行补充，增加了水银、硫磺和盐 3 种元素，并称为“三本原”。到此，人们对元素的概念还是建立在对客观事物的观察和臆测上。

五行说

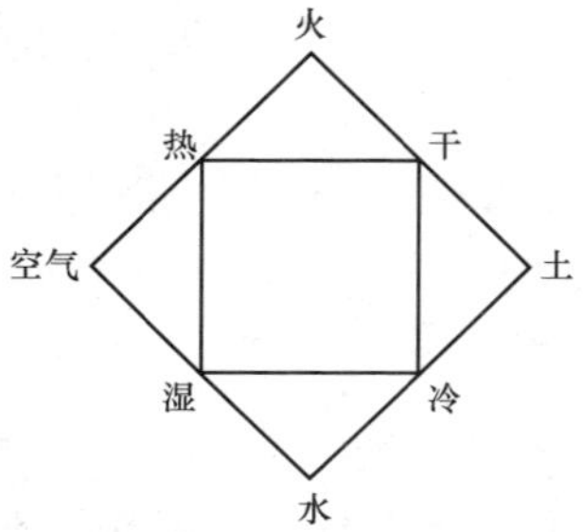

古希腊四元素

图 2-25　中国古代元素的雏形

1661 年，英国科学家玻义耳对四元素说和三本原说提出了质疑，他在《怀疑派的化学家》中将元素定义为无法相互转变或还原成更简单物质的东西。

1789 年，法国科学家拉瓦锡强调了实验在元素认知中的重要作用，在其发表的《化学基础论说》中将 33 种物质分为气态简单物质，能氧化合成酸的简单非金属物质，能氧化合成盐的简单金属物质，能成盐的简单土质。

至此，虽然在元素的分类中引入了一些化学的方法，但仍未发现其本质，主要依赖物质的性质区分，许多东西并不属于元素。

波义耳（英国科学家）

拉瓦锡（法国科学家）

图 2-26　英国科学家波义耳和法国科学家拉瓦锡

19 世纪初，英国科学家道尔顿创立原子学说，并测定原子量，每一种元素定义为具有同种质量的原子。开始将化学元素的概念与物质的原子量相互关联。

1841 年，瑞典科学家贝齐里乌斯根据已经发现的元素的性质，提出了同素异形体的概念，即相同元素形成的不同单质。

此后，对元素的认识才是真正意义上准确的，是与现在仍相同的理解。

道尔顿（英国科学家）

贝齐里乌斯（瑞典科学家）

图 2-27　英国科学家道尔顿和瑞典科学家贝齐里乌斯

二、关于元素周期表的发现历史

现在使用的元素周期表，最早是在 1869 年由俄国科学家门捷列夫整理的，他将当时已知的 63 种元素依相对分子质量排列成表（一个知识点，这时的周期表没有惰性元素一族哦），并成功的预测了当时仍未发现的镓、钪、锗的性质。此后更多的元素被发现，到现在有 118 种元素被发现，也可能存在新的元素等待着被发现被证实。在元素周期表中，每一横行称为一个周期，每一竖列称为一个族。现在使用的元素周期表有 7 个周期，16 个族。

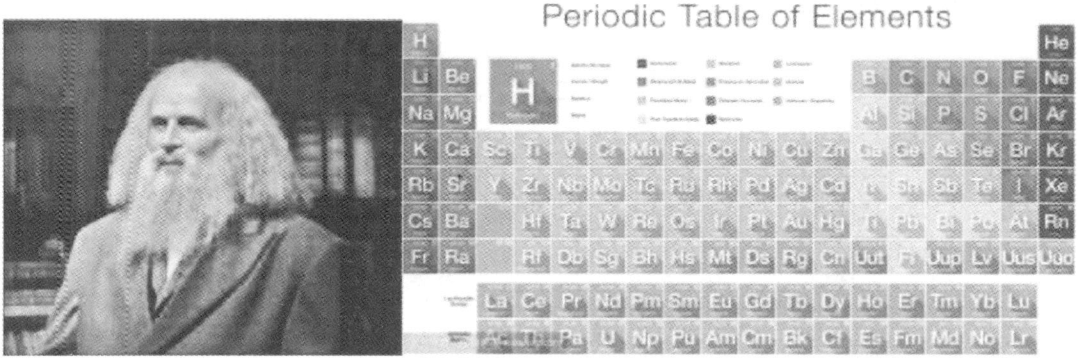

图 2-28　门捷列夫及元素周期表

三、某些元素发现的故事

（一）元素镭（Ra）

居里夫人是一位伟大的科学家，是第一位两获诺贝尔奖的女科学家，在当时女性几乎不被科学界所接受的情况下，居里夫人仍将自己的一生献给了科学。当她和丈夫居里先生向法国科学院提交自己发现镭的报告时几乎受到了所有主流科学家的反对，所以他们毅然决定提炼出这种元素，由于沥青铀矿的高价，她与先生省吃俭用，在一间小

图 2-29　居里夫人

小的实验室中最终提炼出了镭元素，然而她与先生的健康却因此受到很大的危害。

（二）元素氩（Ar）

英国科学家瑞利测量两种不同来源的氮气，发现氮气是从空气中去掉氧、二氧化碳和水蒸气以后得到的，氮气比另一种从氨中得到的氮气密度高 0.006 4 克/升。他将这一发现公布在《自然》杂志上，最终与拉姆齐一同研究发现了空气中一种惰性成分——氩气，之后又在接下来的研究中发现了另一种惰性气体的氦气，并成功在元素周期表中引入了稀有气体一族（0 族）。所以我们应该重视每一个细节，即使是小数点后第三位的区别也可能引发科学上的重大发现。

图 2-30　瑞利和拉姆齐

小试牛刀

1. 下列元素符号书写有错误的是（　　）。

A. 钠 NA　　B. 氯 Cl　　C. 铝 Al　　D. 氦 He

2. 下列对地壳中各元素所占质量分数的排列，符合从大到小顺序的是（　　）。

A. O，Si，Al，Fe　　B. Al，Fe，Si，O

C. Fe，Al，Si，O　　D. Si，O，Fe，Al

3. 构成原子的下列粒子，与元素的化学性质关系不大的是（　　）。

A. 原子的最外层电子数　　B. 核内质子数

C. 核内中子数　　D. 核外电子总数

4. 下列对元素的描述，正确的是（　　）。

A. 是具有相同核电荷数的微粒　　B. 是具有相同电子数的微粒

C. 是具有相同中子数的一类原子　　D. 是具有相同质子数的一类原子的总称

5. 下列说法正确的是（　　）。

A. 元素的原子序数等于原子核内的质子数

B. 元素的原子序数等于原子核内的中子数

C. 元素的原子序数等于原子的相对原子质量

D. 元素的原子序数等于原子核内的质子数和中子数之和

6. 写出下列元素的元素符号或名称：

(1) 铍______、硼______、磷______、钾______、银______、铝______、硅______。

(2) Na______、Li______、F______、Fe______、Ne______、Mg______、Ca______。

学习反思

亲爱的同学们，通过本节内容的学习，你达到学习目标了吗？请你根据自己的学习情况进行自我评价。

表 2-9　自我评价量表

学习目标	是否达成 （全部达成请画☆☆☆，部分达成请画☆☆，没有达成请画☆）	学习反思
了解元素的概念，理解元素与原子之间的关系，知道元素在生活中的用途		掌握较好的内容有：
了解元素的分类，知道金属元素与非金属元素的差别		
初步了解元素周期表的结构，能在周期表中找到常见元素的位置		有待提高的内容有：
通过“制作魔灯”的焰色反应理解金属元素的应用		

单元小结

核心概念

分子和原子	微粒的通性；分子、原子及物质的关系；物理变化与化学变化的本质区别
原子结构	原子结构的发现历史；原子结构的数量与带电关系；相对原子质量
离子	离子的形成；八电子稳定结构；常见离子的写法
元素	元素定义；生活中元素含义的应用；元素与原子、物质的关系；元素周期表的历史和基本规律

思维导图

请试着画一个思维导图，将本单元核心知识进行关联，明确知识之间的关系，明确知识与实验之间的关系，并试着想想跨学科知识是怎样用于解决一个真实问题的？

第三单元　空气探秘

空气有哪些性质呢？它是一种纯净物还是由多种气体组成的混合物？本单元，我们将走进空气的神秘世界，探寻它的组成。并深入研究氧气（O_2）、二氧化碳（CO_2）这两种气体的组成、性质、用途和制备等相关的化学知识。在研究氧气的实验室制法的同时，接触到神奇的催化剂，将走进它的世界一探究竟！下面，让我们开启空气探秘的学习旅程吧！

本单元课题

我为空气代言

课题意义：空气是一种宝贵的资源。深入地研究它的各组分性质，能够更好地将空气应用到实际生活中。接下来，你将选择空气中的一种组分进行深入研究，并为同学们讲解它的相关知识，提升科学素养。

课题目标：以空气中的一种成分为研究对象，深入地研究它的组成、性质、用途和制备这四个方面的内容，最后形成一份研究报告，并进行 ppt 展示。

开展计划：

1. 开展研究小组，每组 2～3 人，进行小组分工。

2. 根据本章的“空气组成的奥秘”“趣味氧气”“神奇的干冰”等相关知识，学习研究物质的一般方法和思路，确定研究对象。

3. 寻找专业人士咨询计划的可行性，确定研究对象。

4. 实施计划。

5. 书写研究报告，并完成目标中的所有要求。

附：研究报告可参考的格式

研究对象	
研究意义	
研究方法	
研究过程	
研究反思	

主题1　空气组成的奥秘

学习目标

1. 了解大气压强，并能设计简单实验证明其存在。
2. 通过实验知道空气的组成，并能利用大气压强的相关知识解释该实验的原理。

关键概念

大气压强、空气组成、成分应用

学科融合

物理　大气压强

化学　红磷燃烧测定空气中氧气含量

历史　空气成分发现的历史

生物　章鱼吸盘

跨学科

与物理学科的融合：大气压强

空气笼罩在地球上空，环绕在我们身边，轻飘飘柔弱弱的。除了呼吸，似乎从来没有感觉到它的存在，也更加没有感受过空气的力量。实际上，空气不仅充盈在我们周围的空间中，还有着巨大的力量。早在1654年，就有著名的“马德堡半球”实验给人们展示了空气惊人的力量，在这个实验中，16匹大马才把抽成真空的两个半球拉开。通过这个实验，人们意识到有真空，也有空气，而且空气有压力而且很惊人。

图3-1　马德堡半球实验

在标准状况下，我们周围通常为一个大气压，我们感受不到是因为我们身体内外气压相等，作用力相互抵消了。一个大气压究竟有多大呢？一个大气压可以支撑起一个约 10 m 高的水柱。大家想一想，是不是很大的力！

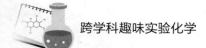

学习了大气压强的知识，我们能够解释生活中的一些现象。如图 3-2 所示，你知道为什么茶壶盖上有一个小孔吗？这是为了平衡壶内外的气压，能够让茶水顺利流出。现在假设我们堵上了茶壶上的小孔，我们发现倒出少量茶水后，茶水不能顺利流出了。壶内的体积由茶水所占的液体体积和上方的空气的体积构成。倒出了少量茶水之后，壶内的液体减少了，而上方的空气的量不变，但体积会变大。此时，壶内气压稀薄，压强减少，小于外界气压。由于壶内的气压小于壶外的气压，液体不能顺利流出了。

图 3-2　茶壶上有一个小孔

通过上述生活现象，我们能够总结出这样一个规律：液体总是从气压较大的一方流向气压较小的一方。

利用大气压强，可以改变生活。如图 3-3 所示，吸盘和吸管都是利用了大气压强的原理。将吸盘内的气体挤出，外界大气压在吸盘上形成一个很大的力，吸盘就能够吸附在墙面上，我们可以在吸盘另一端挂上牙杯等小型物品。吸管喝饮料的方式也是生活中十分常见的。当我们吸入少量液体时，吸管内的气压小于外界大气压，在外界大气压的作用下，液体从吸管外（气压大的一端）流向吸管内（气压小的一端）。你明白了吗？

吸盘

吸管

图 3-3　大气压强在生活中的应用

探索海洋

瘪乒乓球的复原与自充气保鲜袋

实验材料：酒精灯、火柴、瘪乒乓球、装有少量酒精的密封保鲜袋、烧杯、水、石棉网、三角架。

［提出问题］新买的乒乓球打了几次就瘪了，怎么样让它鼓起来继续使用呢？密封的保鲜袋如何让它鼓起来呢？鼓起来后又怎么让它恢复原状呢？

［设计实验］请你利用所给的实验材料，设计实验完成这些任务，填写表 3-1。

表 3-1　“瘪乒乓球的复原与自充气保鲜袋”实验任务单

实验操作	实验现象	结论及解释

[实验反思] 通过以上实验，我知道了气体压强与______________有关。

即将瘪的乒乓球放在热水里，乒乓球就自动鼓起来了。这是因为乒乓球里的气体受热膨胀，气压变大。利用这个原理，我们可以将装有少量酒精的密封保鲜袋放在热水中，过一会儿，发现这个保鲜袋也鼓起来了。液体酒精不见了，受热挥发变成了气体酒精。气体酒精受热膨胀，使密封袋鼓起。从实验中不难发现，气体压强与温度有关。

跨学科

与生物学科的融合：章鱼吸盘

章鱼的吸盘非常神奇。它们能够各自独立地移动和抓握物体；还能“尝”出周遭水的味道；而且即使是在水下的粗糙表面上也能制造密闭的真空。

2017 年秋季，意大利里窝那的科学家向当地渔民购买了一大批普通章鱼。科学家们从死去的章鱼身上切下吸盘，放到显微镜下和显微 CT（微计算机断层扫描技术）之中进行观察。他们发现吸盘的侧面和边缘生长着细小的同轴排列的纤维丛，这正是在水底凹凸不平的表面上制造密闭真空的关键所在。

吸盘的侧面和边缘都非常黏滑，章鱼吸盘的顶端（叫作吸盘突起）则比吸盘其他部分僵硬得多（这里能够经受得住 3.4 微牛顿的压力——而边缘则能经受 7.4 微牛顿）。这个部位的僵硬是在局部产生低压、在宏观上产生黏性的关键。

跨学科

与历史学科的融合：空气成分的发现历史

人们知道了空气的存在，但是还不清楚空气里有什么？空气是由一种物质组成还是多种物质组成？1774 年，法国科学家拉瓦锡就通过实验（图 3-4 所示）证实了空气不是由单一物质组成的，空气中有氮气（约占 4/5 体积）和氧气（约占 1/5 体积），还有少量的二氧化碳。

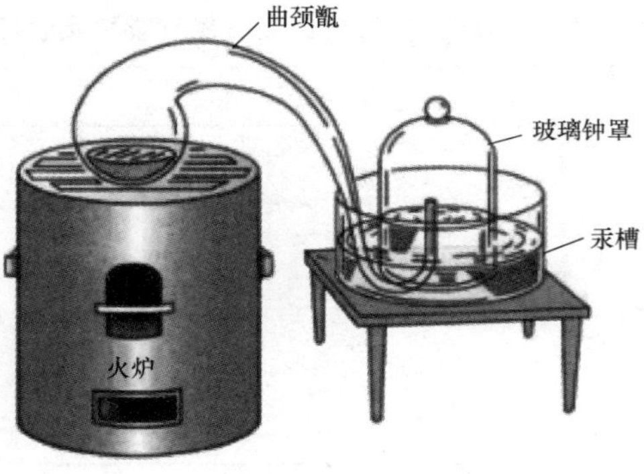

图 3-4　拉瓦锡测定空气组成含量的实验装置

随着科技的发展，科学家们准确测定了空气中各组分的含量，其中（体积分数）氮气约占 78%，氧气约占 21%，稀有气体约占 0.94%，二氧化碳约占 0.03%，水蒸气及其他杂质约占 0.03%，如图 3-5 所示。

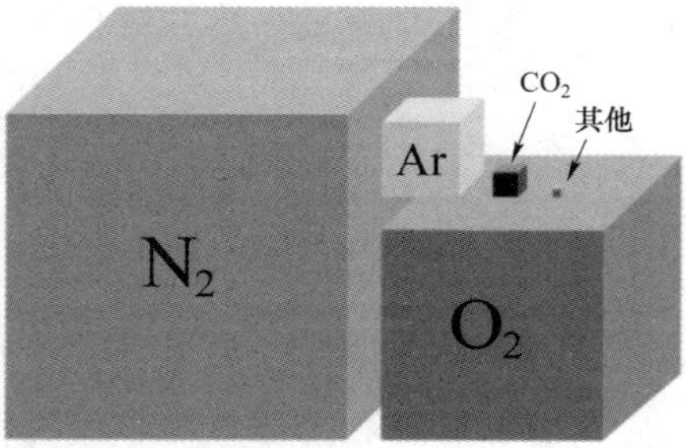

图 3-5　空气组成成分及所占体积比例图

探索海洋

空气中氧气含量的测定

实验材料：带有刻度的集气瓶、带导管和燃烧匙的双孔塞、橡胶管、玻璃导管、水槽、水、红磷、酒精灯、火柴、药匙。

［**实验装置**］按图 3-6 所示组装好装置，将集气瓶内的空间分成五等份。

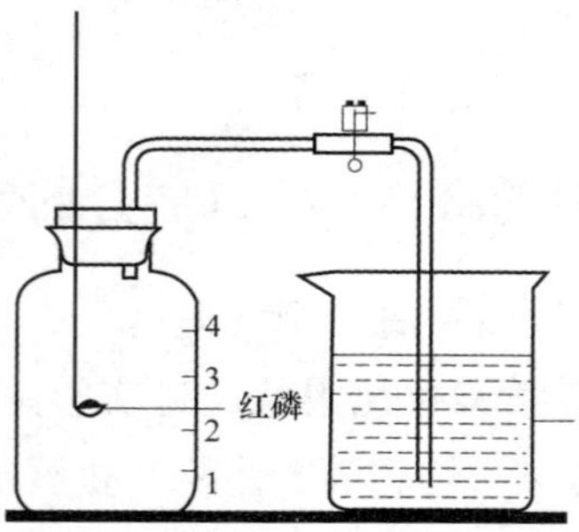

图 3-6　空气中氧气含量的测定装置

［实验任务］填写表 3-2。

表 3-2 “空气中氧气含量的测定”实验任务单

实验步骤	实验现象	实验结论及解释
1. 检查装置气密性。 将装置组装好，打开止水夹，将导管口伸入水槽中水面下，用手握紧集气瓶，若导管口有气泡冒出，则气密性良好。		
2. 夹紧止水夹。用酒精灯点燃红磷，伸入到集气瓶中，并迅速盖紧橡胶塞。（想一想，为什么要迅速？）		
3. 将导管口插入到装有水的水槽里。待集气瓶冷却到室温后，打开止水夹，观察现象。（想一想，为什么要冷却后才打开？）		

［实验反思］本实验说明空气是混合物还是纯净物？空气是由哪两种气体组成的，比例是多少？________________

实验中，观察到红磷迅速燃烧，产生大量的白烟，放热。冷却到室温后，打开止水夹，发现有水进入集气瓶，约占瓶中气体体积的五分之一。实验说明：空气是混合物，其中氧气约占五分之一、氮气约占五分之四。反应的方程式如下：

$$4P + 5O_2 \xlongequal{\text{点燃}} 2P_2O_5$$

红磷　氧气　　五氧化二磷

反应中，如果点燃的红磷伸入集气瓶过慢，集气瓶中的气体受热膨胀，沿集气瓶口逸出，冷却到室温后，倒吸的水多于集气瓶体积的五分之一。如果没有冷却到室温就打开了止水夹，集气瓶内的气体属于受热膨胀状态，气压高于正常气压，那么倒吸的水少于集气瓶体积的五分之一。

拓展学习

人类和动植物的生存离不开空气，空气还是人类生产活动中宝贵的资源，下面我们分别介绍空气成分中的氧气、氮气和稀有气体的用途。

1. 氧气（O_2）

我们已经知道空气可以供给呼吸，氧气是心脏的“动力源”，氧气是人体进行新陈代谢的关键物质，是人体生命活动的重要物质之一。在通常情况下，人们吸入空气就可以了，但人在潜水（如图 3-7 所示）、医疗急救（如图 3-8 所示）、登山运动、高空飞行、宇宙航行等时，就需要纯氧或富氧空气（氧气含量高于 21%）。燃料燃烧离不开氧气，炼钢、气焊、化工生产和宇宙航行等都要用到氧气。国防工业也离不开氧气，液氧是现代火箭最好的助燃剂，在超音速飞机中也需要液氧作氧化剂，可燃物质浸渍液氧后具有强烈的爆炸性，可制作液氧炸药。

2. 氮气（N_2）

红磷在氮气中不能继续燃烧的事实，说明氮气不支持燃烧。氮气的物理性质如下表 3-3 所示（注：密度在 0 ℃、101.3 kPa 条件下测定）。

图 3-7　氧气用于呼吸

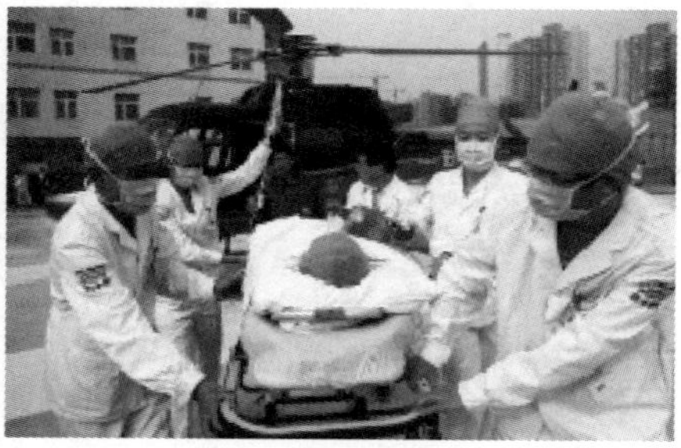

图 3-8　氧气用于医疗急救

表 3-3　氮气的物理性质

	颜色	状态	气味	密度	熔点	沸点	溶解性
氮气	无色	气体	无味	1.25 g/L	−209.9 ℃	−195.8 ℃	难溶于水

氮气具有广泛的用途，是制造硝酸和化肥的重要原料。由于氮气的化学性质不活泼，因此常用作保护气，例如：焊接金属时常用氮气作保护气，灯泡中充氮气以延长使用寿命，食品包装时充氮气以防腐。医疗上可在液氮冷冻麻醉条件下做手术。超导材料在液氮的低温环境下能显示超导性能。

3. 稀有气体

氦（He）、氖（Ne）、氩（Ar）、氪（Kr）、氙（Xe）等气体在空气中含量极少，称为稀有气体。它们均为无色、无味气体，化学性质很不活泼，因此也曾被称为惰性气体。虽然在空气的成分中，稀有气体所占比例很小，但在生产和科学研究中它们具有广泛的用途。由于稀有气体有惰性，跟氮气类似，常被用作保护气，例如：焊接金属时用稀有气体来隔绝空气，灯泡中充稀有气体来延长使用寿命。稀有气体在通电时能发出不同颜色的光，因此可制成多种用途的电光源，例如：航行灯、强照明灯、闪光灯、霓虹灯等。稀有气体还可以用于激光技术。

小试牛刀

1. 下列气体中，能供给动植物呼吸的是（　　）。

A. 氢气（H_2）　　B. 氧气（O_2）　　C. 氮气（N_2）　　D. 二氧化碳（CO_2）

2. 右图 3-9 为空气成分示意图（按体积计算），其中“a”代表的是（　　）。

A. 氧气　　B. 氮气

C. 二氧化碳　　D. 稀有气体

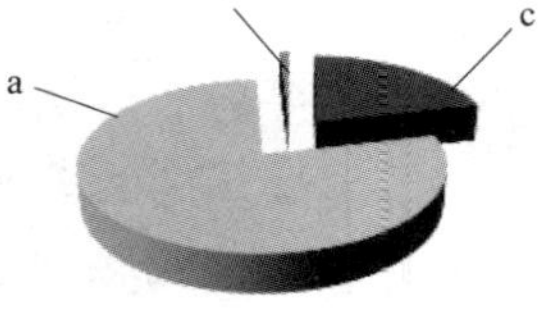

图 3-9　空气成分示意图

3. 某同学设计了测定空气中氧气含量的实验，实验装置如图。该同学的实验步骤如下：

① 将图中的集气瓶分为 5 等份，并做好标记。② 在带橡皮塞和导管的燃烧匙内装入足量的红磷（P），将导管上的止水夹夹紧，在酒精灯上点燃红磷，并立即伸入集气瓶

内，塞紧橡皮塞。③ 充分反应后，待集气瓶冷却至室温，打开止水夹。

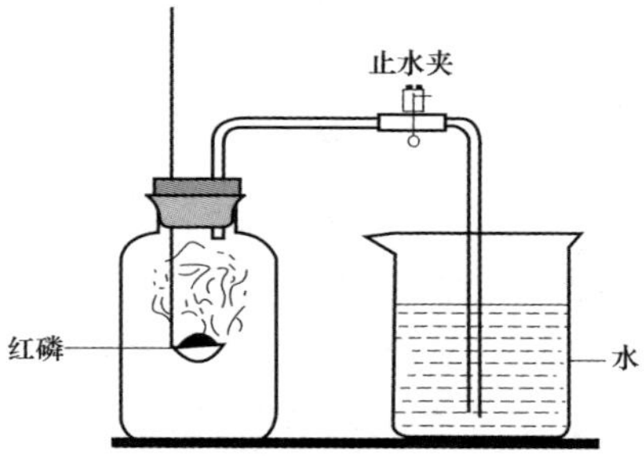

图 3-10 红磷燃烧测定空气中氧气的实验

请回答下列问题：

（1）你认为实验设计和步骤是否合理？________________

（2）该实验中红磷需稍过量目的是________________

（3）步骤③ 中打开止水夹后观察到的现象，由此可得出空气中氧气的体积分数约为________

该反应的化学方程式是________________

（4）实验过程中，哪些因素会造成水面没有上升到$\frac{1}{5}$处？________________

（5）该实验能否用碳（C）、硫（S）代替红磷？________ 原因是________

学习反思

亲爱的同学们，通过本节内容的学习，你达到学习目标了吗？请你根据自己的学习情况进行自我评价。

表 3-4 自我评价量表

学习目标	是否达成（全部达成请画☆☆☆，部分达成请画☆☆，没有达成请画☆）	学习反思
了解大气压强，并能设计简单实验证明其存在		掌握较好的内容有：
通过实验知道空气的组成，并能利用大气压强的相关知识解释该实验的原理		有待提高的内容有：

主题 2 趣味氧气

学习目标

1. 掌握氧气的物理性质和化学性质，了解氧气的用途。
2. 学会探究物质性质的一般方法，培养学生对比实验的思维。

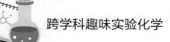

3. 培养学生查阅运用资料解决问题的能力。

关键概念

氧气物理性质、氧气化学性质、氧气用途

氧气能供给绝大多数动植物呼吸，是动植物生命活动的第一需要。氧气在生活和工业中有着广泛的用途。同学们一定想知道氧气为什么具有如此多的用途？其实这都是由氧气的性质决定的。下面我们通过实验来探究氧气的性质。

一、氧气的性质

1. 氧气的物理性质

在标准状态下（273 K、101.3 kPa），氧气的密度是 1.429 g/L，比空气的密度（1.293 g/L）略大。它微溶于水，在室温下，1 L 水中只能溶解约 30 mL 氧气。在压强为 101 kPa 时，氧气在 –183 ℃（沸点）时变为淡蓝色液体（图 3-11），在 –218 ℃（凝固点）时变成淡蓝色雪花状的固体。

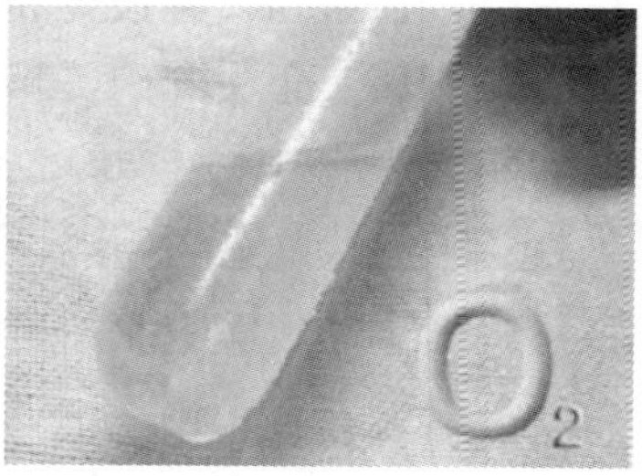

图 3-11　液态氧气

2. 氧气的化学性质

氧气可以供给动植物呼吸，也参与到动植物生命活动中，如图 3-12 所示。同学们都知道绿色植物能够进行光合作用，植物通过光合作用将二氧化碳和水转化为有机物，储存能量。储存的能量一部分在植物体中，一部分也会通过呼吸作用释放出来。植物的呼吸作用中，储存的有机物在氧气的参与下，又转化为二氧化碳和水，释放出能量供植物进行生命活动。

图 3-12　植物呼吸作用

氧气具有氧化性、助燃性，工业上常用氧炔焰（乙炔和氧气产生的高温火焰）进行焊接和切割金属，如图 3-13 所示。

图 3-13　利用氧炔焰进行金属焊接和切割

探索海洋

不同物质在氧气中和空气中燃烧的现象对比

表 3-5 “不同物质在氧气中空气中燃烧的现象对比”实验任务单

实验步骤	实验现象	结论与解释
将一根带火星的线香伸入集满氧气的集气瓶中		
在空气中点燃木炭，然后将其伸入集满氧气的集气瓶中；木炭熄灭后，往其中倒入澄清石灰水，振荡，观察现象	空气中： 氧气中： 振荡后：	木炭在氧气中燃烧比在空气中更______（“剧烈”或“和缓”）。 木炭燃烧生成了______ 反应方程式为：______ ______
在空气中点燃硫粉，然后将其伸入集满氧气的集气瓶中，瓶中预先装好适量氢氧化钠（NaOH）溶液（注：用于吸收二氧化硫）	空气中： 氧气中：	硫粉燃烧生成了______ 反应方程式为：______ ______
将细铁丝盘成螺旋状，在空气中加热，观察现象；在其尾部系上一根火柴，点燃并待快燃尽时，将其伸入集气瓶中，瓶中预先装好适量水	空气中： 氧气中：	铁丝在氧气中燃烧生成了______ 反应方程式为：______ ______

［**实验结论**］通过这几组实验的探究，对比同一物质在空气中和氧气中燃烧的现象，你得到什么结论呢？

____

［**实验反思**］① 硫粉燃烧的实验中，瓶中加入氢氧化钠溶液的作用______________

② 铁丝燃烧的实验中，瓶中预先加入水的目的是______________

实验表明，木条能在空气中燃烧，但在氧气中燃烧更为剧烈；濒临熄灭、但仍带有火星的木条在氧气中能够迅速复燃。所以实验室里常常利用带火星的木条（或带火星的线香）检验氧气的存在。氢气（H_2）在空气中燃烧，发出淡蓝色火焰，放出大量热。硫（S）在空气里燃烧，发出微弱的淡蓝色火焰，而在氧气里燃烧更旺，发出明亮的蓝紫色火焰，生成的二氧化硫（SO_2）是一种无色有刺激性气味的有毒气体，是一种大气污染物。铁丝（Fe）在空气中不能燃烧，只能发生红热现象，但将铁丝放入纯氧中，铁丝在氧气中剧烈燃烧，火星四射，生成黑色固体物质四氧化三铁（Fe_3O_4）。由于铁丝和氧气反应放出大量的热，产生高温，为了防止生成的熔融物溅落炸裂集气瓶瓶底，通常在集气瓶内加入少量水来吸热。硫和铁丝在氧气里燃烧比在空气里燃烧要剧烈，这些说明了什么？我们通过对比分析氧气和空气的差异应该就能得出结论：物质在空气中的燃烧，实质上是与其中的氧气发生了化学反应，由于空气中的氧气含量相对较少，因此在空气中燃烧不如在氧气中剧烈。

碳、硫、氢气和铁与氧气反应的化学方程式分别为：

$$\underset{\text{木炭}}{C} + \underset{\text{氧气}}{O_2} \xlongequal{\text{点燃}} \underset{\text{二氧化碳}}{CO_2}$$

$$\underset{\text{硫}}{S} + \underset{\text{氧气}}{O_2} \xlongequal{\text{点燃}} \underset{\text{二氧化硫}}{SO_2}$$

$$\underset{\text{氢气}}{2H_2} + \underset{\text{氧气}}{O_2} \xlongequal{\text{点燃}} \underset{\text{水}}{2H_2O}$$

$$\underset{\text{铁}}{3Fe} + \underset{\text{氧气}}{2O_2} \xlongequal{\text{点燃}} \underset{\text{四氧化三铁}}{Fe_3O_4}$$

上述反应的共同特点是由两种物质反应生成一种新物质，我们把这种由两种（或者两种以上）物质生成另外一种新物质的反应，称为**化合反应**。

二、氧化反应和缓慢氧化

化学学习过程中，经常用到分类的方法。我们也可以把化学反应进行分类，依据不同的分类标准，我们可以得到不同的分类结果。

我们可从形式上将化学反应分为化合反应和分解反应，化合反应是由两种或者两种以上物质生成另外一种新物质的反应，分解反应是由一种反应物生成两种或两种以上其他新物质的反应。

从另一个角度上进行分类，碳、硫、磷、氢气、铁与氧气的反应都是生成氧化物，我们把这类反应称为氧化反应，其中氧气在反应中表现氧化性。

物质在氧气中燃烧是较剧烈的氧化反应，伴有剧烈的发光、放热。对应着就有一些氧化反应进行得很慢，甚至不容易被觉察，我们把这种氧化叫作缓慢氧化。在生活中，缓慢氧化的例子很多，例如：动植物的呼吸、食物的腐烂、酒和醋的酿造等都包含物质的缓慢氧化过程，如图 3-14 所示。

图 3-14　缓慢氧化（左图：食物腐败，右图：钢铁生锈）

拓展学习

缺氧与吸氧

生活在现代社会的人们，经常会出现缺氧的状况。缺氧一般分为两种：一种是体外缺氧，一种是体内缺氧。体外缺氧：主要是因为外部原因造成的缺氧。人处在一个缺少氧气的环境里，如阴天气压低，高原地区，环境污染地区以及写字楼、商场、地下室等都容易造成体外缺氧。体内缺氧：是指人体自身的原因，导致吸入氧气的不足，与一些老年病、工作节奏快等原因有关。长期处于体内缺氧状态，人体各个组织供氧不足，加速了身体的衰竭，甚至引发中风等意外，直接威胁到生命的安全。

吸氧能消除疲劳、提高智力和工作效率，能提高身体抵抗力、祛病防病。吸氧有助于美容养颜，经常吸氧还能抗衰老。目前国际氧保健市场已进入到第二代，即绿氧保健时代。绿氧采用的成分更安全，制造的氧气纯度更高，出氧速度更快。绿色、安全、纯净正成为氧保健的方向。

小试牛刀

1. 空气中能支持燃烧和供给呼吸的气体是（　　）。

A. 氮气（N_2）　　B. 氧气（O_2）　　C. 稀有气体　　D. 二氧化碳（CO_2）

2. 下列物质在氧气中燃烧，火星四射，有黑色固体生成的是（　　）。

A. 硫（S）　　B. 木炭（C）　　C. 铁丝（Fe）　　D. 红磷（P）

3. 下列关于氧气的说法正确的是（　　）。

A. 氧气易溶于水　　B. 氧气有可燃性

C. 氧气可以支持燃烧　　D. 空气中氧气含量最大

4. 在氧气中燃烧，产生明亮的蓝紫色火焰，且有刺激性气味的气体产生的是（　　）。

A. 木炭　　B. 硫　　C. 红磷　　D. 铁丝

5. 下列物质在氧气中燃烧产生大量白烟的是（　　）。

A. 铁丝　　B. 红磷　　C. 木炭　　D. 硫磺

6. 下列描述属于氧气化学性质的是（　　）。

A. 通常状态下，氧气是无色、无味的气体

B. 通过低温加压，可使氧气液化成淡蓝色的液体

C. 液态氧可用作发射火箭的助燃剂

D. 氧气是一种性质比较活泼的气体，能氧化许多物质

7. 下列试验现象的描述正确的是（　　）。

A. 蜡烛在空气中燃烧生成二氧化碳和水

B. 硫在空气中燃烧，发出明亮的蓝紫色火焰

C. 木炭在氧气中燃烧，发出黄色火焰，生成有刺激性气味的气体

D. 铁丝在氧气中燃烧，火星四射，生成黑色固体，放出大量的热

8. 下列关于氧气的说法中错误的是（　　）。

A. 氧气能支持燃烧，可作燃料

B. 空气成分中氧气约占空气体积的 21%

C. 水中的生物能依靠微溶于水中的氧气而生存

D. 氧气能使带火星的木条复燃

学习反思

亲爱的同学们，通过本节内容的学习，你达到学习目标了吗？请你根据自己的学习情况进行自我评价。

表 3-6　自我评价量表

学习目标	是否达成（全部达成请画☆☆☆，部分达成请画☆☆，没有达成请画☆）	学习反思
掌握氧气的物理性质和化学性质，了解氧气的用途		掌握较好的内容有： 有待提高的内容有：
学会探究物质性质的一般方法，学会对比实验的思维		
掌握查阅运用资料解决问题的能力		

主题 3　获得氧气

学习目标

1. 能够用简单的装置和方法在实验室制取氧气。
2. 知道工业制氧气和实验室制氧气的区别。

关键概念

氧气的工业制法、氧气的实验室制法

学科融合

物理　分离液态空气法制氧气

化学　高锰酸钾制氧气、过氧化氢制氧气

跨学科

与物理学科的融合：分离液态空气法制氧气

工业上制取氧气主要需要考虑原料是否易得、价格是否便宜、成本是否低廉、能否大量生产、对环境的影响等。因此，工业上制取氧气的原料就是我们的空气，空气中含有 21%（体积分数）的氧气，通过一定的方法把氧气从空气中分离出来。目前采用的方法是在低温条件下加压，使空气转变为液态，然后蒸发，利用氧气和氮气的沸点不同进行分离。液氮的沸点是 −196 ℃，比液氧的沸点 −183 ℃低，因此氮气首先从液态空气中蒸发出来，剩下的液体主要就是液氧了。为了便于贮存、运输和使用，通常把氧气加压到 1.5×10^7 Pa，并贮存在漆成蓝色的钢瓶中。当然，随着膜分离技术的发展，在一定压力下，让空气通过具有富集氧气功能的薄膜，可得到含氧量较高的富氧空气。利用这种膜进行多级分离，可以得到含 90%以上氧气的富氧空气。

空气 $\xrightarrow[\text{降温}]{\text{加压}}$ 液态空气 $\xrightarrow{\text{蒸发}}$ { 氮气；液态氧（贮存于钢瓶中）}

图 3-15　分离液态空气法制取氧气

交流讨论

“液态空气蒸腾实验”如图 3-16 所示。

图 3-16　液态空气蒸腾实验现象（左图代表木条熄灭，右图代表木条剧烈延烧）

【资料】常压下，N_2 沸点为 −196 ℃，O_2 沸点为 −183 ℃。结合资料解释：“燃着的木条迅速熄灭”及“燃着的木条剧烈燃烧”的原因____

____

在液态空气中放入一根燃着的木条时，由于氮气的沸点低，氮气首先从液态空气中出来，氮气不支持燃烧，因此燃烧的木条迅速熄灭。而过一会儿，氧气从液态空气中出来，氧气支持燃烧。能看到一段时间后燃着的木条剧烈燃烧。这个小实验超级有趣！

探索海洋

高锰酸钾制氧气

实验室制取氧气需要具有反应速率快、操作简便、便于收集等优点，成本并不是主要考虑的因素。因此，实验室常常采用分解过氧化氢（H_2O_2）溶液（俗称双氧水）、加热高锰酸钾（$KMnO_4$）固体或加热氯酸钾（$KClO_3$）和二氧化锰（MnO_2）混合物的方法来制取氧气。其中，高锰酸钾是一种紫黑色固体，生活中，它用于水质净化及废水处理，作为水处理剂，来氧化硫化氢、酚、铁、锰和有机、无机等多种污染物，控制臭味和脱色；还用作漂白剂、吸附剂、着色剂及消毒剂等。

杀死蔬菜的病菌

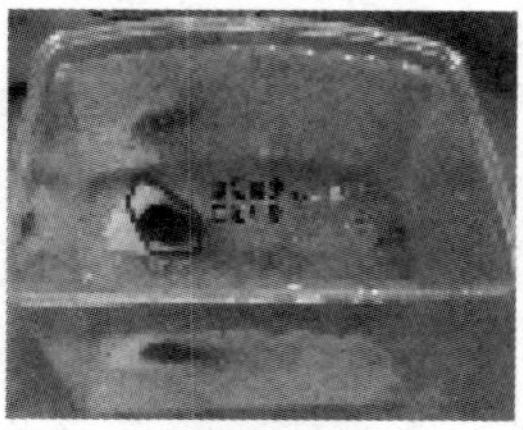
消毒鱼缸

图 3-17　高锰酸钾在生活中的应用

高锰酸钾受热时，分解放出氧气，同时还生成了锰酸钾和二氧化锰，其反应的化学方程式如下：

$$2KMnO_4 \overset{\triangle}{=\!=\!=} K_2MnO_4 + MnO_2 + O_2\uparrow$$

高锰酸钾　　　　锰酸钾　二氧化锰　氧气

加热高锰酸钾制氧气的装置为大试管和酒精灯。反应的收集装置为水槽、集气瓶、玻璃片。发生装置可以简记为加热固体型，收集装置简记为排水集气法。之所以用排水集气法收集氧气，是因为氧气不易溶于水。气体的收集方法还可以采用排空气法进行收集。已知氧气的密度大于空气，你觉得在图 3-18 的排空气法中，哪种方法适用于氧气的收集呢？

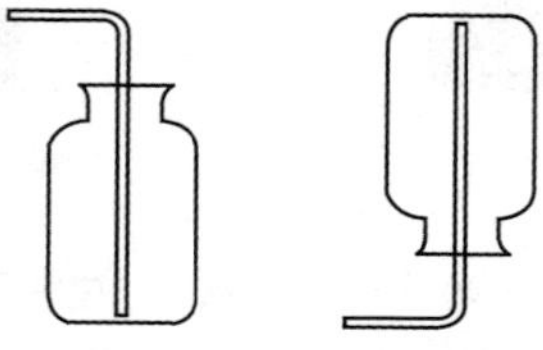
向上排空气法　向下排空气法

图 3-18　排空气法（左图：向上排空气法；右图：向下排空气法）

实际上，氧气的密度大于空气，应该选择向上排空气法，这样通入集气瓶的氧气首先在集气瓶底堆积，然后向上逐渐将空气排出，直至整个集气瓶收集满气体。

有了装置后，如何进行操作来收集氧气呢？首先，连接好装置，检查装置气密性。当确认气密性良好后，进行下一步操作。第二步，在大试管中装上高锰酸钾。第三步，固定装置。使大试管口略向下倾斜，水槽中加入适量的水，集气瓶中装好水，倒置在水槽里。第四步，点燃酒精灯，观察实验现象。第五步，一开始水槽里导气管口开始产生气泡，当气泡均匀产出时再开始收集。第六步，当集气瓶口处有较大的气泡产生时，说明集气瓶内的水已经排满了，此时需要将导管移出水面。第七步，在水面下用玻璃片盖紧集气瓶瓶口，将其正立在实验桌上，然后熄灭酒精灯。当大试管冷却到室温时，清洗实验仪器，整理实验装置。

温馨提示：
操作步骤可以简记为：
查、装、定、点、收、离、熄

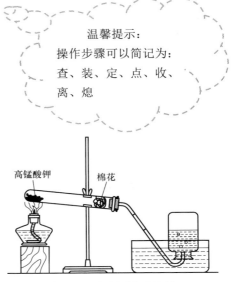

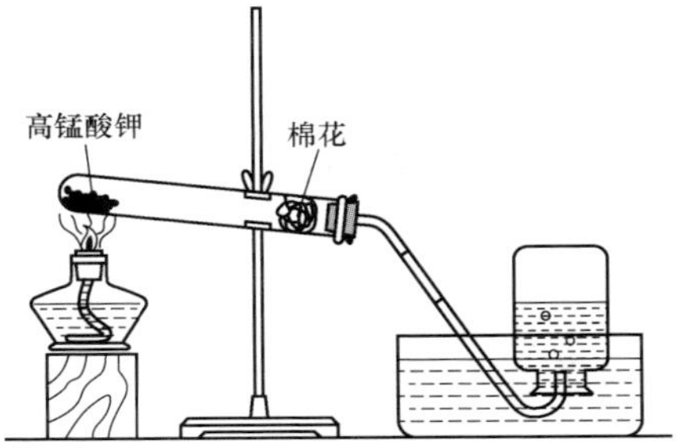

图 3-19　高锰酸钾制氧气

交流讨论

高锰酸钾制氧气的过程中有多个注意事项，你知道为什么吗？

1. 为什么要在试管口堵一团棉花？
2. 试管口为什么要略向下倾斜？
3. 用排水法收集氧气时，何时开始收集？
4. 收集满氧气的集气瓶如何放置？
5. 实验结束后，先将导管移出水面再熄灭酒精灯，为什么？

试管口堵一团棉花的原因是防止高锰酸钾粉末受热时冲进导管，容易堵塞试管，发生危险。也容易使收集的氧气不纯。试管口略向下倾斜是因为防止试管口处的冷凝水回流，炸裂试管。用排水法收集氧气时，一开始产生的气泡不是氧气泡，而是装置中的空气泡，此时不能收集，应该当产生连续的氧气泡时再开始收集。收集满的氧气瓶应该在水面下盖好玻璃片，并正立在实验台上，这与氧气的密度有关。你知道为什么吗？实验结束后，如果先熄灭酒精灯，大试管中的气压会遇冷而减小，小于外界大气压，可能会导致水槽中的水回流使试管内外受热不均匀和炸裂试管。

用加热高锰酸钾的方法收集到一瓶无色的气体，你怎么知道这瓶气体是氧气呢？此时，我们需要利用物质的性质进行检验。氧气能使带火星的小木条复燃，那么，在一瓶无色气体中放入带火星的小木条，如果木条复燃，证明是氧气。同理，我们用氧气的这个性质也可以检验一瓶集气瓶中是否充满氧气？此时你应该将小木条放在集气瓶中的哪个位置呢？应该是放在集气瓶瓶口，如果集气瓶瓶口的气体都能使小木条复燃，证明这瓶中已经充满了氧气。

已知，由一种反应物生成两种或两种以上其他物质的反应，称为**分解反应**。那么，高锰酸钾制氧气的反应是否属于分解反应呢？

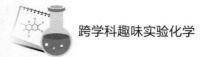

拓展学习

医用保健制氧机（作者：刘文，原文有删减）

对于各类缺氧疾病患者，经常补氧是重要的辅助治疗手段。随着我国经济的快速发展和人民生活条件的不断改善，人们对生存环境的质量及其自身健康更加关心。怎样在紧张忙碌的生活中舒缓身心的疲惫，呵护心脑的健康，不用远行郊外就能经常享受到新鲜纯净，滋润心肺的富养空气，这是很多人的梦想。现代高科技的结晶——变压吸附式微型医用保健制氧机的出现，可以解决缺氧疾病患者的需求，满足都市居民的梦想。

一、制氧原理

变压吸附制氧的基本原理是利用沸石分子筛对空气中氧氮组分的吸附性不同，选择吸附空气中氮气和吸附氮气的能力随氮气分压提高而增大的特性，通过变更吸附操作能力，实现在较高压力下的吸附，降低压力使其解吸，达到分离空气中氧氮的目的。

二、主要特点

由于采用现代高科技分子筛变压吸附技术，在有市电和空气的条件下，医用保健制氧机可以源源不断地提供高浓度新鲜氧气。与氧气瓶、氧气袋、化学制氧机等传统供氧装置相比，医用保健制氧机具有以下几个特点：安全可靠、使用方便、经济实惠、适用面广。

通过上述描述，你了解制氧机的工作原理吗？它属于物理变化还是化学变化？

小试牛刀

1. 把分别盛满甲、乙、丙气体的试管倒插入盛有水的烧杯中，一段时间后，观察到如下图所示的现象，对甲、乙、丙气体的分析正确的是（　　）。

A. 甲、乙、丙气体都易溶于水　　B. 乙气体比甲气体更易溶于水

C. 不能用排空气方法收集甲气体　　D. 能用排水集气方法收集丙气体

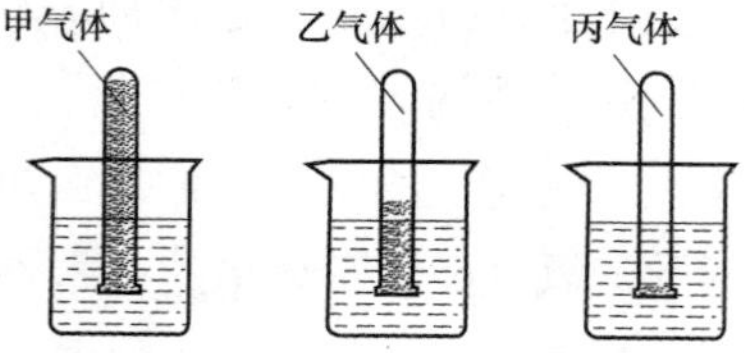

2. 工业上制取氧气有深冷法与变压吸附法两种。深冷法的原理是先将空气液化，再利用氮气和氧气沸点的差异进行分离。已知：常压下，氧气的沸点是 −183 ℃，氮气的沸点是 −196 ℃。（1）分离时，氮气和氧气的状态是________（填序号）。

	A	B	C	D
氧气	液态	液态	气态	气态
氮气	液态	气态	液态	气态

（1）制取得到的氧气可以用于________

变压吸附法的原理是利用分子筛吸附氮气和氧气能力的差异将二者进行分离。在吸附塔中，通过加压与减压的交替循环，可以使分子筛重复使用，部分过程的示意图如下图 3-20。

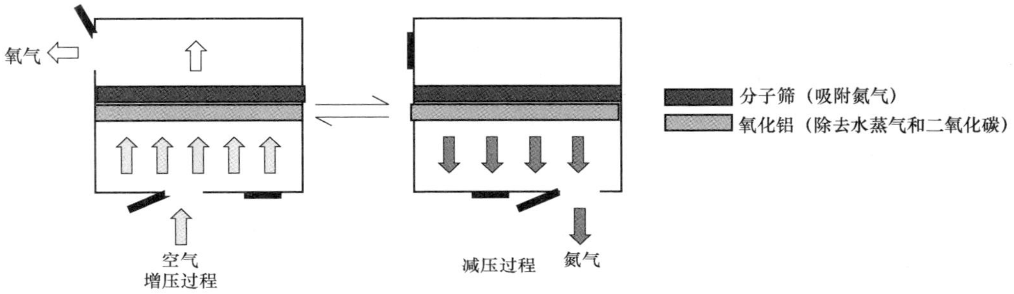

图 3-20　变压吸附法

（2）分子筛中发生的变化是__________________（填“物理变化”或者“化学变化”）。

（3）下列说法正确的是________________（填序号）。

A. 变压吸附法制取的氧气中含有稀有气体

B. 变压吸附法制取的氧气中含有二氧化碳

C. 分子筛对氮气的吸附能力与吸附塔内气体压强有关

（4）分析下表数据，与深冷法相比，变压吸附法的优点是____________________

项目	变压吸附法	深冷法
最大产量/m^3/h	3 200	20 000
产品气含氧量/%	93～95	99.5～99.8
工作表压强/kPa	－70～40	460～750
温度/℃	0～40	－190～－109
产每立方米氧气耗电量/kW・h	0.40	0.50～0.65

学习反思

亲爱的同学们，通过本节内容的学习，你达到学习目标了吗？请你根据自己的学习情况进行自我评价。

表 3-7　自我评价量表

学习目标	是否达成 （全部达成请画☆☆☆，部分达成请画☆☆，没有达成请画☆）	学习反思
能够用简单的装置和方法在实验室制取氧气		掌握较好的内容有： 有待提高的内容有：
知道工业制氧气和实验室制氧气的区别		

主题 4　奇妙双氧水

学习目标

1. 通过实验探究，理解双氧水制氧气的原理。
2. 根据实验现象，体会催化剂的重要功能。

关键概念

双氧水制氧气、催化剂

学科融合

化学　双氧水制氧气

生物　生物催化剂——酶

双氧水是过氧化氢（H_2O_2）的水溶液。纯过氧化氢是淡蓝色的黏稠液体，可任意比例与水混合。生活中，双氧水通常用作日常消毒，一般用于物体表面消毒，如 3%的过氧化氢（医用级）可供伤口消毒，还可用于处理厨房下水道的异味。此时，将双氧水加水加洗衣粉倒进下水道可去污、消毒、杀菌。

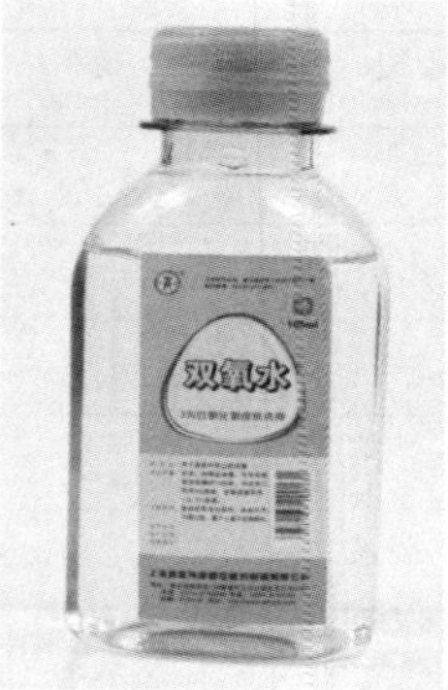

图 3-21　高锰酸钾在生活中的应用

双氧水在一般情况下会分解为水和氧气，但分解速率极其缓慢，加快其反应速率的方法是加入催化剂——二氧化锰。在化学反应里能改变其他物质的化学反应速率，而本身的质量和化学性质在反应前后都没有发生变化的物质，称为催化剂。如何证明二氧化锰是双氧水的催化剂呢？

探索海洋

探究二氧化锰是否具有催化作用

表 3-8 “探究二氧化锰是否具有催化作用”实验任务单

实验内容	实验现象	实验结论
1. 向一只试管中加入少量（2 mL）过氧化氢溶液，取一个带火星的线香，放入试管口，观察是否复燃		
2. 向上述试管中加入少量二氧化锰，取一个带火星的线香，放入试管口，观察是否复燃		
3. 待反应结束后，向该试管中继续加入少量（2 mL）过氧化氢溶液，观察实验现象		

在第一个实验内容中，线香没有复燃。第二个实验中，线香复燃了。第三个实验中，发现试管内部产生大量的气泡，再次用带火星的线香放在瓶口，线香复燃了。第三个实验说明反应结束后的试管中仍然有二氧化锰，再次加入过氧化氢溶液时，二氧化锰起到了催化作用。

利用二氧化锰的催化功效，可以完成一个兴趣实验。让我们一起来看看吧！

探索海洋

大象牙膏

［实验操作］

步骤 1：将洗手液取出 10 mL 注入 100 mL 量筒中。

步骤 2：准备 2 个烧杯。烧杯 1 中加入 20 mL 双氧水。烧杯 2 中加入 0.5 g 碘化钾和 20 mL 水，搅拌均匀。

步骤 3：将量筒放在水槽中，将两个烧杯的物质同时导入量筒，观察实验现象。

图 3-22　大象牙膏

［实验现象］

动手做一个大象牙膏，你看到什么现象？能否运用催化剂的相关知识加以解释呢？

使用了催化剂，能够加速双氧水的分解。实际上，能催化双氧水分解的物质不仅仅是二氧化锰，还有一些物质（如，氯化铁 $FeCl_3$）也能在双氧水分解的反应中起催化作用。催化剂在化工生产中具有重要而广泛的应用，生产化肥、农药、多种化工原料等都要使用催化剂。

图 3-23　催化剂在生活中的应用

探索海洋

当蔬菜遇到双氧水

二氧化锰能够作过氧化氢分解的催化剂，但是二氧化锰在生活中并不常见。你知道吗？土豆也可以做催化剂呢？让我们来试试吧！

［**实验用品**］红心萝卜（1 个）、土豆（1 个）、医用双氧水 1 瓶、蒸馏水、胶头滴管、带铁夹的铁架台（2 套）、大试管（4 个）。

［**实验步骤**］1. 取用两支试管分别装有少量蒸馏水和双氧水。

2. 用小刀将土豆切成小块，用镊子分别夹取一小块土豆放入两支试管中。

3. 轻轻敲试管外壁，观察。

4. 更换红心萝卜，重复上述过程。

实验中，土豆和红心萝卜都催化了过氧化氢的分解。这是因为这两种蔬菜里面含有过氧化氢酶，过氧化氢酶也是一种催化剂，加快了过氧化氢分解的速率。催化剂能够加快过氧化氢的分解效率，还有其他加快双氧水分解速率的方法吗？下面，我们看看温度对双氧水的影响。

探索海洋

探究温度对双氧水分解的影响

表 3-9　“探究温度对双氧水分解的影响”实验任务单

实验内容	实验现象	实验结论
1. 取两只相同的试管，向其中加入 1～2 mL 等量等浓度的双氧水，之后分别向两支试管中加入 1～2 滴相同的氯化铁（$FeCl_3$）溶液，观察实验现象		
2. 将其中一支试管放入盛有冷水的烧杯中，另一支试管放入盛有热水的烧杯中，观察实验现象		

实验表明，升温能加快双氧水分解的速率。在上述实验中，氯化铁溶液起到什么作用呢？实际上，它是这个反应的催化剂。你知道为什么双氧水溶液的浓度、体积、加入催化剂的量都要相同吗？其实，这是应用了控制变量法的思想。当这些量不变时，只需要改变温度的高低就能观察温度对化学反应速率的影响了。

拓展阅读

生物催化剂：酶

酶，是一类由生物体产生的具有高效和专一催化功能的蛋白质。酶催化剂和活细胞催化剂均可称为生物催化剂。在生物体内，酶参与催化几乎所有的物质转化过程，与生命活动有密切关系；在体外，也可作为催化剂进行工业生产。酶有很高的催化效率，在温和条件下（室温、常压、中性）极为有效，其催化效率为一般非生物催化剂的 109～1 012 倍。酶催化剂选择性（又称作专一性）极高，即一种酶通常只能催化一种或一类反应，而且只能催化一种或一类反应物（又称底物）的转化，包括立体化学构造上的选择性。与活细胞催化剂相比，它的催化作用专一、无副反应，便于过程的控制和分离。

古代人类凭着经验利用酶制造食物，现代把酶催化剂更广泛地用于生产，许多新的工业生物反应过程相继问世。食品工业广泛利用各种酶制造糖、酒、酱、醋等食品，纺织工业利用淀粉酶脱浆，毛纺业利用脂肪酶脱脂，皮革业利用角蛋白酶脱毛，制丝业及照相器材业利用蛋白酶使生丝及底片脱胶。农业用霉菌淀粉酶、纤维素酶作饲料加工，用果胶酶沤麻或精制麻。在医药、轻工方面，酶催化剂被利用生产氨基酸、半合成抗生素等。酶也直接被制成多种药物，如助消化药（酸性蛋白酶）、消炎药（溶菌酶）、抑制肿瘤药（天冬酰胺酶）以及用固定化酶制造人工脏器等。在酶法分析中，酶是一种生化试剂，也可制成测定某些底物浓度的酶电极。在利用资源和开发能源方面，生物催化剂有极为广阔的前景。生物含能体的催化转化是当前催化科学技术中的重要研究领域。

小试牛刀

小林同学在体育课上腿部擦伤，医务室的大夫在她伤口上涂了医用过氧化氢溶液，小林看到伤口处产生了小气泡，为什么瓶中的过氧化氢溶液涂到伤口上，分解就加快了呢？

1. 小林准备用如图 3-24 所示装置测定过氧化氢分解的快慢，实验前在注射器中吸入过氧化氢溶液，量筒内装满水。实验开始时，向试管中注入过氧化氢溶液，并用排水法收集氧气。记录 2 分钟收集的气体体积。

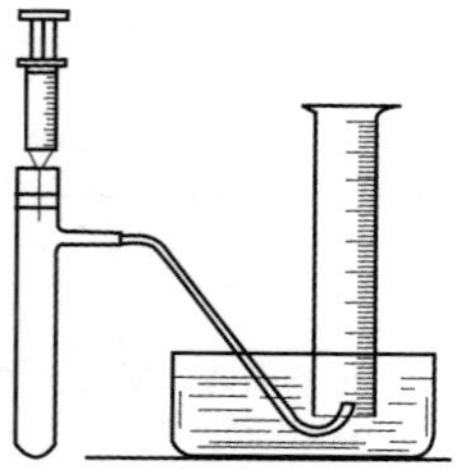

图 3-24　测定过氧化氢分解快慢的装置

（1）请写出过氧化氢分解的化学方程式：__________________

（2）若要检验生成的气体是否为氧气，可将导气管从水中取出，取带火星的木条放在导气管口处，观察到____________，说明生成的气体是氧气。

2. 小林查阅了相关资料，并进行了探究实验

【查阅资料】1. 过氧化氢是人体代谢废物之一，它能够对机体造成损害，人体存在过氧化氢酶，可以催化过氧化氢分解。2. 温度对化学反应的快慢有影响，人体正常体温是 37 ℃。

【提出猜想】猜想 1：过氧化氢分解加快是因为体温比瓶中的温度高。

猜想 2：过氧化氢分解加快是因为伤口中有过氧化氢酶。

【进行实验】

序号	实验步骤	实验现象	实验结论
①	分两次进行实验，均注入 5 mL 过氧化氢溶液。第一次在常温下进行，第二次将试管浸在 37 ℃的温水中	量筒中 2 分钟收集到的气体体积均为 5 mL	________
②	分两次进行实验，第一次将装有一小粒过氧化氢酶的试管浸在 37 ℃的温水中，注入 5 mL 过氧化氢溶液，第二次________	第一次，量筒中 2 分钟收集到的气体体积为 56 mL，第二次，量筒中 2 分钟收集到的气体体积为 5 mL	过氧化氢分解加快是因为过氧化氢酶的作用

（1）实验①得出的结论是__________________

（2）实验②中第一次收集到的氧气体积为________mL

（3）实验②中横线部分应进行的操作是__________________

【实验反思】

小林反思了实验过程，认为人体中过氧化氢酶是在体温条件下发挥作用的，实验得出的结论可能存在不足。因此又补充进行了几组实验，数据记录如下表所示。

	加入过氧化氢酶			不加过氧化氢酶		
反应温度/℃	25	37	42	25	37	42
收集到气体体积/mL	39	56	34	5	5	5

（6）通过这些数据，你能得出的新结论是____________________________

学习反思

亲爱的同学们，通过本节内容的学习，你达到学习目标了吗？请你根据自己的学习情况进行自我评价。

表 3-10　自我评价量表

学习目标	是否达成 （全部达成请画☆☆☆，部分达成请画☆☆，没有达成请画☆）	学习反思
通过实验探究，理解双氧水制氧气的原理		掌握较好的内容有： 有待提高的内容有：
根据实验现象，体会催化剂的重要功能		

主题 5　神奇的干冰

学习目标

1. 能分析实验现象，解释干冰升华形成白雾的原理。
2. 能自己动手操作，利用干冰制作冰棍，了解干冰用途。
3. 能通过实验现象总结干冰的物理、化学性质。

关键概念

干冰、二氧化碳物理性质、二氧化碳化学性质

学科融合

物理　干冰升华吸热

化学　二氧化碳能使澄清石灰水变浑浊、二氧化碳和水反应

一、认识干冰

图 3-25　干冰

在一定条件下，二氧化碳（CO_2）气体会变为液体或固体，而固态的二氧化碳就是我们常见的干冰了。干冰温度极低（升华点为 -78.5 ℃）且易挥发，常温常压下会由固态直接升华为无色无味的气态二氧化碳，在此过程中会吸收大量热，周围温度迅速降低，因此空气中的水蒸气遇冷凝结成小水珠，由无色无味的气体转化为液体，这些液态的小水珠就是我们看到的

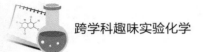

白雾了。利用干冰这条物理性质，我们能够完成几个趣味实验呢！让我们一同来看一下吧！

跨学科&探索海洋

与物理学科的融合：制作白雾大泡泡

由于干冰的特殊性质，我们在使用时要注意：

1）拿取干冰一定要使用厚棉手套、夹子等遮蔽物，避免直接用皮肤接触。

2）使用干冰需置于通风良好处，不能放置于冰箱等密闭空间内。

3）使用合适的方法处理剩余干冰，不要直接扔进下水道，防止冻裂管道。

固态的干冰升华为气态二氧化碳后，体积会急剧膨胀达到原来固体体积的几百倍之大，因此千万不要把干冰存放在密封性好、体积小的容器中，不然极易引起爆炸。应将干冰放在空气流通好的地方，使释放的气体及时散去。

［**实验材料**］玻璃碗、干冰、温水、肥皂水、棉条、棉手套

请根据实验操作完成实验，填写下表。

表 3-11 “制作白雾大泡泡”实验任务单

实验内容	实验现象	实验结论
带上棉手套将干冰放入碗中，向碗中倒入温水；用沾有肥皂水的棉条在水面上从碗的一端滑向另一端，观察现象		

实验过程中，我们看到了图 3-26 的实验现象。干冰温度低易升华，产生了大量的二氧化碳气体。二氧化碳分散到泡沫中，从碗内向外逸出的过程中，形成了白雾大泡泡。

图 3-26　制作白雾大泡泡

生活中舞台烟雾的效果与干冰升华密切相关。我们知道升华是一个吸热的过程，干冰升华吸热，能够使周围的水蒸气液化成小水珠。在舞台上喷洒干冰，周围的水蒸气液化，大量的小水珠聚集到一起，形成了白雾。

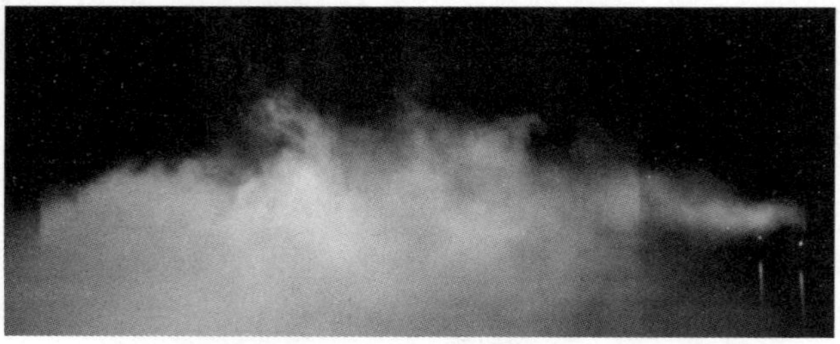

图 3-27　舞台烟雾

利用干冰升华吸热的性质，还可以动手制作一个冰淇淋。一起来尝试吧！

跨学科&探索海洋

利用干冰制作冰棍

［**实验材料**］干冰、模具、果汁、木棍、棉手套。

请根据实验操作完成实验，填写下表。

表 3-12　“利用干冰制作冰棍”实验任务单

实验操作	实验现象	实验结论与解释
带上棉手套用模具在干冰上压出凹槽，将木棍如图 3-28 所示置于凹槽一端，再将果汁倒入凹槽中等待  图 3-28　利用干冰制作冰棍		

二、二氧化碳的性质

二氧化碳是一种无色无味气体、无毒、密度比空气大，一般不支持燃烧。二氧化碳能溶于水，通常状态下，1 体积水能够溶解大约 1 体积的二氧化碳，增大压强或降低温度都可使二氧化碳溶解得更多。人们正是利用了二氧化碳的溶解性生产了可口的碳酸饮料，如图 3-29 所示。碳酸饮料制成冰饮，不仅可以更凉爽，还能让二氧化碳溶解得更多哦！

不知你有没有这样的疑问，碳酸饮料的“碳酸”两字是什么意思呢？原来二氧化碳与水会反应生成碳酸。碳酸具有酸性，能够使紫色石蕊溶液变红。反应的化学方程式为：

$$CO_2 + H_2O = H_2CO_3$$

二氧化碳　水　碳酸

但是碳酸很不稳定，容易分解成二氧化碳和水。反应方程式为：

$$H_2CO_3 = CO_2\uparrow + H_2O$$

碳酸　二氧化碳　水

二氧化碳还有一个特殊的化学性质，可以使澄清石灰水变浑浊，原因是二氧化碳与石灰水中的氢氧化钙反应生成了白色的碳酸钙沉淀。反应方程式为：

$$CO_2 + Ca(OH)_2 = CaCO_3\downarrow + H_2O$$

二氧化碳　氢氧化钙　碳酸钙　水

探索海洋

自制碳酸饮料

［**实验材料**］干冰、白砂糖、纯净水、筷子、玻璃碗、棉手套。

［**设计实验**］请根据给出的材料小组讨论，设计合理的实验方案，完成任务一。

____

____

____

图 3-29　碳酸饮料

通过任务一的实验探究，相信你已经品尝到了酸甜可口的碳酸饮料啦。白砂糖有甜味，那酸味儿是哪里来的呢？聪明的你能想明白吗？

请写出二氧化碳与水反应的化学方程式：

____

____

将干冰溶于水中就能获得碳酸饮料了。根据前面的知识，我们可能推断出来，酸味来源之一为二氧化碳与水反应后产生的碳酸。如果你摇一摇碳酸饮料，还会发现产生大量的气泡。这些气泡就是二氧化碳，它们是由碳酸分解产生的。

也许有的同学会问：二氧化碳溶于水后真的发生化学反应了吗？因为二氧化碳能够溶于水，如果二氧化碳本身就有酸味，在水中也能产生相同的效果。下面，我们需要探究二氧化碳是否与水发生了化学反应。

探索海洋

探究二氧化碳是否与水发生了反应

［**实验材料**］用石蕊溶液染成的紫色干燥纸花若干、干冰、集气瓶、喷壶两个、稀醋酸、水、吹风机。

［**实验任务**］利用干冰收集两瓶 CO_2 气体。如图 3-30 所示，第一朵纸花喷上稀醋酸，第二朵纸花喷上水，第三朵纸花直接放入盛满二氧化碳的集气瓶中，第四朵纸花喷上水后，再放入盛满二氧化碳的集气瓶中，观察四朵纸花的颜色变化。然后将第四朵纸花取出，小心用吹风机烘干，观察现象，完成下列表格。

图 3-30　探究二氧化碳与水反应

［查阅资料］酸性物质能使紫色石蕊变红。

表 3-13 “探究二氧化碳是否与水反应”实验任务单

	（Ⅰ）	（Ⅱ）	（Ⅲ）	（Ⅳ）	烘干第四朵花
现象					
分析					

实验过程中，发现（Ⅰ）中紫色石蕊小花变红，证明了紫色石蕊遇酸变红的性质。（Ⅱ）中小花未变色，说明水没有酸性。（Ⅲ）中小花未变色，说明二氧化碳本身没有酸性。而（Ⅳ）中小花变红了，说明二氧化碳与水反应后产生了酸性物质，两者发生了化学反应。

拓展阅读

液态二氧化碳灭火器

二冰的成分是二氧化碳，由于二氧化碳性质丰富，因此在生活中有着广泛的用途，人们正是利用二氧化碳既不能燃烧也不支持燃烧的性质研制了一系列不同种类的灭火器，有泡沫灭火器、干粉灭火器和液体二氧化碳灭火器。

二氧化碳气体在高压下可以被压缩为液体，在常压下，液态二氧化碳会立即汽化，1 kg 液态二氧化碳约可产生 0.5 m^3 的气体。液态二氧化碳灭火器就是通过加压的方法将二氧化碳压缩在小钢瓶中，在灭火时，液态二氧化碳会立即汽化喷出，由于二氧化碳的密度比空气大，会包围在燃烧物体的表面起到隔绝空气的作用。另外，二氧化碳在汽化的过程中会吸收大量的热，又起到冷却降温的作用。

图 3-31　液态二氧化碳灭火器

液态二氧化碳灭火器有流动性好、喷射率高、不腐蚀容器和不易变质等优良性能，用来扑灭图书、档案、贵重设备、精密仪器、600 伏以下电气设备及油类的初起火灾。适用于扑救 B 类火灾（如煤油、柴油、原油，甲醇、乙醇、沥青、石蜡等火灾）、C 类火灾（如煤气、天然气、甲烷、乙烷、丙烷、氢气等火灾）、E 类火灾（物体带电燃烧的火灾）。

其中，A 类火灾指固体物质火灾，如木料、布料、纸张、橡胶、塑料等燃烧形成的火灾。

B 类火灾指液体火灾和可溶化的固体物质火灾，如可燃易燃液体和沥青、石蜡等燃烧形成的火灾。

C 类火灾指气体火灾，如煤气、天然气、甲烷、氢气等燃烧形成的火灾。

D 类火灾指金属火灾，如钾、钠、镁等金属燃烧形成的火灾。

E 类火柴是指物体带电燃烧的火灾。

为什么不能扑灭 D 类火灾呢？这是因为在一定条件下，活泼金属能够与二氧化碳发生化学反应，例如：镁（Mg）能够在二氧化碳中燃烧，生成氧化镁（MgO）和碳（C）。如果金属镁在燃烧，选择用液态二氧化碳灭火器去灭火的话，不仅没有灭火，反而助长了火势，那样就太危险了！因此，我们需要了解物质的性质，物质的性质决定了用途。当出现火灾时，要冷静思考，想想燃烧物的种类和性质，不要盲目地选择灭火器！

小试牛刀

1. 舞台上经常用喷洒干冰的方法制造白雾渲染气氛。对“白雾”的形成，小星的解释是这样的：（1）干冰升华吸热使周围环境温度降低；（2）气态二氧化碳液化形成白雾。

以上解释中（　　）句存在科学性错误？

A. 第一句话　　B. 第二句话

C. 两句话都存在　　D. 两句话都不存在

如果有错误，应该如何改正呢？

____

____

2. 在常压下，－78 ℃时，二氧化碳气体凝华为固态二氧化碳。某同学买回一盒冰激凌月饼，盒里有很多作为制冷剂的碎干冰，下列关于干冰处理正确的做法是（　　）。

A. 将干冰放入冰箱

B. 让干冰在通风处自然升华

C. 直接将干冰倒入下水道

D. 用手取干冰扔入废物箱

图 3-32　冰激凌月饼

3. 有一首赞美某种气体的诗，其中几句是“她营造了云雾缭绕的仙境，她驱散了炎炎夏日的暑气，她奋不顾身扑向烈火，她带给大地勃勃生机……”诗中赞美的气体是__________；其中“她奋不顾身扑向烈火”是利用该气体____________________的性质。“她带给大地勃勃生机”是因为该气体可以和水通过绿色植物的________作用转化为糖类等有机物和氧气。

4. 可用同一化学原理解释的是（　　）。

① 久置的石灰水液面上出现一层白膜；② 向澄清石灰水中吹气，石灰水变浑浊；③ 为了使刚用石灰浆刷过的墙壁快点干燥，常在室内生一盆炭火（木炭与空气中的氧

气在点燃的条件下生成二氧化碳）；④ 向紫色石蕊试液中通入二氧化碳，试液变红

A. ①②③　　B. ①②④　　C. ①③④　　D. ②③④

5.根据图 3-33 探究二氧化碳的性质（图中小花用紫色石蕊溶液浸泡过并晾干）。

A. 喷稀醋酸　　B. 喷水

C. 直接放入 CO_2 中　　D. 喷水后放入 CO_2 中

图 3-33　液态二氧化碳灭火器

（1）实验 A 的现象是________________

（2）实验 B 和 C 的目的是________________

（3）该实验得出的结论是________________

学习反思

亲爱的同学们，通过本节内容的学习，你达到学习目标了吗？请你根据自己的学习情况进行自我评价。

表 3-14　自我评价量表

学习目标	是否达成 （全部达成请画☆☆☆，部分达成请画☆☆，没有达成请画☆）	学习反思
能分析实验现象，解释干冰升华形成白雾的原理		掌握较好的内容有：
能自己动手操作，利用干冰制作冰棍，了解干冰用途		有待提高的内容有：
能通过实验现象总结干冰的物理、化学性质		

主题 6　大理石的妙用

学习目标

1. 知道大理石和盐酸反应制备二氧化碳。
2. 能够熟练地搭建装置完成对二氧化碳的制取。
3. 理解气体的密度、溶解性与气体收集的关系。

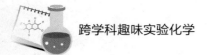

关键概念

大理石和稀盐酸反应、制取二氧化碳的装置的选择

大理石的主要成分为碳酸钙（$CaCO_3$），大理石磨光后非常美观。主要用于加工成各种形材、板材，作建筑物的墙面、地面、台、柱，还常用于纪念性建筑物如碑、塔、雕像等的材料。大理石还可以雕刻成工艺美术品、文具、灯具、器皿等实用艺术品。大理石很常见，利用大理石我们可以制取二氧化碳，让我们一同看看吧！

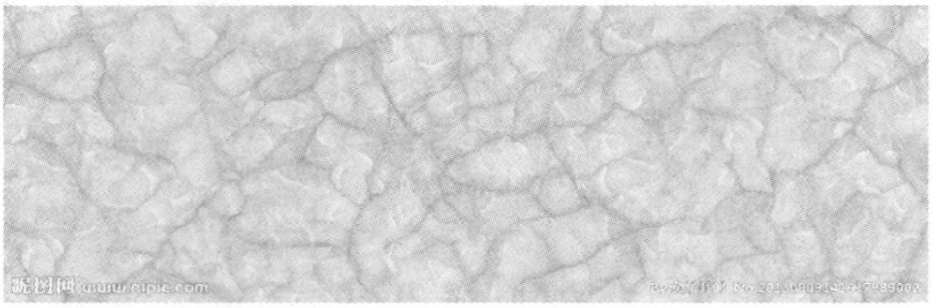

图 3-34　大理石

一、制取装置的选择

实验室通常用大理石和稀盐酸来制取二氧化碳。稀盐酸是一种液体。其反应原理如下：

$$CaCO_3 + 2HCl = CaCl_2 + CO_2\uparrow + H_2O$$

碳酸钙　盐酸　氯化钙　二氧化碳　水

生成的氯化钙溶解在水中。二氧化碳从溶液中逸出，通过收集，可以得到较为纯净的二氧化碳。在实验室中，碳酸钠（Na_2CO_3）、碳酸氢钠（$NaHCO_3$）、纯净的碳酸钙（$CaCO_3$）都可以用来制取二氧化碳，但是它们与稀盐酸反应的速率太快，不利于气体的收集。因此，实验时选择速率适中的大理石为原料。

探索海洋

气体发生装置的选取

将大理石和稀盐酸放在怎样的容器中，可以制取二氧化碳呢？下面你来选用合适的仪器，完成大理石和稀盐酸的反应吧！请你把相关的实验装置图画在下面空白处。

根据反应原理，可以采用图 3-35 装置收集二氧化碳，其中 a 是长颈漏斗。实验时，在锥形瓶里放入大理石，从长颈漏斗中加入稀盐酸，两者反应产生二氧化碳。为了防止二氧化碳从长颈漏斗中逸出，加入的稀盐酸需要没过长颈漏斗的底端。

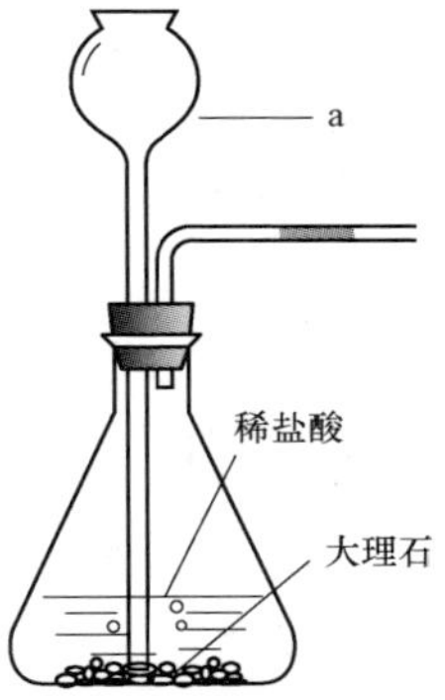

图 3-35　实验室制取二氧化碳的发生装置

二、收集装置的选择

选择哪种收集装置与气体的密度和溶解度有关。

气体同固体一样，也具有一定的密度。表 3-15 是常见气体的密度表。

表 3-15　常见气体的密度表

气体	密度（单位：kg/m³）	气体	密度（单位：kg/m³）
氯气	3.214	氮气	1.25
二氧化碳	1.98	一氧化碳	1.25
氩气	1.784	水蒸气	0.6
氧气	1.332	氦气	1.18
空气	1.29	氢气	0.09

与空气对比，如果一种气体的密度大于空气，将此气体收集在集气瓶中。在倾倒气体时，气体会朝下走。反之，则该气体会朝上走。

常用气体的收集方法有三种。A：向上排空气法气体密度大于空气且不与空气中的成分反应可用向上排空气法收集。B：向下排空气法气体密度小于空气且不与空气中的成分反应可用向下排空气法收集。C：排水法适用于难溶或不溶于水且与水不反应的气体，导管稍稍伸进瓶内。图 3-36 从左往右依次代表向上排空气法、向下排空气法和排水法。

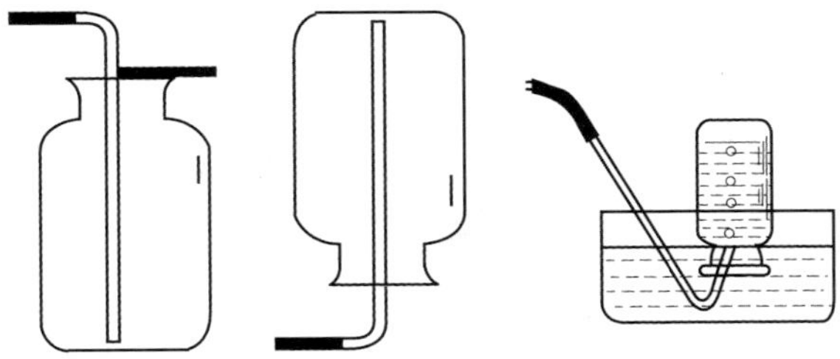
图 3-36　常见的气体收集的三种方法

交流讨论

请你通过主题 5 的内容，确定二氧化碳的溶解度，确定它是否溶于水。同时，结合主题 6 的有关密度和收集方法的内容，思考：如何收集二氧化碳呢？请你为二氧化碳选择一种适合它的收集方法，并解释原因。

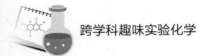

____

____

根据二氧化碳密度大于空气的事实，可以选择向上排空气法进行收集。由于二氧化碳可溶于水，且能与水反应，那么不能选择排水法进行收集。结合密度和溶解度综合分析，收集二氧化碳只能选用向上排空气法。由于二氧化碳没有颜色，如何判断一个集气瓶中已经收集满二氧化碳呢？

检验二氧化碳是否收集满的方法如图 3-37 所示，用燃着的木条放在集气瓶口，若木条熄灭，则说明气体已满。

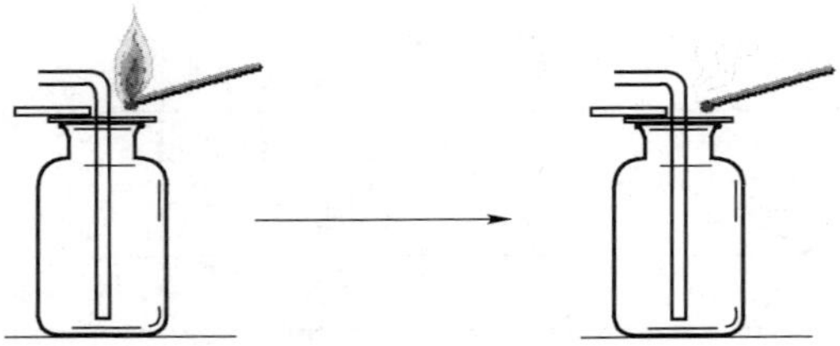

图 3-37　二氧化碳的验满

探索海洋

制取一瓶二氧化碳

表 3-16 “制取一瓶二氧化碳”实验任务单

实验操作	实验装置图	实验现象
1. 如图 3-38 所示，从下往上、从左往右依次连接好各装置。检验装置气密性； 2. 一切准备就绪后，先加大理石，再加稀盐酸	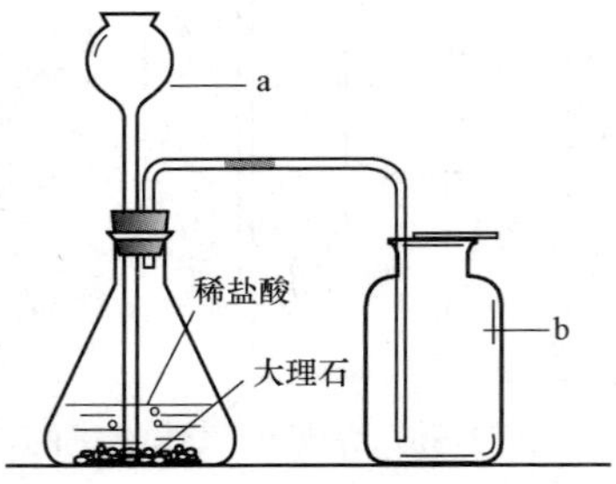 图 3-38　实验室制取二氧化碳	

拓展阅读

碳酸钙在生活中的用途

看似毫不相干的大理石、贝壳和珍珠，它们的主要成分竟然是相同的。没错！它们的主要成分都是碳酸钙（$CaCO_3$）。那么，除了能在实验室制备二氧化碳以外，碳酸钙还有哪些用途呢？

1. 作为补钙剂

在药店中，你能买到如图 3-39 所示的药片，这种药是碳酸钙片。可以用来补钙。可见，碳酸钙是无毒的，可以食用。食用此钙片后，在胃酸（主要成分为盐酸）的作用下，与之反应形成可溶性的钙离子，从而进入血液，被人体吸收。

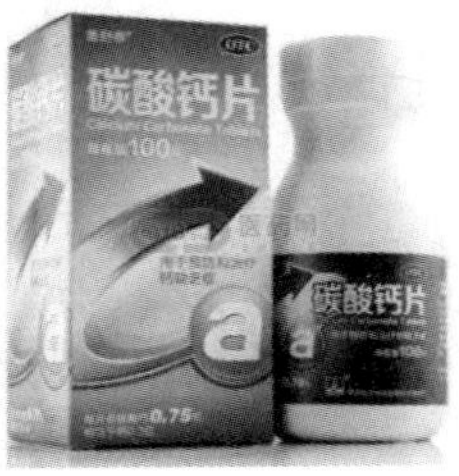

图 3-39　碳酸钙片

2. 作为一种建筑材料

天安门前的华表、人民大会堂的柱子、家里的阳台、楼底间的台阶等都是由大理石制成的。它无处不在，人类的生活离不开它。

小试牛刀

1. 用图 3-40 所示的装置制取气体，需满足的条件是（　　）。

① 反应物是固体　② 反应需要加热　③ 制取的气体不易溶于水　④ 制取的气体密度比空气大　⑤ 制取的气体能与空气中氧气反应

A. ①②③④⑤　　B. ②④⑤

C. ①②　　D. ①②③

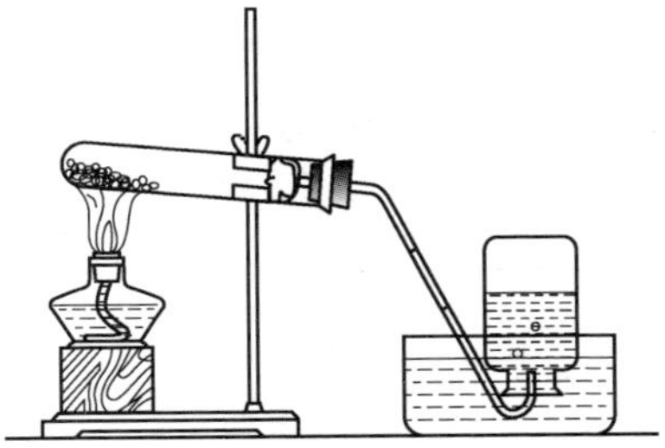
图 3-40　常见的气体收集的三种方法

2. 在实验室，我们用简易启普发生器（如图 3-41 所示）制取二氧化碳气体的主要操作步骤是：① 收集气体；② 检查装置的气密性；③ 按要求装配好仪器；④ 向漏斗里注入稀盐酸；⑤ 将固体药品加入大试管的有孔塑料板上。下列操作顺序正确的是（　　）。

A. ③②⑤④①　　B. ③②④⑤①

C. ②③⑤④①　　D. ③⑤④②①

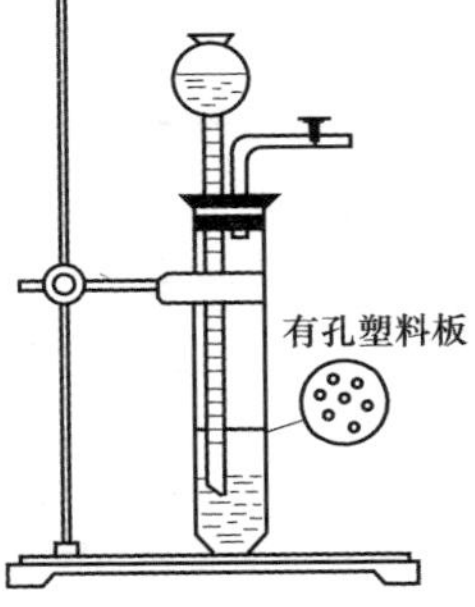

图 3-41　常见的气体收集的三种方法

3. 根据下图回答问题。

（1）仪器 a 的名称是＿＿＿＿＿＿＿＿＿＿＿＿

（2）用高锰酸钾制取氧气的化学方程式为＿＿＿＿＿＿＿＿＿＿，用 C 装置收集的气体应具有的性质是＿＿＿＿＿＿＿＿＿＿＿＿＿＿＿＿＿＿＿＿＿＿＿＿

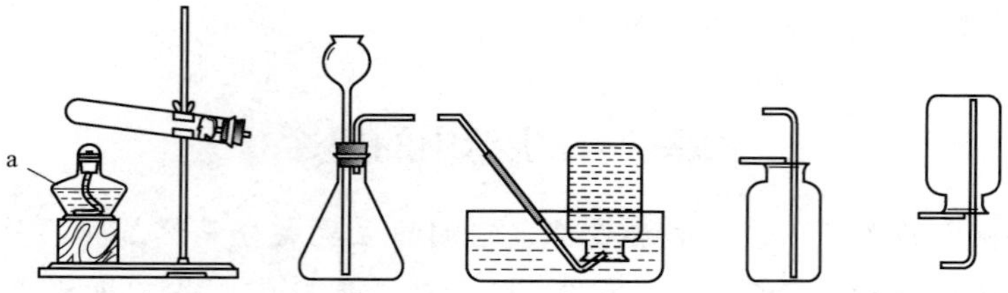

图 3-42　常见的气体收集的三种方法

（3）用大理石和稀盐酸制取二氧化碳时，所选用的发生装置是________，用 D 装置收集二氧化碳的验满方法是________

学习反思

亲爱的同学们，通过本节内容的学习，你达到学习目标了吗？请你根据自己的学习情况进行自我评价。

表 3-17　自我评价量表

学习目标	是否达成 （全部达成请画☆☆☆，部分达成请画☆☆，没有达成请画☆）	学习反思
知道大理石和盐酸反应制备二氧化碳		掌握较好的内容有： 有待提高的内容有：
能够熟练地搭建装置完成对二氧化碳的制取		
理解气体的密度、溶解性与气体收集的关系		

单元小结

核心概念

空气组成的奥秘	大气压强的存在和大小、空气各成分的体积分数、红磷燃烧测定空气中氧气含量的实验、空气成分在生活中的具体应用
趣味氧气	氧气的物理性质、化学性质、氧气的用途
获得氧气	氧气的工业制法、实验室制法
奇妙双氧水	双氧水制氧气、催化剂的性质
神奇的干冰	干冰、二氧化碳的物理性质、二氧化碳的化学性质
大理石的妙用	大理石和稀盐酸反应、制取二氧化碳的装置的选择

思维导图

请试着画一个思维导图，将本单元核心知识进行关联，明确知识之间的关系，明确知识与实验之间的关系，并试着想想跨学科知识是怎样用于解决一个真实问题的？

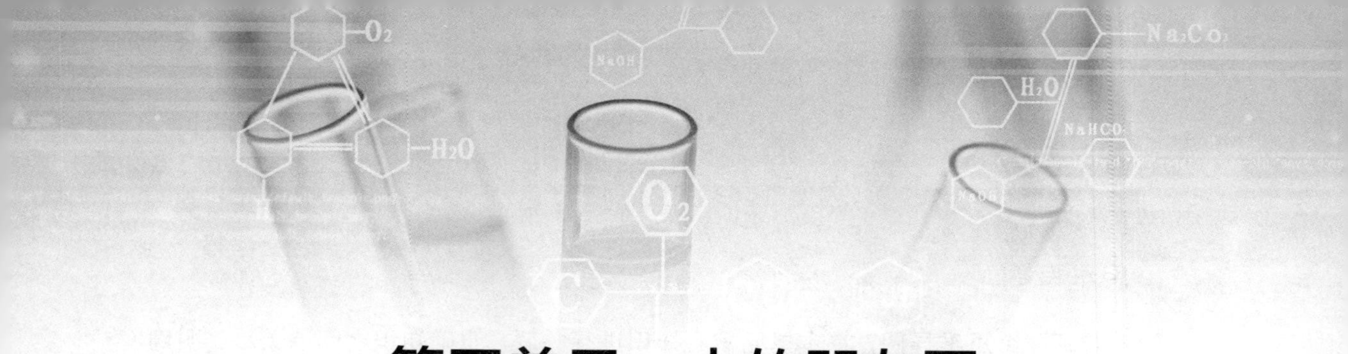

第四单元　水的朋友圈

生活中你接触过各种各样的水，如江河水、自来水、矿泉水、蒸馏水。你知道这四种水有什么区别吗？哪些水可以直接饮用？江河水经过逐级净化，变成了自来水，自来水经过煮沸可以被人们饮用。矿泉水和蒸馏水则是加工后得到的特殊的水。在水中加入食盐，你会得到一杯食盐水；加入油，发现油水分离。食盐水和油水之间有哪些区别呢？本单元，我们走进水的朋友圈，了解它的各个朋友：天然水、纯净水、溶液、溶解度、溶质质量分数……

本单元课题

制作美丽晶体

课题意义： 假如你是一名无机化学的科学家，在制作晶体方面十分擅长。有一家饰品公司找到你，希望你为他们制作一份小巧的具有规则几何外形的硫酸铜晶体，饰品公司会把这份晶体镶嵌到项链中，加工为精致首饰出售。

课题目标： 制作一份具有规则几何外形的硫酸铜晶体，不少于 10 g。请你设计一份合理的实验方案，然后在实验室完成实验操作，制作一份晶体，并书写完整的实验报告。注意，你的实验报告中需要体现以下 3 点：

1. 能解释一种混合物属于溶液的原因；
2. 能解释从溶液中获取晶体的基本原理；
3. 能阐明溶解限度、溶解度曲线的意义。

开展计划：

1. 建立研究小组，每组 2～3 人。进行小组分工；
2. 根据本章的“溶解度”“溶质质量分数”的相关知识制定合理的计划；
3. 寻找专业人士咨询计划的可行性，及时调整计划；
4. 在实验室完成实验；
5. 书写实验报告，并完成目标中的所有要求。

附：可参考的实验报告格式

实验主题：	
实验目标：	
实验原理：	
实验方案：	
数据梳理：	
实验结论：	
反思总结：	

主题1　自制净水器

学习目标

1. 通过文字阅读、视频学习、实验探究等方式掌握过滤和吸附的基本原理。
2. 运用过滤和吸附的原理，在生活中找到合适的材料制作净水器，解释各材料的作用。
3. 完成一杯浑水的净化，测试净水器的使用效果，并改进。

关键概念

过滤、吸附、自制净水器

学科融合

物理　沉降、过滤、吸附

化学　投药消毒

生物　微生物降解

一、自来水厂的净水过程

城市中的生活用水是经自来水厂净化处理过的，处理过程如图 4-1 所示。而在某些乡村，则利用明矾溶于水后对杂质的吸附，使杂质沉降来达到净水的目的。

净水的关键步骤有以下 4 步。

（1）沉降：需要加入絮凝剂进行沉降，絮凝剂通常使用明矾，其原理是明矾溶于水后生成一种叫氢氧化铝[$Al(OH)_3$]的胶状物，它具有较强的吸附作用，能吸附水中的悬浮杂质，达到净水的目的。

（2）过滤：不溶物自然沉淀。

（3）活性炭吸附：吸附除去水中的臭味和残留的少量不溶性杂质。

（4）投药消毒：杀灭水中的细菌、病毒。

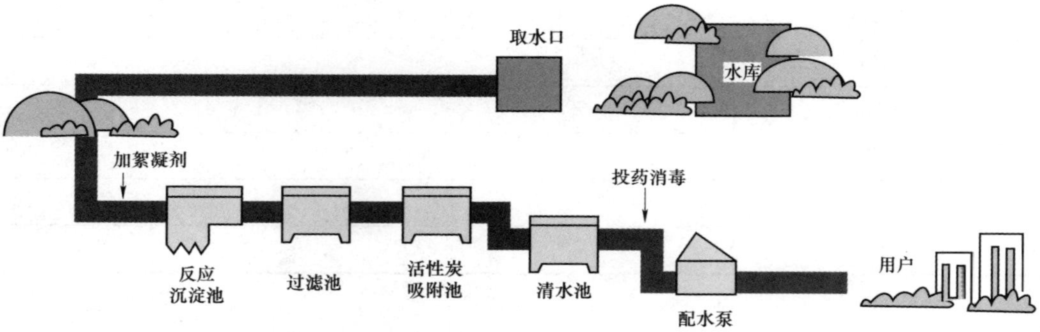

图 4-1　自来水厂净水过程示意图

过滤和吸附是工业中常用的方法，也是化学实验中分离混合物的常用方法。自然界中水的净化离不开过滤和吸附。过滤法适用于固体与液体的分离，也适用于两种固体的分离（必须满足一种固体易溶于水，另一种固体难溶于水），是一种物理方法。吸附，不仅可以滤去其中的不溶性物质，还可以吸附掉一些溶解的杂质，除去臭味。市场上出售的净水器，有些就是利用活性炭来吸附、过滤水中的杂质的，如图 4-2 所示。使用过程中吸附了水中的杂质，经过一段时间后，净水器的滤芯就会变色。

二、实验室净水过程

同学们在化学实验室中，可以搭建图 4-3 的过滤装置进行过滤操作，可以体会净水的效果。

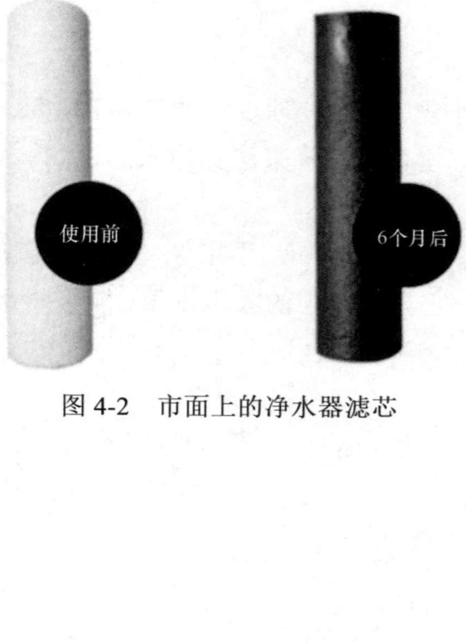

图 4-2　市面上的净水器滤芯

图 4-3　实验室过滤装置

探索海洋

搭建过滤装置，完成泥水的净化

实验步骤如下：

第一步，过滤操作的准备

如图 4-4 所示，取一张圆形滤纸，对折两次，然后打开，使滤纸成为圆锥形（一边为一层滤纸，另一边为三层滤纸），放入漏斗内，使之紧贴漏斗内壁，用少量水润湿滤纸，使滤纸和漏斗内壁之间不能留有气泡。

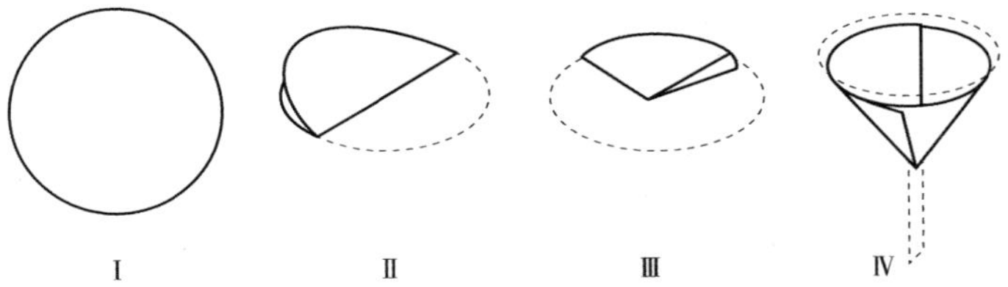

图 4-4　正确折叠滤纸

注意：滤纸不用水润湿则无法紧贴漏斗内壁，滤纸与漏斗内壁之间有气泡会影响过滤速度，如果发现有气泡，应使用玻璃棒轻轻赶走气泡。

第二步，安装过滤器

要使漏斗的下端管口紧靠烧杯内壁。使滤液沿烧杯内壁流下，以免液滴飞溅。

第三步，过滤操作

① 先将玻璃棒轻轻斜靠在三层滤纸处；

② 取泥水沿玻璃棒慢慢地倒入漏斗内，烧杯口紧靠在玻璃棒上；

③ 液面始终低于滤纸的边缘。

探索海洋

活性炭吸附红墨水

请你按实验步骤进行操作，将实验现象和实验结论填写在表 4-1 的相应位置。

表 4-1　活性炭吸附红墨水实验任务单

实验操作	实验现象	实验结论
在 50 mL 烧杯中加入 20 mL 红墨水，再加入 1 勺活性炭，静置 10 分钟，观察实验现象	提示：10 分钟后，烧杯中的水呈现什么颜色？	活性炭____（填“有”或“没有”）吸附的效果

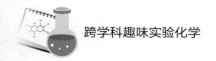

三、自制净水器

探索海洋

自制净水器

生活中，有很多过滤的材料，例如：纱布、网筛、沙子、滤纸、活性炭滤芯等。利用这些过滤材料，可以将生活中的水进行初步过滤，除去其中的不溶性杂质，活性炭还可以除去部分异味和色素等。小丽对此十分感兴趣，她想利用生活中的材料制作一个简易家用净水器装置，模拟自来水厂的初步净水。

[提出问题]

如何制作一个简易家用净水器，并检验其净水效果呢？

[查阅资料]

简易净水器的工作原理：利用纱布与卵石过滤较大颗粒的不溶性物质、石英砂过滤颗粒较小的不溶性物质、活性炭吸附有色有味的物质、蓬松棉吸附颗粒很小的不溶性物质的性质来净化水源。

[猜想与假设]

可以通过过滤污水、红墨水等检验自制净水器的效果。

[设计实验]

任务 1. 制作简易净水器

1. 实验材料：

饮料瓶、塑料管、清洗过的沙子、纱布、膨松棉、活性炭、清洗过的小卵石 20 枚左右、剪刀、锥子

2. 步骤和方法：

① 拿一个饮料瓶，用剪刀剪去瓶底，剪去 1/5 左右。

② 在瓶盖处用剪刀和锥子刺一个小孔，插入吸管，以便让液体可以流出。

③ 分别用纱布将小卵石、石英砂、活性炭包裹起来。

④ 把瓶口处倒过来放，一次放入膨松棉、纱布、活性炭、纱布、石英砂、纱布、小卵石、纱布，这样就得到一个简易家用净水器，如图 4-5 所示。

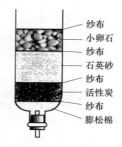

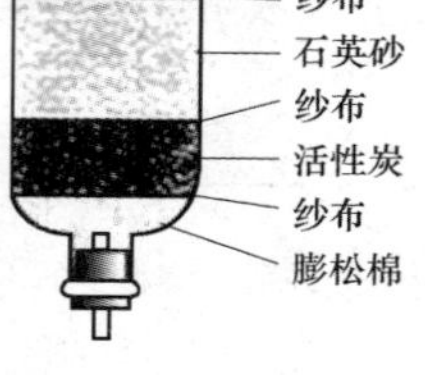

图 4-5　简易家用净水器

任务 2. 检验自制净水器的净水效果（见表 4-2）

表 4-2　检验自制净水器的净水效果

实验操作	实验现象	实验结论
① 将简易净水器固定在铁架台上，下端与烧杯相连； ② 将污水沿玻璃棒注入简易净水器中，用烧杯盛接流出的水，观察现象； ③ 将红墨水注入简易净水器，观察流出的水的颜色变化； ④ 持续将红墨水注入简易净水器，观察流出的水的颜色变化； ⑤ 将简易净水器内的填充物从瓶底开始依次取出，把活性炭晒干。按照简易净水器的制作步骤重新将各种材料填充到饮料瓶中，除了重复使用晒干的活性炭外，其余材料均换成上次使用的同类材料的新材料； ⑥ 将红墨水注入简易净水器，观察现象		

[实验反思]

1. 如果污水很脏，小丽认为可以先沉降片刻再把上层较澄清的水通过简易净水器净化，你知道沉降的原理是什么吗？

____

2. 任务 2 中第⑤步，需要将活性炭晒干，晒干的作用是什么？

____

3. 通过自制净水器的水可以马上饮用吗？应该加上怎样的操作才能饮用呢？

____

污水通过自制净水器后变成了清水。如果污水很脏，那么需要像自来水厂净水那样先进行沉降，吸附一些悬浮在水中的杂质。将红墨水通过自制的净水器，发现红墨水的颜色褪去了很多，这是因为活性炭具有吸附作用，吸附了红墨水的颜色。使用后的活性炭的分子孔隙中藏有很多水，这不利于活性炭的再次吸附。太阳晒干的活性炭，水分蒸发，能恢复吸附功能。活性炭的孔隙结构如图 4-6 所示。

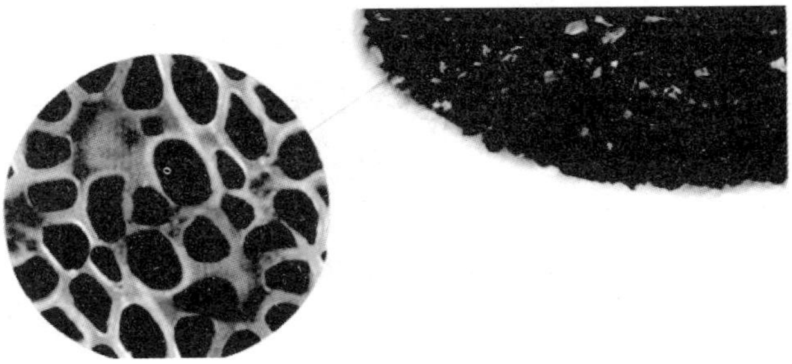

图 4-6　活性炭的孔隙结构

跨学科

与物理学科、生物学科的融合：不同学科净水原理

以上实验探究的过滤、吸附净水方法均属于物理法。物理法净水，不使用化学反应，利用孔隙有效隔离不同大小的物质。其实，自然界水的净化不能只用物理法。要想使江河水变成饮用水，还需要化学法和生物法的综合作用。其中，生物法是指在物理净水的基础之上，利用微生物的菌群效应，降解有机物。然后采用化学法中的投药消毒来进一步杀死微生物，变成自来水。如果想把自来水变成饮用水，我们知道煮沸即可。那么，自来水有什么性质呢？如何将自来水进一步净化成蒸馏水（不含任何杂质的水）？下一个主题等你来探究！

拓展学习

居民生活中的几种净水技术

目前，国内家用净水器市场运用的最主要四大净化技术分别为：微滤、超滤、纳滤和反渗透。其中，微滤技术净化后的水质并不能达到国家卫生标准，而纳滤的不成熟性直接影响了其市场推广。现今市场上主推的两大净化水技术为超滤和反渗透。

微滤：过滤精度一般在 0.1～30 μm，像常见的各种 PP 滤芯、活性炭滤芯、陶瓷滤芯等都属于微滤范畴，用于简单的粗过滤，能去除水中的泥沙、铁锈等大颗粒杂质，但不能去除水中的细菌、病毒、有机物、重金属离子等有害物质。微滤技术应用最普及、单精度不高，一般作为净水器的前置处理。

纳滤：过滤精度介于超滤和反渗透之间，能截留纳米级（0.001 μm）的物质，是一种需要加电、加压的膜分离技术，纳滤膜能够截留分子量为几百的物质，对某些低分子有机物的截留率可达 90%。由于纳滤对清除水中天然有机物效率较高，又能适当保留低分子量的无机成分，因此纳滤是净水处理的首选技术。但是，现在该技术尚不成熟，未能投入使用。

超滤：过滤精度在 0.01～0.1 μm，是一种利用压差的膜分离技术，可滤除水中的铁锈、泥沙、悬浮物、胶体、细菌、病毒、大分子有机物等有害物质，并能保留对人体有益的一些矿物质元素。一般家用超滤净水机可直接串联在家庭供水的管道上，洁净的水质给用水器带来了保护。因其所产废水少，出水量大，可以全面满足人们煲汤、做饭、洗菜、洗浴、洗衣等大水量要求。超滤技术操作简单，成本低廉不需添加任何化学试剂，而且产水量大，能充分利用水资源，符合世界环保的主题。

反渗透：过滤精度可达 0.000 1 μm 左右，是一种超高精度的膜分离技术。在一定压力下，只有水分子才可以通过反渗透膜，而原水中的无机盐、重金属离子、有机物、胶体、细菌、病毒等杂质由于其直接大于 0.02 μm，无法通过反渗透膜，所以经过反渗透膜

过滤的水更纯净。反渗透纯水机正逐渐成为直饮水净水机的主流，全面满足了人们对“纯水”的需求。它能全面去除水中的六大有害物质（无机污染物质、无机有毒物质、有机有毒物质、需氧污染物质、植物营养物质、油类污染物质）和水垢。纯水机能满足家庭及办公场所直饮水需求。但反渗透纯水机的水利用率低，浪费水资源是一大问题。

小试牛刀

1. 依据下图所示，小兰自制净水器进行实验，从上口倒入带有红色的水之后，最初下口出现的是黑水，一段时间后，下口出现的是红水，于是小兰改进了自己的净水器。关于小兰的实验，下列说法正确的是（　　）。

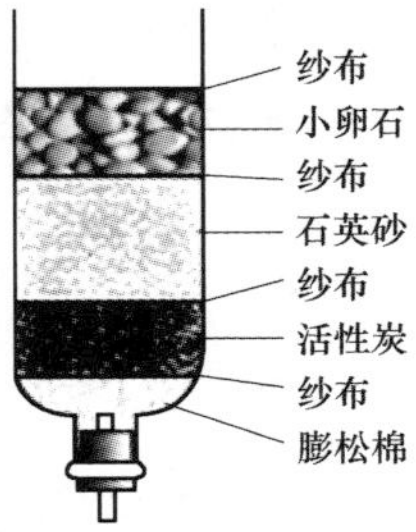

A. 出现黑水说明刚做好的净水器需要洗涤

B. 出现红水说明活性炭没有起吸附作用

C. 小兰应减少净水器中的活性炭

D. 小兰应在净水器中加入更多的石英砂

2. 某山区所饮用的水是河水。由于河水中常含有大量的泥沙、悬浮物和细菌等杂质，可用次氯酸（HClO）杀死细菌。将漂白粉（主要成分是 $Ca(ClO)_2$）溶于水可生成氯化钙和次氯酸。下列是某户居民在饮用水之前对河水的处理步骤：

河水→A（明矾）→B（沉淀）→C（过滤）→D（漂白粉）→净水

（1）可以除去较大颗粒、悬浮物杂质的步骤是＿＿＿＿＿＿（填编号）

（2）能够消毒杀菌的步骤为＿＿＿＿＿＿＿＿（填编号）

（3）A 步中加明矾的作用是＿＿＿＿＿＿＿＿＿＿＿＿＿＿

（4）该户居民得到的净水是＿＿＿＿（填“纯净物”或“混合物”），其原因是＿＿＿＿＿＿＿＿

学习反思

亲爱的同学们，通过本节内容的学习，你达到学习目标了吗？请你根据自己的学习情况进行自我评价。

表 4-3　自我评价量表

学习目标	是否达成（全部达成请画☆☆☆，部分达成请画☆☆，没有达成请画☆）	学习反思
通过文字阅读、视频学习、实验探究等方式掌握过滤和吸附的基本原理		掌握较好的内容有： 有待提高的内容有：
运用过滤和吸附的原理，在生活中找到合适的材料制作净水器，解释各材料的作用		
完成一杯浑水的净化，测试净水器的使用效果，并改进		

主题 2　水的深度净化

学习目标

1. 能够根据资料设计实验来探究自来水是否为纯净水。
2. 知道水分为硬水和软水，并能设计简单实验来证明。
3. 能够搭建实验室蒸馏装置，并说明其中的基本原理。

关键概念

软水、硬水、蒸馏、煮沸

学科融合

物理　蒸馏原理、煮沸

化学　软硬水的检测方法

自然界中的水经过沉淀、过滤、吸附等净化处理后，浑浊的水变澄清了。但是得到的清水是纯净水吗？经过上述净化，除去了水中不溶性的杂质，那么，看似纯净的水中是否含有可溶性杂质呢？在本课题，我们将对水进行深度净化，最终得到纯净水。

一、自来水与纯净水

经过主题 1，我们通过自制净水器得到了较为纯净的水，但是这样的水仍然不能通入自来水管供人类饮用。因为，这样的水中含有微生物，需要向其中通入氯气（Cl_2）来杀死微生物。通入氯气（Cl_2）的水中含有氯离子（Cl^-）。那么，自来水还是纯净水吗？

为了弄清楚这个问题，我们来看看什么是纯净水。纯净水不含有任何可溶性杂质和不溶性杂质。它属于纯净物，由许许多多个水分子构成，如图 4-7 所示。

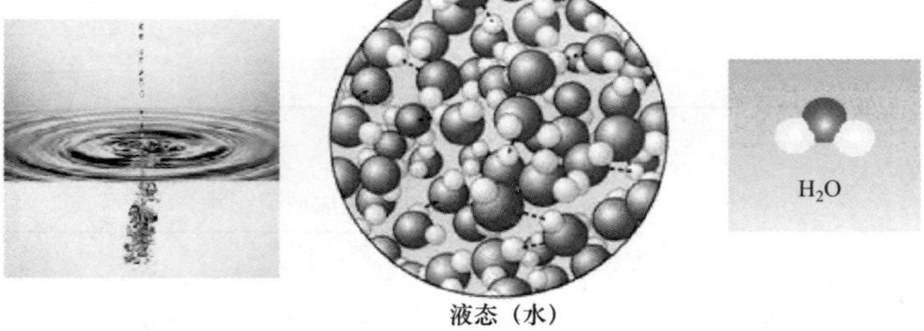

液态（水）

图 4-7　纯水是由许许多多个水分子构成的

现在，相信你能理解自来水为什么不是纯净水。既然自来水中有氯离子（Cl^-），那么，如何通过实验证明氯离子（Cl^-）的存在呢？

探索海洋

经过简易净水器后得到的水是纯净的水吗?

[查阅资料]

1. 可以通过向待测水样中加入硝酸银（$AgNO_3$）来检查是否有 Cl^-。当水中含有 Cl^-时，它会与硝酸银中的 Ag^+发生反应，产生白色沉淀（AgCl）。如果不含 Cl^-，则没有此现象。

2. 自来水加热蒸干后往往得到白色晶体，纯净水则没有。

[设计实验]

请根据资料，小组讨论，设计合理的实验方案，来确定小明得到的水是否是纯净水。（注：你可以设计多种方案）

____

[实验结论]____

我们能够通过实验看到这样的现象：自来水和硝酸银溶液混合产生白色沉淀，而蒸馏水和硝酸银溶液混合不能产生白色沉淀。为了更好地说明问题，实验时应该控制自来水和蒸馏水取样的体积相同，同时滴加硝酸银溶液的滴数也应该保持一致。这是科学实验中控制变量法的思想。

二、软水和硬水

同样是北京，有的同学会有这样的感受：北京靠近南边区域的自来水中往往有白色固体，而在北边区域却不常见。这是为什么呢？其实，同样是自来水，也有软水和硬水之分。通常我们把含有较多可溶性钙、镁化合物的水称为硬水，不含或含较少可溶性钙、镁化合物的水称为软水。硬水，有时看起来有一些白色固体。经常用硬水烧水，会使水壶产生水垢。

这是因为在加热的过程中，硬水中的钙镁化合物变成白色沉淀，附着在水壶内层。长期使用硬水，会给人类生活带来危害，如图 4-8 所示。

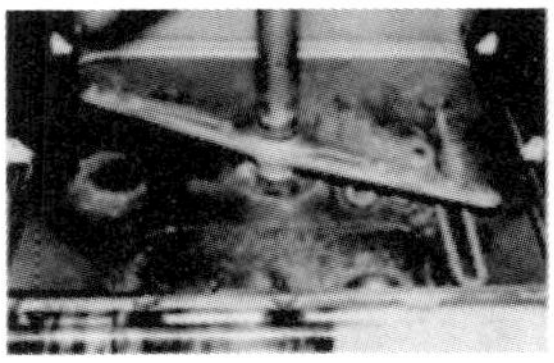

水垢导致洗碗机内部损伤

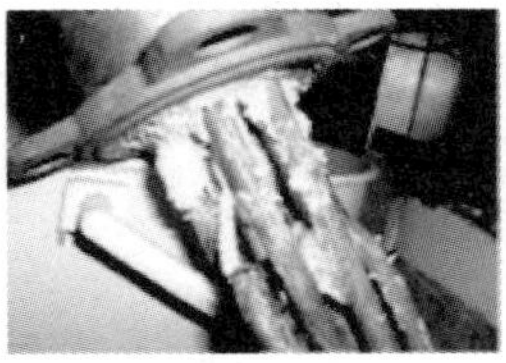

水垢在加热管上积累，影响传热

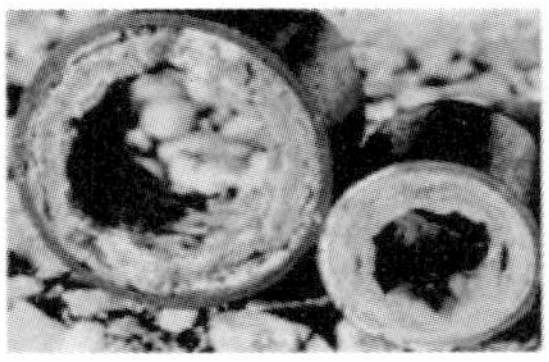

水垢堵塞管道

水垢堵塞淋浴头

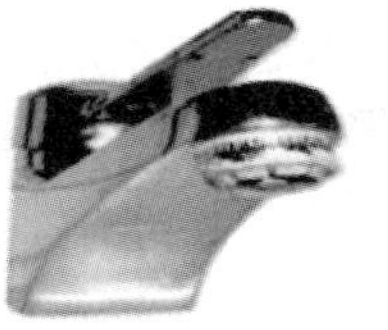

水垢在水龙头上积累

从热水管上移除的水垢

图 4-8　硬水产生的水垢带来的危害

硬水，有时看起来和软水很像，没有白色固体。此时，如何去区分软硬水呢？

探索海洋

探究水的软硬度

［查阅资料］可通过向水中加入肥皂水的方法来检验水的硬度，区分硬水和软水。把肥皂水分别倒入盛有硬水和软水的烧杯中，产生泡沫较多的是软水，易起浮渣的是硬水。

［设计实验］

请根据资料，小组讨论，设计实验。探究这杯清水中的软硬度，并和纯水进行对比。设计实验的过程中，请注意控制变量法思想的应用。

跨学科

与物理学科的融合：蒸馏

即使是软水，也有可能含有可溶的钙镁化合物。那么，如何获得完全纯净的水呢？这就需要蒸馏操作了。蒸馏是实验室净化水程度最高的一种方法。可以去除水中所有杂质，得到纯净水。实验室常用的蒸馏装置如图 4-9 所示。水的蒸馏过程是利用水和杂质的沸点不同的原理。通常情况下，水加热到 100 ℃时变成水蒸气，从蒸馏烧瓶的支管口中逸出，而杂质的沸点较高，100 ℃时杂质保持原来的状态滞留在蒸馏烧瓶中。水蒸气顺着冷凝管流动，遇较凉的冷凝管而液化成水，此时的水就是蒸馏水了。蒸馏水顺着接引管流入锥形瓶中，我们在锥形瓶中得到蒸馏水。通常，为了防止加热的液体暴沸（剧烈沸腾），在蒸馏烧瓶中加入少量碎瓷片。为了更好地冷凝效果，冷水从下口进，从上口出。温度计用来指示温度，在本实验中应该控制温度计的示数为 100 ℃左右，上下波动的范围为 5 ℃。

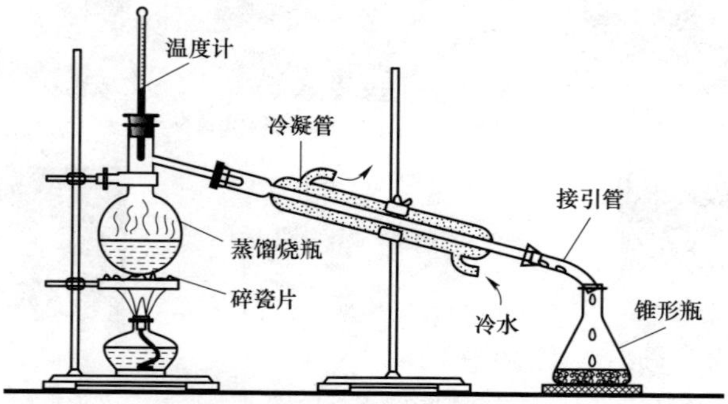

图 4-9　实验室常用的蒸馏装置

实验室利用蒸馏的方法可以降低水的硬度。但是生活中通常不需要搭建如此复杂的装置，生活中，我们用加热煮沸的方法降低水的硬度。

探索海洋

搭建蒸馏装置

请同学们 4 人一组，搭建如图 4-9 的实验装置。搭建完毕后，将自来水蒸馏，得到纯净水。在实验过程中，请同学们查阅资料，明确蒸馏的各部分仪器名称及功能，填写表 4-4。

表 4-4　蒸馏实验所需的仪器名称及功能

仪器名称	仪器功能

拓展学习

通过本课例的学习，我们知道从自然界中获得纯水十分不容易。自然界中的水资源是有限的，需要我们节约用水、爱护水资源。请你通过互联网调查了解水污染和治理的事例，思考以下问题，并做成一场小海报，与同学们展示。

（1）水污染的主要来源和污染物有哪些？（2）举例说明水污染易，治理难。

小试牛刀

小刚收集到一瓶浑浊的河水，他要模拟自来水厂净水过程，最终得到蒸馏水。其实验过程如下所示。请回答以下问题。

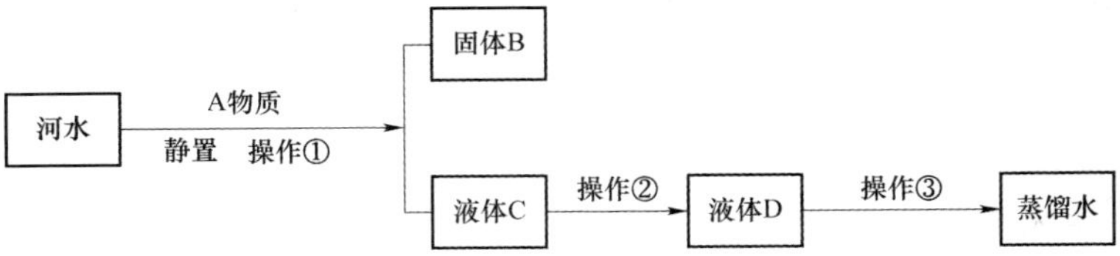

（1）A 物质的名称是________，操作①的名称是________，若经过①操作后，所得液体 C 中仍有浑浊，其原因可能是_________（填序号）；

a. 漏斗内滤纸破损　b. 漏斗下端未紧靠烧杯内壁　c. 漏斗内液面高于滤纸边缘

（2）操作③是______，该过程主要是________变化（填“物理”或“化学”）；

（3）小刚取少量液体 D 于试管中，加入少量肥皂水，振荡，发现有较多浮渣产生，说明液体 D 属于______（填“软水”或“硬水”）。

学习反思

亲爱的同学们，通过本节内容的学习，你达到学习目标了吗？请你根据自己的学习情况进行自我评价。

表 4-5　自我评价量表

学习目标	是否达成 （全部达成请画☆☆☆，部分达成请画☆☆，没有达成请画☆）	学习反思
能够根据资料设计实验来探究自来水是否为纯净水		掌握较好的内容有： 有待提高的内容有：
知道水分为硬水和软水，并能设计简单实验来证明		
能够搭建实验室蒸馏装置，并说明其中的基本原理		

主题 3　玩转水

学习目标

1. 通过实验了解水的三态变化、学会测量冰与水的密度。
2. 通过实验了解水的组成，并能设计简单的实验证明两极产物。
3. 通过实验了解植物的蒸腾作用，了解水对植物生长的意义。

关键概念

三态变化、水的密度、电解水、蒸腾作用

学科融合

物理　三态变化、密度

化学　电解水

生物　蒸腾作用、水对人体的影响

水是地球上最普通、最常见的物质之一，不仅江河湖海中含有水，各种生物体内也都含有水。生命的孕育和维系需要水；人类的日常生活和工农业生产离不开水。你想知道水有哪些性质吗？水能通过化学反应变成其他什么物质呢？在本课题中，我们共同来探究水的物理、化学性质，了解它的用途，揭开水的神秘面纱。

跨学科

与物理学科的融合：水的三态变化

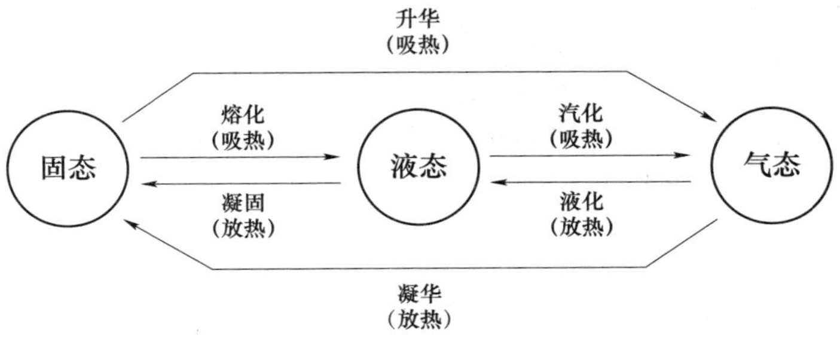

图 4-10　物质的三态变化关系图

自然界中常见的物质可以分为三种状态——固态、液态和气态，每种物质并不是只以一种状态存在。固态、液态、气态是自然界中通常所见的三种状态。同一物质的这三种状态在一定条件下可以相互转化，称之为**物态变化**。描述物态变化的概念有：熔化、凝固、汽化、液化、升华和凝华。如图 4-10 所示，**熔化**是物质由固态变为液态的过程，**凝固**是熔化的逆过程。固体在熔化过程中吸热，液体在凝固过程中放热。物质从液态变成气态叫**汽化**，物质从气态变成液态作**液化**。与凝固是熔化的相反过程一样，液化是汽化的相反过程。大量实验表明，绝大多数气体在温度降低到足够低时都可以液化。在一定温度下，压缩气体的体积也可以使气体液化。气体液化时要放热，汽化时吸热。升华和凝华是特殊的物理现象，是指气、固态物质，不经过液态而相互转化的现象。物质由固态直接变成气态的现象叫作**升华**，而物质由气态直接变成固态的现象叫作**凝华**。升华和凝华并不是所有物质都能发生的现象，它仅限于某些物质在一定条件下发生。在这些概念里，汽化还包括两种方式：蒸发和沸腾。液体沸腾时的温度叫**沸点**。不同的物质沸点不同，液体的沸点与压强有关，压强越大沸点越高。表 4-6 是两种变化的异同点。

表 4-6　蒸发和沸腾的区别

术语		蒸发	沸腾
不同点	发生地点	只在液体表面进行	在液体表面和内部同时进行
	温度条件	在任何温度下都可发生	在一定温度（沸点）下才能发生
	剧烈程度	比较平和	剧烈
共同点		都是汽化现象，都需要吸收热量，都是液体变为气体	

水是一种纯净物，化学式是 H_2O。而江水、河水以及我们日常所用的自来水都含有少量杂质，是混合物。通常化学中所说的水或蒸馏水都是指纯净的水。纯净的水是无色、

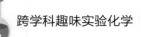

无味的液体，在 101.3 kPa 时，水的凝固点是 0 ℃，沸点是 100 ℃，4 ℃时密度最大，为 1.0 g/cm^3。

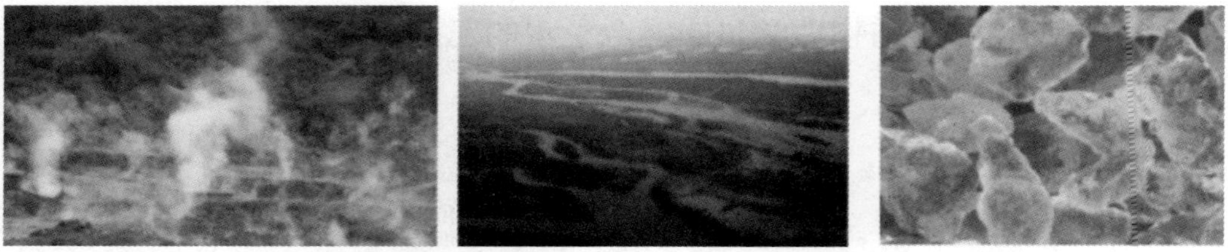

图 4-11　从左往右依次为：水蒸气、水、冰

如图 4-11 所示，在地球表面的环境条件下，水可能呈三种物理状态，即气态、液态和固态，无论是水蒸气、水还是冰，都是由水分子构成的，它们都是同一种化学物质，只是分子间的间隔及排列方式不同而导致状态不同。

现在我们来理解一下水的三态变化。固态的水称为冰，冰变成水的过程就是固态变成液态的过程，生活经验告诉我们，温度升高的前提下冰可以变成水。也就是说，固态的冰需要吸热才能变成液态的水。反过来，冬天温度较低时，液态的水可以凝固变成固态的冰，这个过程是放热的过程。对液态的水继续加热，就能得到气态的水蒸气，说明汽化的过程需要吸热。通常情况下，水加热到 100 ℃时能够变成水蒸气，100 ℃称为水的沸点。当温度较低时，气态的水蒸气又能液化成小水珠，这是放热的过程，露水就是这样形成的。冬天温度较低时，窗户上会形成霜，这是气态的水蒸气遇冷直接变成了固态的霜，这是一个放热的凝华过程。而有时冬天的雪不会直接变成水，而是直接变成水蒸气而消失在空中，这又是一个吸热的升华过程。

探索海洋

了解水的物态变化

[**实验主题**] 用冰块使水沸腾，不可思议！

[**实验任务**] 请根据实验操作提示完成本实验，填写表格 4-7。

表 4-7　了解水的物态变化实验单

实验内容	实验现象	实验结论及解释
1. 沸水倒在透明玻璃瓶子里（一半水左右）； 2. 将瓶子盖盖好（不漏水）并将瓶子倒过来； 3. 瓶底放置一块冰块		

在瓶底放入一块冰块后，发现水沸腾起来了！这是因为冰块温度低，使瓶子内的气体遇冷收缩，气压减小，水的沸点降低，使瓶中的水再次达到沸点而沸腾，十分有趣！

跨学科

与物理学科的融合：水的密度

密度是物质每单位体积内的质量，用 ρ 表示。公式为：$\rho=m$（质量）$/V$（体积）。密度是物质的固有属性。通常情况下，同一种物质的不同状态中，固体密度大于液体密度，液体密度大于气体密度。水在 20 ℃时为液体，将水冷却，水分子运动减慢，相互靠近，水的密度增加，到 4 ℃时其密度达到最大值，将水进一步冷却时，水的密度又逐渐减小。0 ℃时，水凝固为冰，冰的密度小于水，冰块在水面上漂浮。这一反常现象，归因于冰中的水分子形成一种相当开放的晶体结构。水的反常现象对我们周围的世界产生有趣的影响。例如：冬季来临，湖泊的水自上而下凝固，水面的冰起了热障的作用，湖底的水即使在气温低于 0 ℃时仍能保持液态，因此，湖底的鱼类等生物能在严冬中生存下来。

下面，我们测量一下水在不同温度下的密度，同时也测量冰的密度，作为对比，从数据中感受水的密度之神奇！

探索海洋

水的密度知多少

探索 1：水在什么时候密度最大

［**实验任务**］请根据实验操作提示完成本实验，并将实验数据记录到表 4-8 相应的位置。

表 4-8　水在不同温度下的密度实验单

实验操作	实验记录
1. 取少许冰水混合物于烧杯中，用密度计测量密度，同时用温度计测量温度； 2. 随着冰水混合物逐渐融化，每升高 1 ℃，测量其密度，直到冰水混合物升温到 10 ℃为止	

［**数据处理**］将上述记录的数据作图，并进行数据分析。

［**数据分析**］上图说明了什么问题？请查阅有关资料并加以解释。

____

____

探索 2：探究水、冰密度大小

通过实验 1，相信你已经掌握了密度计使用方法。下面，请你设计实验，来对比水、冰密度大小。

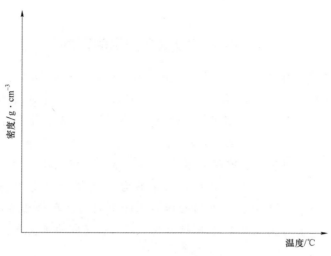

图 4-12　水在不同温度下的密度数据图

［设计实验］____

［实验结论］____

［实验反思］为什么水和冰的密度是这样的关系呢？请你查阅相关资料加以解释。

____

通过前两个兴趣实验，相信你对水的物理性质有了一定的认识。请你结合生活经验，在这里和同学们分享一下水的物理性质吧！

____

之后的探究，我们进入水的另一个世界，看看通过化学变化，能把水变成什么物质。

水（H_2O）是由氢元素和氧元素组成的。水的组成由 18 世纪末的三位科学家：普利斯特里、卡文迪许和拉瓦锡（如图 4-13 所示）揭开了神秘面纱。

水的真面目第一次被识破是在 18 世纪中叶。英国的化学家普利斯特里常常爱给朋友们表演魔术：他拿了个“空”瓶子，在朋友们面前晃了几下，然后，他迅速地把一支点着的蜡烛移近瓶子。“啪！”的一声，瓶口吐出了长长的火舌，但立刻又熄灭了……原来，这位魔术师在瓶子里早已装满无色的“可燃空气”（氢气和空气）。它们混合后点燃，会发出巨大的声响。起初，普利斯特里只是给朋友们变魔术而已。可他并没有发现变完魔术后，瓶子里还有一位神秘的“客人”。终于有一天，普利斯特里发现瓶壁上有不少水珠！

1781 年，普利斯特里把他的发现告诉卡文迪许。卡文迪许用不同比例的“可燃空气”和空气混合物进行实验，证实了普利斯特里的发现，并断定生成的液体是水。在氧元素被确认后，卡文迪许用纯氧代替空气，从而确认 2 体积的“可燃气”和 1 体积的氧气恰好化合生成水。但是，他属于虔诚的“燃素学说”信徒，还始终认为水是一种元素，没有作出正确的解释。卡文迪许的助手布拉格登于 1783 年 6 月访问巴黎时，将这一实验告诉了拉瓦锡。拉瓦锡立即进行了跟踪实验，不仅合成了水，同时还将水分解为氧气和氢气，再次确认了水的组成，并且用氧化理论给以准确的说明，最终确认水是由氧元素和氢元素两种元素组成的。

图 4-13　为水的组成作出贡献的三位科学家。
从左往右依次为：普利斯特里、卡文迪许、拉瓦锡

实验室中，可以通过电解水的实验证明水的组成。电解水的实验也体现了水的化学性质之一为：通电可分解。在实验中，通过电解水可以得到氢气（H_2）和氧气（O_2）。该反应的化学方程式为：

$$\underset{\text{水}}{2H_2O} \xlongequal{\text{通电}} \underset{\text{氢气}}{2H_2\uparrow} + \underset{\text{氧气}}{O_2\uparrow}$$

其微观示意图如图 4-14 所示。

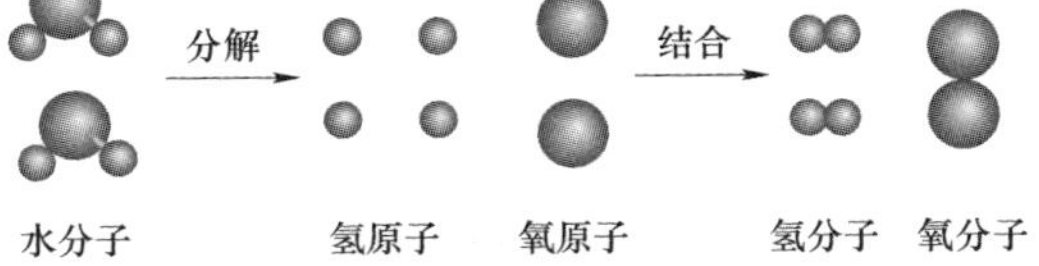

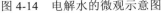

图 4-14　电解水的微观示意图

探索海洋

水的化学性质

［实验任务］请根据实验操作提示完成本实验，填写表格 4-9。

表 4-9 水的化学性质任务单

实验内容	实验现象	实验结论
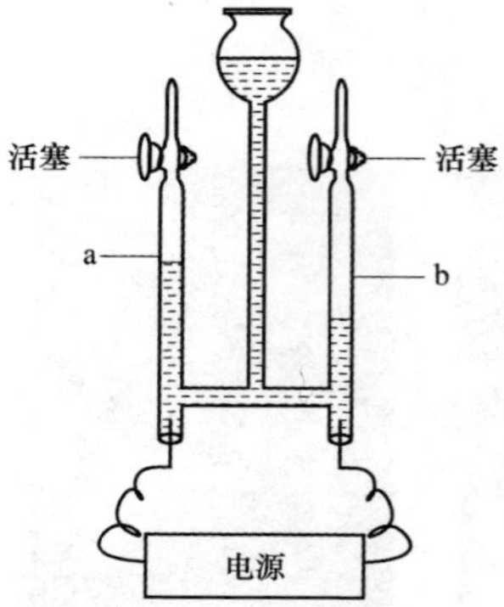 图 4-15 电解水的装置 如图 4-15 所示，在水电解器里加满水，接通直流电源，观察并记录两个电极附近和玻璃管内发生的现象。一分钟后切断电源		

［**设计实验**］切断电源后，两个电极聚集气体。我们知道两极产生了氢气和氧气，请设计实验证明负极产生的气体是氢气，正极产生的气体是氧气。

交流讨论

历史上，该实验非常有名，证明了水是由氢元素（H）和氧元素（O）组成的，而不是一种元素，你能解释一下，该实验是如何证明的呢？

通过点燃气体看火焰的颜色，如果是淡蓝色火焰，可以证明是氢气。用带火星的小木条点燃，如果火星复燃，证明是氧气。这个实验体现了元素守恒的思想。反应后只有氢气和氧气两种产物，氢气中含有氢元素，氧气中含有氧元素，也就是说生成物中只有氢、氧两种元素。那么反应前只有一种反应物水，水应该也含有这两种元素。

跨学科

与生物学科的融合：蒸腾作用

通过前面的学习，相信你对水的性质已经有所了解。那么，你知道水对植物而言又起到怎样的作用吗？

蒸腾作用是绿色植物的一项重要的生理活动，它对维持植物体内水分的含量，以及在高温季节降低植物体的温度等生理活动，起到了至关重要的作用。植物体内水分以水蒸气形式散失到体外的生理过程称之为**蒸腾作用**，主要在叶片进行。如图 4-16 所示，其主要过程为：土壤中的水分→根毛→根内导管→茎内导管→叶内导管→气孔→大气。植物幼小时，暴露在空气中的全部表面都能蒸腾。蒸腾作用可以产生蒸腾拉力帮助植物进行水分和无机盐的运输，植物的蒸腾作用散失的水分约占植物吸收水的 99%以上。因此，绿色植物通过根从地下吸收水分，再通过蒸腾作用以水蒸气的形式散发到空气中，形成雨雪等回流地面，参与整个地球上水的循环。蒸腾作用增加了大气湿度，增加降水，降低大气温度，对气候起到调节的作用。

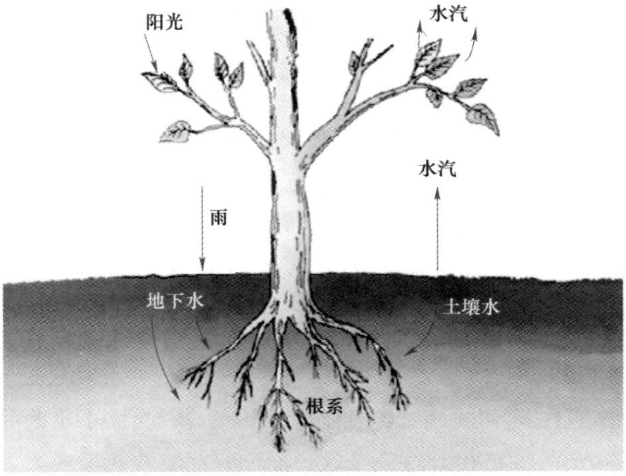

图 4-16　植物的蒸腾作用

探索海洋

了解植物的蒸腾作用

［**实验记录**］请根据实验操作提示完成本实验，填写表格 4-10。

表 4-10　植物的蒸腾作用任务单

实验内容	实验现象	实验结论
选取同种植物大体相同的 3 根枝条，一根剪除叶片记为 A，两根保留数量相同的叶片记为 B、C，分别插入 3 个试管中，试管中装等量的水。水中滴几滴植物油，用透明的保鲜袋套住枝条，扎紧塑料袋口，使其不漏气。A、B 组置于室外有阳光的地方，C 组置于室内阴暗的地方。均放置一段时间	A、B、C 三个保鲜袋中出现了怎样的现象？	1. A、B 对照，实验现象的不同，说明什么问题？ 2. B、C 对照，实验现象的不同，说明什么问题？

交流讨论

生活中，大树底下好乘凉，你能结合植物的蒸腾作用加以解释吗？

拓展学习&跨学科

水对人体的作用与功能

在人体成分中，水的含量最高，成年人体内水分约占体重的60%～70%。年龄越小，体内所含水分的百分比越高。人在饥饿或无法进食的情况下，只要供应足够的水分，还能勉强维持生命。但若体内水分损失超过20%，生命将不能维持。正常成人每天水分的摄入和排出基本为动态平衡状态，总计量为2 500毫升左右。

水是细胞生存的基础，人体的各种生理化活动都是在水的参与下完成和实现的，水在人体中扮演着溶酶、活化细胞的角色。

水的生理功能归纳为：

1. 代谢作用。水不仅是体内营养和代谢产物的溶剂，同时也将各种物质通过循环带到各自的目的地。因此，水参与体内一切物质的新陈代谢。

2. 调节作用。人体体表出汗，可以带走大量热量，水又能吸收人体物质代谢产生的多余热量，调节体温，从而使体温维持在正常范围。

3. 溶解作用。人体内的所有无机盐和各种有机化合物，各种酶和激素都需要水来溶解而发挥作用。

4. 消化作用。水构成人体内的消化液，如唾液、胃液、胆汁、胰液、肠液等，而食物的消化主要依靠消化器官分泌的消化液来完成。

5. 运输作用。人体血液中 80%以上是水。血液在心脏与血管系统构成的闭环式结构中奔流不息，使能量交换和物质转运得以进行。

6. 润滑作用。水具有润滑作用，如水能使关节、脏器及组织细胞减少相互间的摩擦，使之保持和睦相处、运动协调的状态。而泪液可防止眼球干燥，唾液及消化液滋润消化道，有利于吞咽和咽部湿润。

7. 亲和作用。当人体脱水时，水最先进入脱水细胞，显示出水的亲和力。

小试牛刀

1. 图 4-17 是电解水的简易装置：

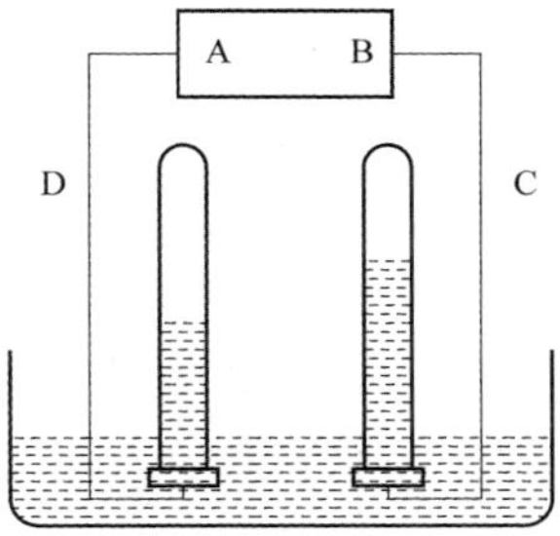

图 4-17　电解水简易装置

（1）电源 A 为＿＿＿＿＿极，B 为＿＿＿＿＿＿极。

（2）C 试管收集到的气体是＿＿＿＿＿＿＿＿＿＿，可以用＿＿＿＿＿＿检验；

D 试管收集到的气体是＿＿＿＿＿＿＿＿＿＿＿，可以用＿＿＿＿＿＿检验。

（3）根据上述实验事实可以得出：水是由＿＿＿＿＿＿＿组成的，

写出这个实验的化学方程式：＿＿＿＿＿＿＿＿＿＿＿＿＿＿＿＿＿＿＿＿＿＿

（4）通常情况下，我们会发现两边气体体积比会比 1:2 小些，这又是为什么呢？请你结合网络资料来回答。

＿＿＿＿＿＿＿＿＿＿＿＿＿＿＿＿＿＿＿＿＿＿＿＿＿＿＿＿＿＿＿＿＿＿＿＿＿＿。

2. 下列关于物态变化的说法中，正确的是（　　）。

A. 春天，河里冰雪消融，是升华现象

B. 夏天，冰棍儿周围冒“白气”，是汽化现象

C. 秋天，早晨花草上出现的小露珠是凝华现象

D. 冬天，温暖的车内窗玻璃会变模糊，这是因为车内水蒸气液化的缘故

3. 绿色植物在生物圈水循环中有重要作用，主要是因为它的（　　）。

A. 光合作用　　B. 呼吸作用　　C. 蒸腾作用　　D. 吸收作用

学习反思

亲爱的同学们，通过本节内容的学习，你达到学习目标了吗？请你根据自己的学习情况进行自我评价。

表 4-11　自我评价量表

学习目标	是否达成（全部达成请画☆☆☆，部分达成请画☆☆，没有达成请画☆）	学习反思
通过实验了解水的三态变化、学会测量冰与水的密度		掌握较好的内容有： 有待提高的内容有：
通过实验了解水的组成，并能设计简单的实验证明两极产物		
通过实验了解植物的蒸腾作用，了解水对植物生长的意义		

主题 4　神奇的溶液

学习目标

1. 能够利用溶液的性质识别生活中的溶液和非溶液。
2. 通过溶液导电性实验理解溶质的微观构成对宏观现象的影响。
3. 通过阅读资料能够表述无土栽培和生理盐水中溶液的作用。
4. 利用溶液的性质能够完成“搭建化学圣诞树”的项目式学习。

关键概念

溶液、溶质、溶剂

学科融合

化学　溶液、溶质、溶剂
生物　无土栽培、生理盐水
物理　受力平衡

一、溶液

一杯蒸馏水和一杯矿泉水通过外观比较，你能区分吗？显然不能。它们看上去是一模一样的。这两种水的成分是相同的吗？蒸馏水中只有一种分子——水分子（H_2O），而矿泉水中除了水分子之外，还有其他的物质，如钙离子（Ca^{2+}）、镁离子（Mg^{2+}）、钠离子（Na^{+}）等，见图 4-18。蒸馏水是纯净物，矿泉水是混合物。取出矿泉水中的任意一部分进行比较，发现它们的组成完全相同，即溶液是均一的；只要水分不蒸发，温度不变化，矿泉水中的物质和水不会分离，即溶液是稳定的。矿泉水看上去可以透光，说明它是透明的。像矿泉水这样一种或几种物质分散到另一种物质中形成的混合物，具有均一、稳定、透明的特点，我们称之为溶液。能溶解其他物质的叫作溶剂，被溶解的物质叫作溶质。溶液是由溶质和溶剂组成的。矿泉水中，矿物质是溶质，水是溶剂。溶质可以是固体，也可以是液体或气体。如果两种液体互相溶解时，一般把量多的一种叫作溶剂，量少的一种叫作溶质。如果溶液中含有水，水通常为溶剂。例如：乙醇溶液中，乙醇为溶质，水为溶剂。通常不指明溶剂的溶液，一般指水溶液。这是因为水是最常用的溶剂。但是水不是唯一的溶剂，例如：汽油、酒精等液可以作溶剂，如汽油能溶解油脂、酒精能溶解碘，等等。

矿泉水成分含量

天然矿物质含量：mg/L　产地：广东省惠州市

偏硅酸 H_2SiO_3	25.0～70.0	钾 K^{+}	0.5～10.0
钠 Na^{+}	1.0～15.0	钙 Ca^{2+}	2.0～15.0
镁 Mg^{2+}	0.1～10.0	溶解性总固体	50.0～180.0

图 4-18　矿泉水成分含量

调查探秘

请你收集一下生活中的溶液吧！看看你的日常生活中，哪些液体是溶液？请你至少举出 3 个例子，越多越好！

跨学科

与生物学科的融合：无土栽培技术、生理盐水

其实，生活中到处都是溶液，厨房中的酱油、醋是溶液，卫生间的 84 消毒液、洁厕灵等也是溶液，还有超市中的各种碳酸饮料都是溶液。溶液离不开我们的生活，对人类的生活起到了很大的贡献。例如：生物种植的无土栽培技术（图 4-19）是近些年发展起来的一种作物栽培的新技术。作物不是栽培在土壤中，而是种植在溶有矿物质的溶液中，这种溶液称之为营养液。无土栽培极大地扩展了农业生产的空间，使得作物可不依赖土壤进行生产，有发展空间。这种营养液是植物根系营养的唯一来源，包含作物生长必需的所有矿物营养元素，即氮（N）、磷（P）、钾（K）、钙（Ca）、镁（Mg）、硫（S）等大量元素和铁（Fe）、锰（Mn）、硼（B）、锌（Zn）、铜（Cu）、钼（Mo）等微量元素。不同的作物和品种，同一作物不同的生育阶段，对各种营养元素的实际需要有很大的差异。所以，在选配营养液时要先了解不同品种、各个生育阶段对各类必需元素的需要量，并以此为依据来确定营养液的组成成分和比例。一方面要根据作物对各种营养元素的实际需要，另一方面还要考虑作物的吸肥特性。

生理盐水（图 4-20）是另外一种溶液，为 0.9%的氯化钠（NaCl）溶液，也就是 100 g 生理盐水中含有氯化钠（NaCl）0.9 g。这种浓度的生理盐水产生的渗透压和人体血液近似，不会让细胞脱水或过度失水，可以维持细胞的正常形态。

图 4-19　生物中的无土栽培技术

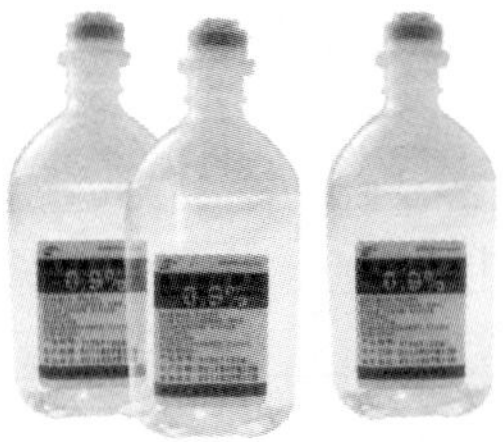
图 4-20　生理盐水

生活中的糖水和盐水都是溶液。但从微观角度看，两者有很大的不同。如图 4-21 所示，前者，蔗糖溶解在水中，微观上看是蔗糖分子扩散在水分子（H_2O）中间。后者

是食盐［主要成分为氯化钠（NaCl）］溶解在水中，微观上看是钠离子（Na^+）和氯离子（Cl^-）扩散在水分子（H_2O）中间。细心的同学发现，前者是分子扩散，后者是离子扩散，这样不同性质粒子扩散，宏观上会产生什么现象呢？让我们一起通过实验探究一下吧！

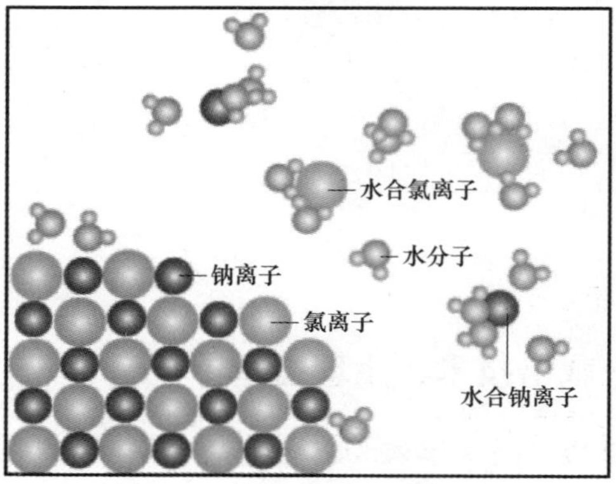

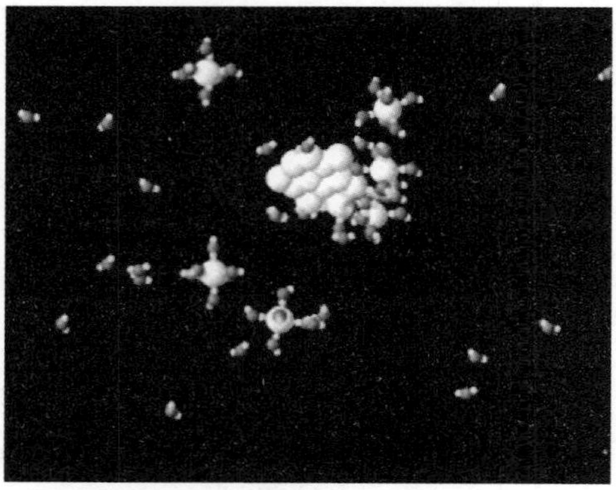

图 4-21　氯化钠（NaCl）和蔗糖溶于水的微观示意图

探索海洋

溶液的导电性和形成过程中的热效应

探究 1. 溶液的导电性

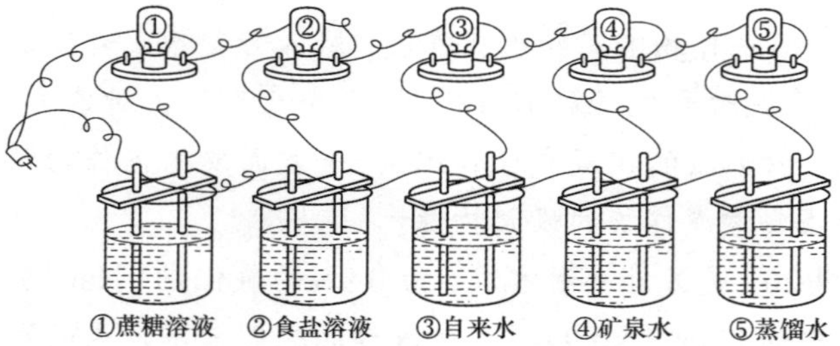

图 4-22　溶液导电性实验

如图 4-22，对 5 种溶液进行导电性测试。请你将实验现象填在表 4-12 中，结合前面学习的分子、离子的相关知识，对实验现象进行合理的解释。

表 4-12　溶液的导电性实验单

烧杯（或灯泡）编号	实验现象	合理解释
①		
②		
③		
④		
⑤		

实验中，发现①和⑤灯泡不亮，其余发光。这是为什么呢？在上述种液体中，①～④为溶液，⑤为纯净物。对于⑤而言，从微观来看，只有水分子（H_2O）。水分子难以在水中变成带电的离子，因而不导电。现在①～④的灯泡现象你会解释了吗？我们发现，②～④中从微观上看，不只有水分子（H_2O），还有一些离子，离子是导电的，对于灯泡来说，形成了闭合回路，灯泡发光。对于①，溶液中除了水分子（H_2O），就是蔗糖分子，没有离子，因此不导电。这里要格外补充一点，自来水通过氯气（Cl_2）消毒，含有的氯离子（Cl^-）溶液在形成的过程中，还有一些其他的现象，目前阶段我们难以用微观粒子的知识来解释，但是这些现象很有趣，一起来探究吧。

探究 2. 溶液形成过程的热效应

请你根据给出的器材合理设计实验，并完成实验，将实验现象记录到相应的表 4-13 里，最终得到合理的答案！

［实验器材］试管、烧杯、玻璃棒、温度计、氯化钠（$NaCl$）固体、硝酸铵（NH_4NO_3）固体、氢氧化钠（$NaOH$）固体（你还可以选用其他的仪器和药品）。

［实验方案］____

____

［数据记录］

表 4-13　不同物质的溶解热效应实验单

水中加入的溶质	$NaCl$	NH_4NO_3	$NaOH$
加入溶质前水的温度			
溶解现象			
溶质溶解后溶液的温度			

［实验结论］____

____

1. 注意控制变量法。设计实验时，3 种固体和水的用量应保持一致。
2. $NaOH$ 具有较强的腐蚀性，使用时需要戴橡胶手套和护目镜，以免接触到皮肤和眼睛。

二、悬浊液和乳浊液

所有的物质都能溶于水形成溶液吗？细心的同学发现并不是这样。生活中的泥沙不能溶于水，食用油也不能溶于水，它们在水中不能形成均一稳定的混合物。我们把固体小颗粒分散到液体里形成的混合物称为悬浊液，泥沙和水的混合物就是悬浊液。把小液滴分散到液体里形成的混合物称为乳浊液，油水混合物就是乳浊液。悬浊液和乳浊液在我们的生活中也有应用。医药上的钡餐是 $BaSO_4$ 的悬浊液，粉刷墙的涂料也是悬浊液。农业上把农药配成乳浊液或悬浊液喷洒节约农药、提高药效，例如：防治果树病虫害的波尔多液（起源于法国葡萄产地波尔多，那里的果农最早使用石灰水与硫酸铜的混合溶液给葡萄树杀菌消毒，所以石灰水与硫酸铜溶液的混合物叫“波尔多液”）就是氢氧化铜[$Cu(OH)_2$]悬浊液。

项目式学习&跨学科

与物理学科的融合：受力平衡

项目名称：搭建多彩圣诞树。

项目目的：利用化学仪器和药品，搭建多彩圣诞树，并为圣诞树书写一段不少于 300 字的解读文字。图 4-23 是一种供大家参考的圣诞树。

图 4-23　化学风格圣诞树

实施提示：1. 你需要知道哪些溶液是有颜色的。

2. 你需要会配制这些有颜色的溶液。

3. 你需要应用物理学中的平衡原理搭建圣诞树，使圣诞树屹立不倒。

以下是项目研究手册，供你参考。

项目名称：________________________________

合作团队：________________________________

项目目标：____

实施计划：

实施过程（需记录关键现象，不够另附纸）：

成果展示：

产品解读：

小试牛刀

1. 下列液体中属于溶液的是（　　）。

A. 白醋　　B. 蒸馏水　　C. 牛奶　　D. 浑浊的石灰水

2. 可以作为溶质的是（　　）。

A. 只有固体　　B. 只有液体

C. 只有气体　　D. 气、液、固体都可以

3. 将家庭中常用的四种调味品分别放入水中，不能形成溶液的是（　　）。

A. 醋　　B. 蔗糖　　C. 食盐　　D. 花生油

4. 通过学习，我们知道植物油不溶于水。其实，植物油可以溶解在汽油中。而另外一种物质高锰酸钾（$KMnO_4$），它不能溶于汽油中，却可以溶解在水中形成紫色溶液。

请你通过上述描述总结出同一溶质在不同溶剂中有怎样的表现呢？不同溶质在同一溶剂中又有怎样的表现呢？

5. 在很多情况下，人们希望能够较快地溶解某些固体物质。请以冰糖晶体溶于水为例，根据你的生活经验，说明哪些方法可以加快冰糖晶体在水中的溶解，并说明理由。

学习反思

亲爱的同学们，通过本节内容的学习，你达到学习目标了吗？请你根据自己的学习情况进行自我评价。

表 4-14　自我评价量表

学习目标	是否达成 （全部达成请画☆☆☆，部分达成请画☆☆，没有达成请画☆）	学习反思
能够利用溶液的性质识别生活中的溶液和非溶液		掌握较好的内容有： 有待提高的内容有：
通过溶液导电性实验理解溶质的微观构成对宏观现象的影响		
通过阅读资料能够表述无土栽培和生理盐水中溶液的作用		
利用溶液的性质能够完成“搭建化学圣诞树”的项目式学习		

主题 5　制作浓度适宜的碳酸饮料

学习目标

1. 理解溶质质量分数的含义。

2. 能够用溶质质量分数的定义简单进行计算。

3. 制作一瓶浓度碳酸饮料，根据自己的口感，提出改进意见，形成一瓶浓度适宜的碳酸饮料。

关键概念

溶质质量分数

学科融合

化学　配制饮料的原理、操作

数学　溶质质量分数的计算

图 4-24 是同学们爱喝的碳酸饮料。这些饮料喝起来甜甜的，受大家喜爱。饮料的甜度由什么决定的呢？是由加入饮料中的白砂糖的多少决定。白砂糖含量多，饮料喝起来较甜。白砂糖含量少，饮料喝起来较淡。我们知道，饮料太甜或太淡对人体都没有好处。太甜的饮料不仅口感不好，还会造成蛀牙、形成肥胖等。太淡的饮料喝起来没有滋味，其营养价值不如白开水。那么，制作一款口感适宜的饮料，需要使含糖量等在一定合理的范围。科学上，用哪个术语去表示合理范围呢？通常用溶质质量分数来表示溶液中的溶质的含量比例。学会溶质质量分数，就能科学地指导你加入适宜的含糖量，制作一款口感不错的饮料呢！

图 4-24　碳酸饮料

一、溶质质量分数

去医院打针，细心的同学会发现，注射液的标签上都会标明药品的组成，例如：5%的葡萄糖注射液等，5%就是溶液中溶质的质量分数。溶质的质量分数是对溶液组成的一种定量描述，我们规定：溶质的质量分数（一般用 ω 表示）等于溶质的质量［用 m（溶质）表示］与溶液［用 m（溶液）表示］的质量之比。其中，溶液的质量等于溶质的质量与溶剂的质量［用 m（溶剂）表示］之和。

$$\omega=\frac{m(\text{溶质})}{m(\text{溶液})}=\frac{m(\text{溶质})}{m(\text{溶质})+m(\text{溶剂})}\times100\%$$

当然，也可以直接用小数表示质量分数。如食盐水中 NaCl 的质量分数为 0.2，意思就是 NaCl 占食盐水质量的 20%。

一般溶质质量分数越大，溶液越浓；溶质质量分数越小，溶液越稀。

向溶液中加入更多的溶质可以改变溶液的浓度。减少溶剂也可以达到同样的目的。例如，果汁有时被制作成浓缩产品出售，此时它就是浓溶液。在制作浓缩产品的过程中，水分从天然的果汁中被抽取出来。当你用这种浓缩产品调制果汁时，就要向里面加水，使其变成稀溶液。

那么，溶质质量分数该如何计算呢？

【例题 1】从一瓶氯化钾（KCl）溶液中取出 20 g 溶液，蒸干后得到 2.8 g 氯化钾（KCl）固体。试确定这瓶溶液中溶质的质量分数。

解：分析可知，溶液中溶质的质量为 2.8 g，溶液的质量为 20 g。则溶质质量分数为：

$$\omega=\frac{m(\text{溶质})}{m(\text{溶液})}\times100\%=\frac{2.8\ \text{g}}{20\ \text{g}}\times100\%=14\%$$

【例题 2】把 50 g 98%的硫酸（H_2SO_4）稀释成 20%的硫酸（H_2SO_4），需要水（H_2O）的质量是多少？

解：分析可知，溶液稀释前后，溶质质量不变

稀释前，溶质的质量为：50 g×98%＝49 g

因为，$\text{溶质质量分数}=\frac{\text{溶质质量}}{\text{溶液质量}}\times100\%$

所以，$\text{溶液质量}=\frac{\text{溶质质量}}{\text{溶质质量分数}}$

需要水的质量为：$\frac{49\ \text{g}}{20\%}-50\ \text{g}=195\ \text{g}$

思考讨论

请你通过计算，填写表 4-15 中的空白。

表 4-15　溶质质量分数的计算

溶质质量/g	溶剂质量/g	溶液质量/g	溶质的质量分数
10		200	
	96	100	
		180	15%
36			20%

二、配制一定溶质的质量分数的溶液

我们做过很多实验，使用实验药品时发现试剂瓶外均有一个标签，例如，6%的氯化钠（NaCl）溶液，如图 4-25 所示。这样的标签一目了然，告诉我们物质的名称和浓度。制作适宜浓度的碳酸饮料离不开溶液的配制，下面我们先学习一个简单的例子，之后同学们再自己完成碳酸饮料的配制。

图 4-25　试剂瓶标签

探索海洋

配制 50 g 6%的氯化钠（NaCl）溶液

［**计算结果**］需要氯化钠（NaCl）的质量为：________，需要水的体积为：________（假设水的密度为 1 g/mL）。

［**实验操作步骤示意图**］如图 4-26 所示。

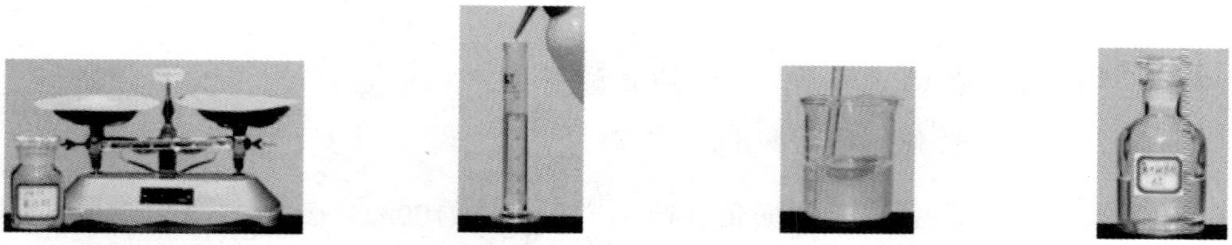

步骤1：计算称量　步骤2：量取　步骤3：搅拌　步骤4：贮存

图 4-26　配制溶液实验操作示意图

［**实验反思**］讨论下列情况对所配制溶液的溶质的质量分数有何影响？

① 用刚刚洗过、内壁有水的烧杯溶解氯化钠固体

② 有少量氯化钠固体撒出烧杯

③ 量筒中的水未全部倒入烧杯

④ 向试剂瓶中转移时洒出少量溶液

探索海洋

制作浓度适宜的碳酸饮料

学习了溶质质量分数的相关知识，现在来制作一款你喜欢的碳酸饮料吧！请你填写实验现象，并完成实验反思。

［**实验用品**］饮料瓶、白糖、果汁、食品级碳酸氢钠（小苏打，$NaHCO_3$）、食品级柠檬酸。

［**实验操作**］如图 4-27 所示，在约 500 mL 的饮料瓶中加入 2 勺白糖和适量果汁，加入约 1.5 g 小苏打（碳酸氢钠），注入凉开水，再加入约 1.5 g 柠檬酸，立即旋紧瓶盖，摇匀，放入冰箱。半小时后，你就可以喝到清凉甘甜的汽水了。（注意：自制汽水时应使用食品级的碳酸氢钠和柠檬酸）。

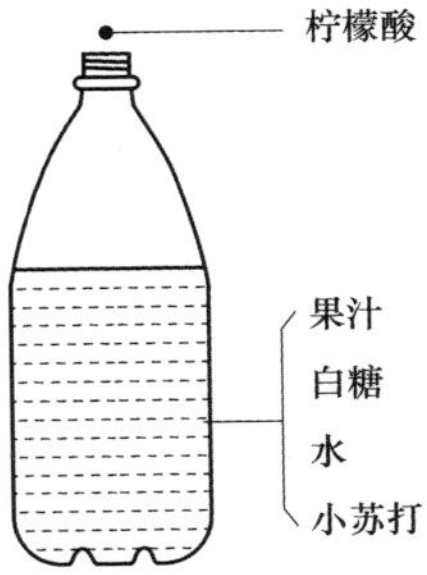

图 4-27　自制汽水

［**实验现象**］制作的碳酸饮料口感如何？______________________

［**实验反思**］① 请你查阅相关资料，用化学方程式写下这个过程的反应原理吧！

② 小勇同学觉得这一款碳酸饮料口感比较淡，请你为他出谋划策，说说本实验应该如何改进？

拓展阅读

其他表示浓度的方法

一定量的溶液里所含溶质的量，叫作这种溶液的浓度。溶液的浓度是表达溶液中溶质跟溶剂相对存在量的数量标记。为了使用方便，人们根据需要规定不同的标准，就有不同的溶液浓度。表示溶液的浓度有多种方法，可归纳成两大类。一类是质量浓度，表示一定质量的溶液里溶质和溶剂的相对量，如质量百分比浓度、质量摩尔浓度、ppm 浓度等。其中我们学习的溶质质量分数属于质量百分比浓度。另一类是体积浓度，表示一定量体积溶液中所含溶质的量，如体积百分比浓度、体积比浓度。下面介绍两种体积浓度。

1. 体积百分浓度

100 mL 溶液中所含溶质的体积量。如 95% 乙醇，就是 100 mL 溶液中含有 95 mL 乙醇和 5 mL 水。如果浓度很稀也可用 ppm 和 ppb 表示。其中，1 ppm=1 mg/mL，1 ppb=1 ng/mL。

2. 体积比浓度

是指用溶质与溶剂的体积比表示的浓度。如 1:1 盐酸，即表示 1 体积量的盐酸和 1 体积量的水混合的溶液。

小试牛刀

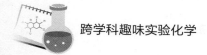

1. 在常温下向 100 g 5%的氯化钠溶液中加入 5 g 氯化钾粉末，完全溶解后，氯化钠溶液中氯化钠的质量分数为（　　）。

A. 4.76%　　B. 5%　　C. 9.52%　　D. 10%

2. 配制一定溶质质量分数的氯化钠溶液，操作顺序正确的是（　　）。

A. 计算、溶解、称量、量取　　B. 溶解、量取、计算、称量

C. 计算、称量、量取、溶解　　D. 称量、量取、溶解、计算

3. 现有 40 g 食盐溶液，经蒸发得到食盐固体 8 g，求这一食盐溶液中溶质的质量分数。

4. 医院里配制生理盐水［溶质的质量分数为 0.9%的食盐（NaCl）溶液］100 kg。求需要食盐和水的质量各是多少？

5. 工业生产上，有时要用溶质的质量分数为 10%的稀硫酸来清洗钢材。把 50 kg 溶质的质量分数为 98%的浓硫酸稀释成溶质的质量分数为 10%的稀硫酸，需要水多少千克？

学习反思

亲爱的同学们，通过本节内容的学习，你达到学习目标了吗？请你根据自己的学习情况进行自我评价。

表 4-16　自我评价量表

学习目标	是否达成 （全部达成请画☆☆☆，部分达成请画☆☆，没有达成请画☆）	学习反思
理解溶质质量分数的含义		掌握较好的内容有：
能够用溶质质量分数的定义简单进行计算		
制作一瓶浓度碳酸饮料，根据自己的口感，提出改进意见，形成一瓶浓度适宜的碳酸饮料		有待提高的内容有：

主题 6　溶解度的故事

学习目标

1. 理解溶解度的含义，并能在溶解度曲线图中找出温度与溶解度的对应关系。
2. 理解饱和溶液、不饱和溶液转化需要的条件。
3. 制作一个天气瓶，并为它书写产品使用说明书。

关键概念

溶解度、饱和溶液、不饱和溶液

学科融合

化学　溶解度、饱和溶液、不饱和溶液

数学　溶质质量分数计算、识别数据图

地理　天气图示

图 4-28 是美丽的天气瓶。瓶内的白色物质会随着温度的升高而逐渐溶解，随着温度的降低出现更多的结晶。因此，可通过瓶内白色晶体的多少大致预测天气中温度的变化。为什么晶体的多少会与温度有关系呢？这其中的原理是什么呢？

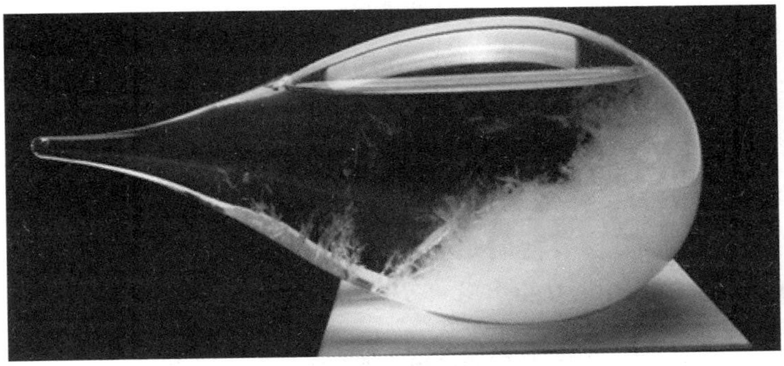

图 4-28　天气瓶

一、饱和溶液与不饱和溶液

我们有这样的生活经验，如果在一定量的水中加入食盐，随着食盐的不断加入，最终食盐将不能继续溶解在水中。我们把这样一定温度下，在一定量的溶剂里，不能再继续溶解某种溶质的溶液称为这种溶质的饱和溶液，还能继续溶解该溶质的溶液称为该溶质的不饱和溶液。科学家们通过实验发现，当一种溶液为饱和溶液时，改变温度，它可能变成不饱和溶液。例如：在 1 atm、20 ℃时，向 100 g 水中加入 31.6 g 硝酸钾（KNO_3）形成了饱和溶液。如果继续向该溶液加入硝酸钾固体，发现固体并不溶解。而如果对此溶液升温，发现溶液可以继续溶解硝酸钾固体。同学们可以在实验室完成这个实验。在 1 atm、60 ℃时，向 100 g 水中加入 110 g 硝酸钾（KNO_3），发现硝酸钾（KNO_3）固体全部溶解，而对该溶液降温，发现有大量晶体析出。这一点和天气瓶的原理类似。

交流讨论

请你根据以上材料，回答以下问题。

1. 如果天气瓶中出现固体，瓶中的液体是否属于饱和溶液？为什么？
2. 如果想让天气瓶中的固体全部溶解，应该如何操作？为什么？
3. 你能说说饱和溶液和不饱和溶液之间是如何转化的吗？

二、固体溶解度

怎样定量的描述食盐或蔗糖在水中的溶解能力呢？通过前面的讨论我们知道，物质不能无限制地溶解在一定量的溶剂中，它受到温度等条件的影响。因此，我们定量比较蔗糖和食盐的溶解能力，必须是相同温度、相同质量的同种溶剂，以及均达到饱和时所溶解的溶质的质量。为了方便使用和比较，科学上规定：

在一定温度下，某固态物质在 100 g 溶剂里达到饱和状态时所溶解的质量，称为这种物质在这种溶剂里的**溶解度**（以 S 表示）。溶解度的计算公式为：

$$S=\frac{m(\text{溶质})}{m(\text{溶剂})}\times 100\ \text{g}$$

例如：20 ℃时，10 g 水中溶解 3.6 g NaCl，恰好形成饱和溶液，则 20 ℃时氯化钠的溶解度为：

$$S=\frac{3.6\ \text{g}}{10\ \text{g}}\times 100\ \text{g}=36\ \text{g}$$

有了溶解度概念，就可以方便的定量描述或比较物质的溶解能力了。例如：根据溶解度数据比较食盐和蔗糖在水中的溶解能力，见表 4-17。

表 4-17　比较食盐和蔗糖在水中的溶解能力

	蔗糖（$C_{12}H_{22}O_{11a}$）	食盐（氯化钠，NaCl）
溶解度（20 ℃）	204 g	36 g
溶解度含义	100 g 水中最多溶解 204 g 蔗糖	100 g 水中最多溶解 36 g 氯化钠
结论	20 ℃时，在水中蔗糖的溶解能力比氯化钠大 或 20 ℃时，100 g 水中溶解蔗糖的质量比溶解氯化钠的质量多 168 g	

根据溶解能力的大小，我们把物质的溶解能力分成易溶、可溶、微溶和难溶四类，见表 4-18。

表 4-18　物质的溶解能力分类表

溶解性	易溶	可溶	微溶	难溶
溶解度（20 ℃）	＞10 g	1 g～10 g	0.01 g～1 g	＜0.01 g

由溶解度表我们知道，平常我们生活中看到的不溶于水的物质，并不是完全

不溶，只是溶解度很小，我们肉眼看不出溶解而已。实际上，完全不溶的物质是没有的。

由于物质的溶解度和温度密切相关，要比较完整的描述一个物质的溶解能力，我们有两种表示方法：列表法和溶解度曲线。下表给出了硝酸钾在不同温度时的溶解度，将表中数据做成图像，则得到图 4-29 所示硝酸钾的溶解度曲线。

表 4-19　硝酸钾在不同温度下的溶解度表

温度/℃	0	10	20	30	40
溶解度/ g	13.3	20.9	31.6	45.8	63.9
温度/℃	50	60	70	80	90
溶解度/ g	85.5	110	138	168	202

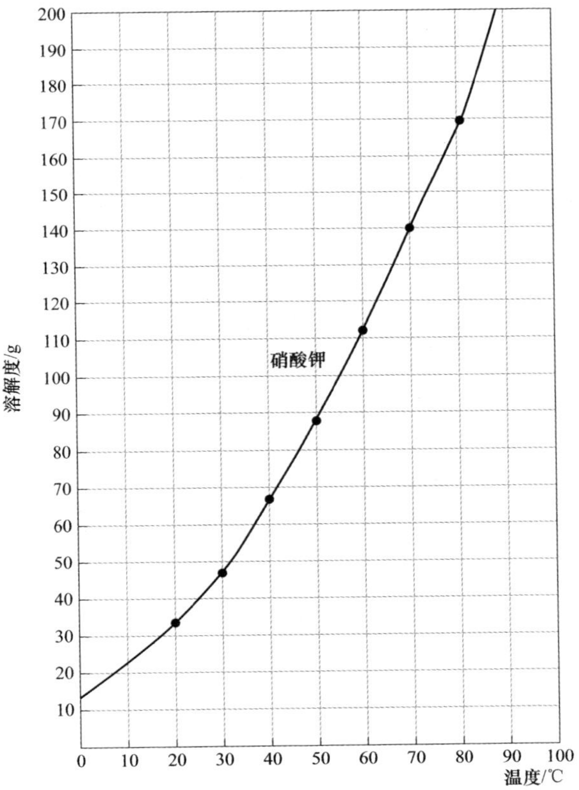

图 4-29　硝酸钾的溶解度曲线

交流讨论

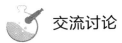

根据下列溶解度曲线（图 4-30、图 4-31），你能获得哪些信息？

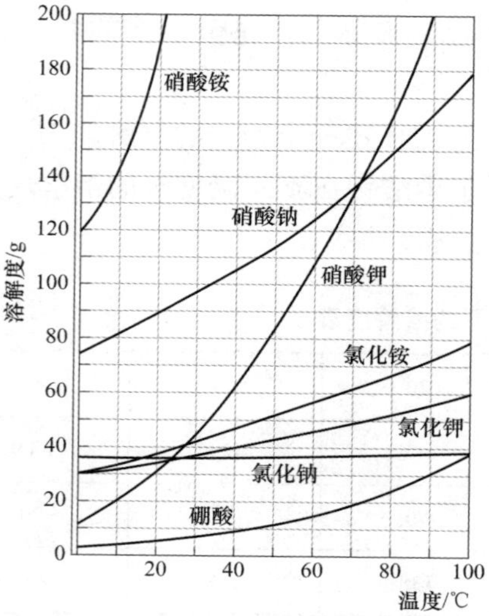

图 4-30　几种物质的溶解度曲线

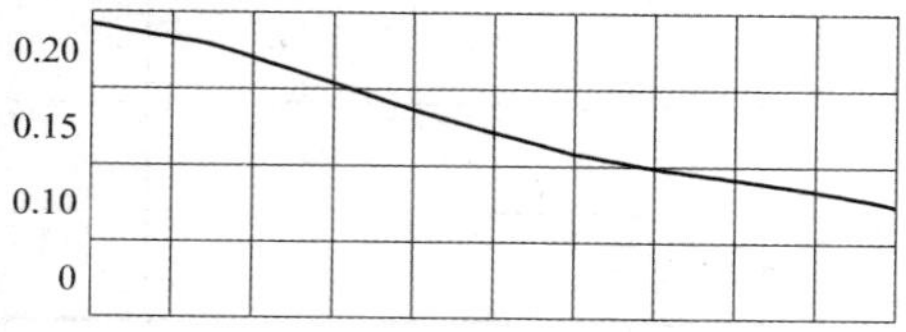

图 4-31　氢氧化钙的溶解度曲线

实际上，有些固体物质的溶解度随温度升高而增加，例如：硝酸铵（NH_4NO_3）；还有些固体物质的溶解度随温度升高而降低，例如：氢氧化钙[$Ca(OH)_2$]；还有些固体物质的溶解度随温度升高而变化不大，例如：氯化钠（NaCl）。

这里的固体溶解度都是指固体溶于水中的溶解极限。实际上，天气瓶的制作过程中，利用了天然樟脑在酒精中的溶解度随温度升高而增大的性质而制成的。下面，我们来做一个天气瓶。

探索海洋&跨学科&项目式学习

创作天气瓶

你是学校“科学社”的一名无机化学的科学家，充满艺术气息。你想通过化学反应制作美丽的礼品进行出售。一天，有位同学和你说：“要是有一个可以指示天气变化的瓶子该多好！”激发了你的灵感。于是，你在实验室进行探索能用来制作天气瓶的原料及方法，制作出天气瓶，并结合天气图示书写使用说明书。

第一步：绘制天气图示。请上网查阅资料，自学天气图示的画法，画出常见的 4 种天气图示。

第二步：设计并实验。请根据以下提示结合网络资料完成天气瓶的实验设计。

［实验原料］____

［原料作用］____

____

［实验原理］____

____

［实验方案］填写表 4-20。

表 4-20　制作天气瓶实验任务单

实验操作	实验现象	实验结论

第三步：实验调试。请按照表 4-21 提示测试天气瓶是否有效测试天气变化，并对操作给出合理解释。

表 4-21　测试天气瓶任务单

实验操作	实验现象	合理解释
1. 将天气瓶放置在 40 ℃的温水中，观察瓶中晶体的多少		
2. 将天气瓶放置在 0 ℃的冰水浴中，观察瓶中晶体的多少		

第四步：书写产品说明书，对同学们做产品宣传和解读。

产品说明书：

表 4-22 是宣传与解读的评分量表。当你对同学们进行讲解时，同学们依据下表对你的产品进行打分。

表 4-22　小组互评量表

评价维度	得分情况		扣分理由
	1	0	
1.《产品说明书》内容全面，表达清楚（含有天气示意图、产品原理及使用说明）			
2. 小组分工合理（确保每位同学有合理任务）			
3. 表述中含有详细的实验操作步骤			
4. 表述中含有正确的实验现象（如果得到了异常现象，能够给出合理解释）			

续表

评价维度	得分情况		扣分理由
	1	0	
5. 表述中含有正确的实验结论（实验结论和实验现象之间的关系正确）			
6. 口头表达声音洪亮、思路清楚			
7. 脱稿，控制时间在 5 分钟之内			
得分（注：满分 7 分）			

拓展学习

气体溶解度及应用

不同的气体在水中的溶解度是不一样的，气体的溶解度通常是指该气体在一定压强和一定温度时，溶解在 1 体积水里达到饱和状态时的气体体积。表 4-23 给出了 101 kPa、20 ℃时部分气体的溶解度。

表 4-23　气体溶解度表

气体	H_2	O_2	CO_2	Cl_2	SO_2	HCl	NH_3
溶解度	0.02	0.03	1	2	40	500	700

气体的溶解度受压强和温度的影响很大，一般温度升高时，气体的溶解度减小；压强增大时，气体的溶解度增大。

生活中的很多现象与气体溶解度有关。例如，夏天鱼常浮头，而冬天则少见。鱼浮头是为了到水面获取更多的氧气，鱼浮头的现象说明夏天时，温度升高，氧气在水中的溶解度降低，因此鱼儿需要“浮头”来获取更多的氧气。再如，打开可乐的瓶盖，发现有大量气泡产生，这是因为可乐是在低温高压下注入塑料瓶中的。打开瓶盖的瞬间，瓶内气压降低，气体溶解度减少，气体大量溢出。喝汽水时，往往在胃中打嗝，这是因为人体内的温度高于外界温度，汽水进入胃以后，溶解度变小而溢出。

小试牛刀

1. 把 60 ℃时的氯化铵饱和溶液冷却到 10 ℃，有氯化铵晶体析出，剩余溶液是（　　）。

A. 浓溶液　　B. 稀溶液　　C. 饱和溶液　　D. 不饱和溶液

2. 增大硝酸钾在水中的溶解度的方法是（　　）。

A. 升温　　B. 降温　　C. 增压　　D. 减压

3. 下列物质中，溶解度随温度的升高而减小的是（　　）。

A. 硝酸钠　　B. 氯化钠　　C. 氯化铵　　D. 氢氧化钙

4. 增大二氧化碳在水中溶解度的方法是（　　）。

A. 升温或增压　　B. 升温或减压　　C. 降温或增压　　D. 降温或减压

5. 如图 4-32 所示，A、B、C 三种物质的溶解度曲线，t_2 ℃时其溶解度由大小的顺序是（　　）。

A. A、B、C　　B. B、A、C　　C. B、C、A　　D. C、A、B

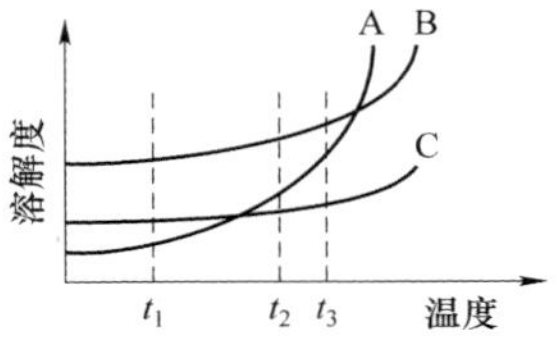

图 4-32　A、B、C 三种物质溶解度曲线

学习反思

亲爱的同学们，通过本节内容的学习，你达到学习目标了吗？请你根据自己的学习情况进行自我评价。

表 4-24　自我评价量表

学习目标	是否达成（全部达成请画☆☆☆，部分达成请画☆☆，没有达成请画☆）	学习反思
理解溶解度的含义，并能在溶解度曲线图中找出温度与溶解度的对应关系		掌握较好的内容有： 有待提高的内容有：
理解饱和溶液、不饱和溶液转化需要的条件		
制作一个天气瓶，并为它书写产品使用说明书		

单元小结

核心概念

水的净化	（1）絮凝、过滤、吸附：除去水中不溶的固体杂质、色素和气味等； （2）消毒：杀死水中的微生物； （3）软化：蒸馏、煮沸等
物理性质	（1）无色无味液体，在 101 kPa 时，凝固点 0 ℃，沸点 100 ℃，密度为 1 g/cm^3； （2）水的三态变化：熔化、凝固、汽化、液化、升华、凝华
化学性质	水通电可分解。宏观上，水是由氢元素和氧元素组成的

续表

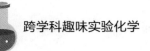

水的应用	（1）植物的蒸腾作用； （2）溶液、溶质溶剂概念； （3）溶液与非溶液的区分
溶质质量分数	溶质质量分数定义、简单计算
溶解度	（1）饱和溶液和不饱和溶液的概念和转化； （2）固体溶解度的应用； （3）气体溶解度的应用

思维导图

请试着画一个思维导图，将本单元核心知识进行关联，明确知识之间的关系，明确知识与实验之间的关系，并试着想想跨学科知识是怎样用于解决一个真实问题的？

第五单元　定量化学

国际上用化学式来表示物质。例如：氧气表示为 O_2，二氧化碳表示为 CO_2，水表示成 H_2O，这样的表示具有一致性的特点，使来自全球各地不同语言的人们都能理解。同样，化学方程式的表达也有国际统一的规定。在化学方程式中，为什么物质前面有数字？其实，这里面包含了一大化学原理：质量守恒定律。面对一个方程式，如何配平使它符合质量守恒的原理呢？配平后的方程式又有什么意义？利用化学方程式进行计算，能够指导人们在化工领域计算原料配比和产率。本章我们学习这几大重要概念：化学式、质量守恒定律、化学方程式。

本单元课题

生活中物质和变化的表达

课题意义：学校来了一位外国小朋友，初学化学的你想对他介绍一些化学知识。那么，用化学式表示物质和用化学方程式表示反应显得格外重要。请你对校园中的物质贴上化学式的标签，并把学校生活中的一些化学变化用化学方程式向这位小朋友介绍一下吧！

课题目标：书写一份图文并茂的关于学校中的物质和变化的介绍，不少于 1 000 字。其中化学物质不少于 20 种，化学反应不少于 10 种。注意介绍的语言应生动活泼，类似旅游导游的语言风格。然后，请你用化学的语言向这位外国小朋友生动的介绍一下我们的学校吧！

开展计划：

1. 建立研究小组，每组 2～3 人。进行小组分工。
2. 根据本章的“化学式”“化学方程式”的相关知识制定合理的计划。
3. 寻找专业人士咨询计划的可行性，及时调整计划。
4. 实施计划。
5. 书写调研报告，并完成目标中的所有要求。

附：调研报告可参考的格式

调研主题	
调研意义	
调研过程	
调研正文	
活动反思	

主题1　物质有名片

学习目标

1. 了解化学式书写的一般规则。

2. 理解化合价的本质；能根据化合价书写二元化合物的化学式；掌握化合价规则并根据化学式和已知元素的化合价计算未知元素的化合价。

关键概念

化学式、化合价

一、化学式

我们把像“H_2O（水）”“O_2（氧气）”“NaCl（氯化钠，俗名食盐）”“$KClO_3$（氯酸钾）”等由元素符号和数字组合来表示物质组成的式子称为化学式。其中，H_2O、O_2 等表示分子组成的化学式称为分子式。

化学式就是物质的名片，不能随意书写，每个物质中包含什么元素、元素中的原子个数比都是科学家通过实验室测定出来的。好比每个同学的名字一样，不能随意书写。化学式本身包含着意义，如图 5-1 所示。H_2O 代表水的化学式。宏观上，表示水这种物

图 5-1　化学式的含义

质，也表示水由氢元素和氧元素组成的。微观上，代表一个水分子，表示 1 个水分子由 2 个氢原子和 1 个氧原子组成。

交流讨论

以小组为单位，讨论 3 种物质［过氧化氢（H_2O_2）、二氧化碳（CO_2）、氧气（O_2）］的化学式所代表的含义，试着填写下面的表 5-1。

表 5-1　化学式的含义

物质	宏观意义	微观意义
过氧化氢（H_2O_2）		
二氧化碳（CO_2）		
氧气（O_2）		

1. 单质的化学式

（1）稀有气体都是单原子分子构成的，称为“单原子分子”，直接用元素符号表示，例如：氦写为“He”、氖写为“Ne”等。

（2）金属单质也直接用元素符号表示，例如：铜写为“Cu”、铁写为“Fe”等。

（3）非金属单质的情况比较复杂，例如：单质碘（I_2）、白磷（P_4）、红磷（P）、硫（S）等。其中一类常温下呈气态的物质都是由分子构成的，根据其一个分子内含有的原子数写作“N_2、O_2、O_3（臭氧）、H_2、Cl_2”等。其余按具体情况写出其化学式。

2. 化合物的化学式

二元化合物的化学式，一般读作“某化某”。写某化合物的化学式时，元素符号的书写有这样的规定：

（1）当某元素原子个数（或比值）是 1 时，1 可省略。但 H_2O_2（过氧化氢）例外。

（2）氧化物化学式的书写一般把氧元素符号写在右方，另一种元素的符号写在左方，例如：H_2O（水）、CO_2（二氧化碳）、Al_2O_3（氧化铝）、FeO（氧化亚铁）等。

（3）由金属元素和非金属元素组成的化合物，书写其化学式时，一般把金属元素符号写在左方，非金属元素符号写在右方，例如：CuO（氧化铜）、NaCl（氯化钠）等。

（4）有铵根（NH_4^+）的化合物，一般铵根写在最前边；有酸根的化合物，一般酸根写在最后边。例如：NH_4Cl（氯化铵）、$CuSO_4$（硫酸铜）、NH_4HCO_3（碳酸氢铵）等。

3. 化学式的简单计算

以水的化学式 H_2O 为例，通过化学式，我们能获得以下几点信息。① 氢氧原子个数比。② 水中氢元素和氧元素的质量比。③ 计算相对分子质量。④ 水中氢元素和氧元素的质量分数。下面逐一说明。

（1）氢氧原子个数比：化学式原子右下角的角标代表该原子的个数。那么，水中氢原子（H）的右下角角标为 2，氧原子（O）的右下角角标为 1，可以得出个数比为 2:1。

（2）化学式中的原子的相对原子质量乘以原子的角标，可以认为是物质中该原子的相对总质量，微观上的原子的相对总质量之比应该等于宏观上元素的质量比。因此，水中氢元素与氧元素的质量比是$(1\times2):16=1:8$。

（3）根据化学式计算相对分子质量。相对分子质量（符号为 Mr）代表化学式中各原子的相对原子质量的总和。因此，水的相对分子质量为：$1\times2+16=18$。

（4）我们还可根据物质的化学式计算出其中各元素的质量分数，用 ω 表示。

水中氢元素的质量分数为：$\omega(\mathrm{H})=\dfrac{1\times2}{18}\times100\%=11\%$

水中氧元素的质量分数为：$\omega(\mathrm{O})=\dfrac{16}{18}\times100\%=89\%$

交流讨论

1. 写出下列化合物的化学式：

氮气__________、铁__________、碘__________、三氧化硫__________、五氧化二磷__________、氯化亚铁__________。

2. 以小组为单位，将学习化学以来遇到的所有物质均以化学式的形式表示，越全面越好。时间为 3 分钟。

二、化合价

1. 化合价的概念

很早人们就认识到，化合物都由固定的元素组成，其各组成元素的原子个数都能形成简单整数比。根据这一特点，科学家提出了“化合价”的概念。原子在彼此结合形成化合物的过程中的电子贡献被称为化合价，化合价有正负。给出电子的原子，被记为“正”的化合价，我们称这样的原子“显正的化合价”。原子给出 1 个电子，就记为“+1 价”。给出的电子越多，化合价数值就越大。相反地，获得电子的原子，被记为“负”的化合价，我们称这样的原子“显负的化合价”。原子获得 1 个电子，就记为“−1 价”。获得的电子越多，化合价的数值就越大。例如：在二氧化碳分子中，1 个氧原子获得了 2 个电子，化合价记为“−2 价”。图 5-2 表示二氧化碳这个物质中碳原子和氧原子的最外层电子的供需关系图。由碳原子和氧原子形成二氧化碳分子的过程中，由于氧原子更容易吸引电子，碳原子把自己的最外层 4 个电子分别给了 2 个氧原子。1 个碳原子给出 4 个电子，化合价记为“+4 价”。1 个氧原子获得 2 个电子，化合价记为“−2 价”。

图 5-2　二氧化碳分子中氧原子和碳原子的核外电子供需关系图

原子能显出的化合价与元素在周期表中的位置有关。准确来说，是与原子的最外层电子数有关系。图 5-3 是前 18 号原子结构示意图与常见化合价的对应关系。我们发现，金属元素最外层的电子数小于 4，在化学变化中容易失去电子就呈现出正价。并且，最外层有多少个电子，就呈现出正多少价。例如：钠（Na）原子最外层有 1 个电子，钠元素的常见化合价为+1 价。非金属元素通常既有正的化合价又有负的化合价，但最高正化合价与最低负化合价的绝对值之和等于 8。其中，最高正化合价的值等于该元素原子的最外层电子数，最低负化合价的数值为原子在化学反应中容易得到的电子数。例如：16 号硫（S）元素，最外层电子数为 6，最高正价为+6 价，它在反应过程中容易得到 2 个电子，最低负价为−2 价。这两个数的绝对值相加等于 8。许多元素在不同的化合物中都能显出不同的化合价。例如：碳元素在二氧化碳（CO_2）中显“+4 价”，而在一氧化碳（CO）中显“+2 价”。

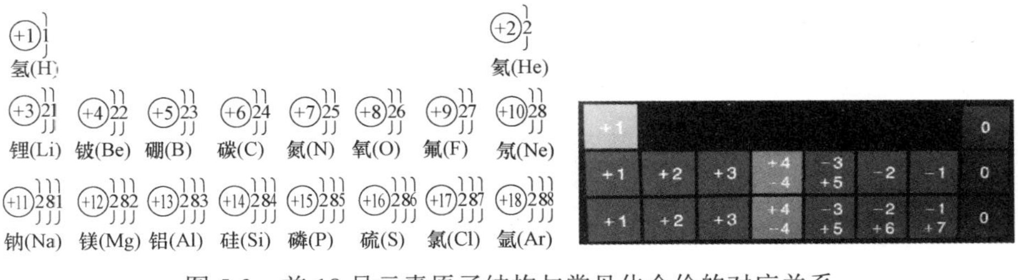

图 5-3　前 18 号元素原子结构与常见化合价的对应关系

元素的化合价是元素的原子在形成化合物时表现出来的。因此，在单质中，元素的化合价为 0。一些带电的原子团常作为一个整体参加反应，这样的原子团又叫根，根也有化合价。如表 5-2 所示。

表 5-2　常见元素和根的化合价

元素名称	元素符号	常见化合价	元素名称	元素符号	常见化合价	根的名称	根的符号	根的整体化合价
氢	H	+1	钾	K	+1	铜	Cu	+1、+2
碳	C	+2、+4	银	Ag	+1	汞	Hg	+1、+2
氧	O	−2	镁	Mg	+2	氢氧根	OH^-	−1
硅	Si	+4	钙	Ca	+2	硝酸根	NO_3^-	−1
磷	P	+5	钡	Ba	+2	硫酸根	SO_4^{2-}	−2
硫	S	−2、+4、+6	锌	Zn	+2	碳酸根	CO_3^{2-}	−2
氯	Cl	−1	铝	Al	+3	碳酸氢根	HCO_3^-	−1
钠	Na	+1	铁	Fe	+2、+3	铵根	NH_4^+	+1

一些元素的最外层电子较多，在化合物中可以呈现出多种不同的化合价。我们习惯用“高”“亚”“次”等词语给它们命名以示区别。例如：对于锰元素来说，锰酸钾（K_2MnO_4）中锰元素的化合价是+6 价。和锰酸钾对比，高锰酸钾（$KMnO_4$）中锰元素的化合价为+7 价。对于铁元素来说，通常以+3 价的铁元素为标准，+2 价的铁元素化合物命名中加“亚”字。Fe_2O_3 中铁元素的化合价为+3 价，称为氧化铁，FeO 中的铁元素的化合价为+2 价，称为氧化亚铁。同理，$Fe_2(SO_4)_3$ 称为硫酸铁，$FeSO_4$ 称为硫酸亚铁。对于氯元素来说，在高氯酸（$HClO_4$）、氯酸（$HClO_3$）、亚氯酸（$HClO_2$）、次氯酸（HClO）这 4 种氯元素形成的化合物中，氯元素的化合价分别是+7、+5、+3 和+1。

在化学式中表示元素化合价，要将元素的化合价写在元素符号的正上方，如图 5-4 所示。

$$\overset{+1}{H}_2O \quad H_2\overset{+4}{C}O_3 \quad Cu\overset{-2}{S}O_4$$

图 5-4　元素化合价的正确写法

拓展知识

化合价的常识及规则

1. 化合价的常识

① 氧元素在绝大多数化合物里显 −2 价。在过氧化氢（H_2O_2）、过氧化钠（Na_2O_2）等物质中显 −1 价。

② 氢元素在绝大多数化合物里显 +1 价。只有在金属氢化物（如 NaH）里才显 −1 价。

③ 金属元素一般不显负价，当金属与非金属形成化合物时，总是金属显正价。

2. 化合价规则及其应用

根据元素化合价的本质可知，我们得到如下化合价规则：规则一，在任何化合物中，各元素化合价的代数和等于零。规则二，在原子团离子中，各元素化合价的代数和等于该离子所带的电荷。

根据化合价规则，我们可以根据已知常见元素的化合价，计算一些化合物中元素的化合价。例如：$KMnO_4$（高锰酸钾）中，由于钾元素只有+1 价，氧元素一般为−2 价，设锰元素的化合价为 x，根据化合价规则知：$(+1)+x+(-2)\times 4=0$，解得：$x=+7$，即 $KMnO_4$ 中锰元素为+7 价。

另外，根据化合价规则，也可书写一些已知化合价的元素原子间结合时所形成的二元化合物的化学式。

例如，氯元素和氧元素形成的一种化合物中，铝元素的化合价为+3 价，氧元素的化合价为−2 价。请写出这种化合物的化学式。首先，设这种化合物的化学式为：Al_xO_y，根据各元素化合价的代数和为零可知，$(+3)x+(-2)y=0$，得出 $x:y=2:3$，这是最简整数比。将原子的最简整数比写在各自元素符号的下方，得到化学式为 Al_2O_3。

交流讨论

1. 下列含氯元素的粒子中，氯元素的化合价各不相同，请你根据化合价规则，指出其中氯元素的化合价分别是多少？

$AlCl_3$______________、$NaClO$______________、ClO_2______________、$KClO_3$______________

2. 写出下列化合物的化学式。

氯化钡______________、氧化银______________、氧化铁______________、碳酸钙______________

小试牛刀

1. 下列物质的化学式与名称一致且书写规范的是（　　）。

A. 氯化钾 ClK　　　　B. 二氧化碳 O_2C

C. 氧气 O_2　　　　D. 锰酸钾 $KMnO_4$

2. 标出下列化合物或原子团中划线元素的化合价。

$K_2\underline{Cr}_2O_7$　　$K_2\underline{Mn}O_4$　　$Na_5\underline{P}_3O_{10}$　　$K\underline{Cl}O_3$　　$\underline{N}H_4^+$　　$\underline{Al}O_2^-$　　$H\underline{Cl}O_4$

3. 写出下列物质的化学式。

（1）氧化铁______________；氧化亚铁______________；四氧化三铁______________

（2）氧化银______________；硫化钠______________；氟化钙______________

（3）硫酸铝______________；硫酸氢钠______________；碳酸氢钙______________

主题 2　反应有规律

学习目标

1. 从微观和宏观两个方面理解质量守恒定律。
2. 初步学会质量守恒定律在具体问题情景中的应用。

关键概念

质量守恒定律

学科融合

化学　质量守恒定律

历史　质量守恒定律的发现历史

我们已经知道了一些化学反应，也能从微粒（原子、分子、离子等）的角度去认识一些化学变化的实质，我们知道原子是化学变化中的最小微粒，化学反应前后原子的种类和数目是不变的，那么化学反应前后反应物和生成物的质量是怎样变化的呢？请根据下列探究实验去得出相应的结论。

探索海洋

验证质量守恒定律

任务 1. 铁钉和硫酸铜溶液反应

［**实验操作**］如图 5-5，在锥形瓶中加入适量稀硫酸溶液，塞好橡胶塞。将几根铁钉用砂纸打磨干净，将盛有硫酸铜溶液的锥形瓶和铁钉一起放在天平上称量，记录所称的质量 m_1。将铁钉浸到硫酸铜溶液中，观察实验现象。待反应一段时间后溶液颜色改变时，将盛有硫酸铜溶液和铁钉的锥形瓶放在天平上称量，记录所称的质量 m_2。比较反应前后的质量。

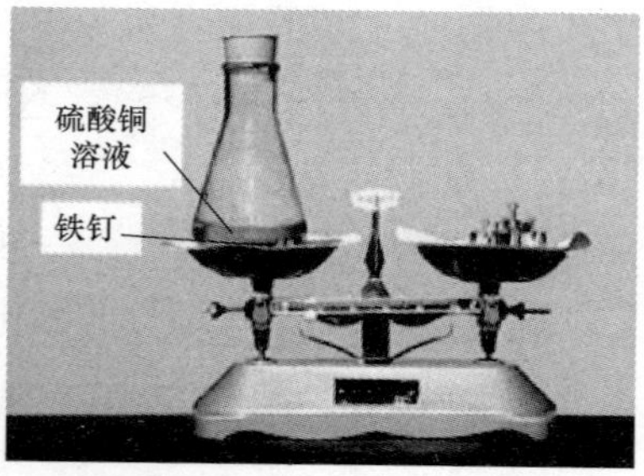

图 5-5　铁钉与硫酸铜反应前后质量的测定

[**实验现象**] 在这个过程中，你发现什么现象？

____

[**数据记录与处理**] m_1=________ g，m_2=________ g。

数据说明什么问题？____

[**实验原理**] 查阅有关资料，写出该反应的原理。根据实验现象，写出生成物的颜色。

____

实际上，铁钉和硫酸铜溶液的反应原理可以用以下化学方程式来表示。

$$Fe + CuSO_4 = FeSO_4 + Cu$$

铁　硫酸铜　　硫酸亚铁　铜

实验中，同学们发现铁钉表面产生了红色固体，这是因为生成的铜是红色的。如果将铁钉和硫酸铜溶液接触 1 天的话，你会发现溶液逐渐变成了浅绿色，这是因为生成的硫酸亚铁是浅绿色的。同学们通过实验发现，反应前和反应后的质量是相等的，这说明该实验中反应前后质量守恒。

再看看另一个实验，你会设计实验方案来证明该反应前后质量守恒吗？

任务 2. 设计实验证明硫酸铜和氢氧化钠溶液反应前后质量守恒

图 5-6　证明硫酸铜溶液和氢氧化钠溶液反应前后质量守恒

参考图 5-6，请你将实验操作、预期的实验现象和实验结论写在表 5-3 中。

表 5-3　证明质量守恒定律的实验任务单

实验操作	实验现象	实验结论

这个实验是不是也说明反应前后质量守恒呢？大量的实验证明，参加化学反应的各物质的质量总和，等于反应后生成的各物质的质量总和。这个规律就叫质量守恒定律。

跨学科

与历史学科的融合：质量守恒定律的发现历程

质量守恒定律体现的是物质不灭的思想，最早源于古希腊的哲学家。后来，科学家们在实验室进行探究，一步一步揭开了质量守恒定律的神秘面纱。

1756 年，俄国化学家洛蒙诺索夫把锡放在密闭的容器里煅烧，锡发生变化，生成白色的氧化锡，但容器和容器里的物质的总质量，在煅烧前后并没有发生变化。经过反复的实验，都得到同样的结果，于是他认为在化学变化中物质的质量是守恒的。但这一发现当时没有引起科学家的注意，直到 1777 年法国的拉瓦锡做了同样的实验，也得到同样的结论，这一定律才获得公认。但要确切证明或否定这一结论，都需要极精确的实验结果，而拉瓦锡时代的工具和技术（小于 0.2%的质量变化就觉察不出来）不能满足严格的要求。因为这是一个最基本的问题，所以不断有人改进实验技术以求解决。1908 年德国化学家廊道尔特（Landolt）及 1912 年英国化学家曼莱（Manley）做了精确度极高的实验，所用的容器和反应物质量为 1 000 g 左右，反应前后质量之差小于 0.000 1 g，质量的变化小于一千万分之一。这个差别在实验误差范围之内，因此科学家一致承认了这一定律。化学反应因没有原子变化，质量总是守恒的（无论是动质量还是静质量）。根据道尔顿的原子说，化学反应只是物质中原子的重新排列，反应前后原子种类及数目不变，每个原子有固定质量，所以反应前后总质量不变。具体来说，化学反应里面，物质的元素数目无论在反应前或反应后都是一样的。化学反应中的质量守恒包括原子守恒、电荷守恒、元素守恒等几个方面。在任何与周围隔绝的物质系统（孤立系统）中，不论发生何种变化或过程，其总质量保持不变，是自然界的基本定律之一。18 世纪时法国化学家拉瓦锡从实验上推翻了燃素说之后，这一定律始得公认。20 世纪初以来，发现高速运动物体的质量随其运动速度而变化，又发现实物和场可以互相转化，因而应按质能关系考虑场的质量。质量概念的发展使质量守恒原理也有了新的发展，质量守恒和能量守恒两条定律通过质能关系合并为一条守恒定律，即（在物理学中）质量和能量守恒定律（简称质能守恒定律）。

为什么在化学反应前后，物质的总质量会不变呢？我们再从微观上分析一下。如图 5-7 所示，在水分子变成氢气和氧气分子的时候，氢原子和氧原子的个数与种类都没有发生变化，只是改变了结合的方式而已。因此，在一切化学反应中，既然反应前后的原子种类和数目没有改变，原子的质量也不可能变化，所以反应前后各物质的质量总和必然相等，这就是质量守恒定律的本质。

然而，在有的实验中，却发现反应前后质量“不守恒”了，你能解释为什么会出现这样的现象吗？

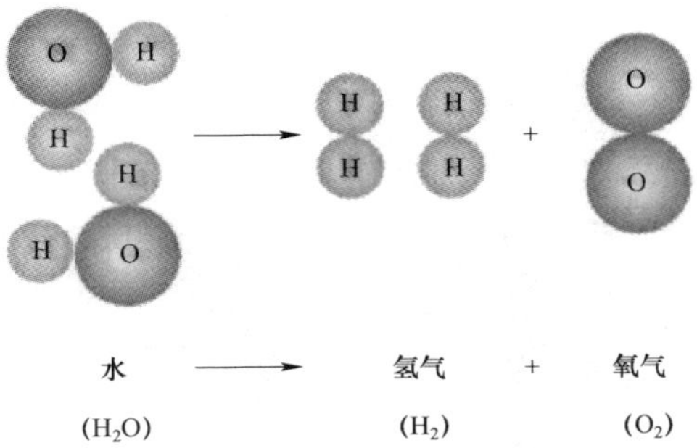

图 5-7　电解水反应的微观示意图

探索海洋

神奇的质量变化，问题在哪儿?

任务 1. 盐酸和碳酸钠粉末反应前后的质量变化

［**实验操作**］如图 5-8，把盛有盐酸的小试管小心地放入装有碳酸钠（Na_2CO_3）粉末的小烧杯中，将小烧杯放在天平上称量，记录数据 m_1。取下小烧杯并将其倾斜，使小试管中的盐酸（主要成分为氯化氢，HCl）进入小烧杯中，观察现象。反应一段时间后，再把小烧杯放回托盘天平上，记录数据 m_2。

［**实验现象**］请把该实验中出现的实验现象写在下面的横线上。关注：m_1 和 m_2 是否相等？烧杯中出现了其他的现象吗？

____

____

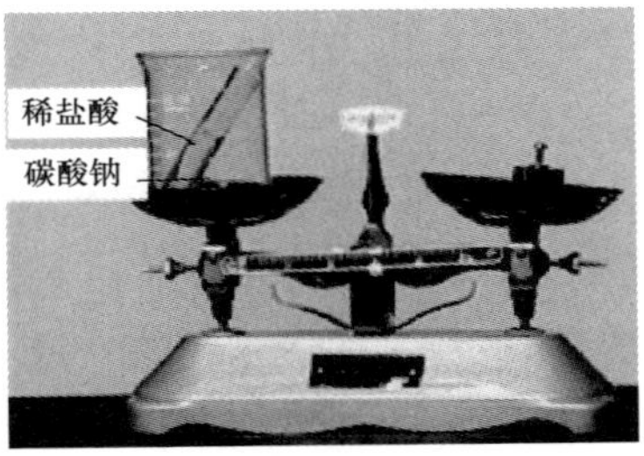

图 5-8　盐酸和碳酸钠粉末反应前后质量的测定

任务 2. 镁条燃烧前后的质量变化

［**实验操作**］如图 5-9，取一根用砂纸打磨干净的长镁条（Mg）和一个石棉网，将它们一起放在天平上称量，记录所称的质量 m_1。在石棉网上方将镁条点燃，观察现象。将镁条燃烧后的产物与石棉网一起放在天平上称量，记录所称的质量 m_2。

［**实验现象**］请把该实验中出现的实验现象写在下面的横线上。关注：m_1 和 m_2 是否相等？

____

［**实验原理**］之前我们学习过这个反应，请你回忆一下，试着写出这个反应的化学方程式吧！并在每个化学式下面标注物质的名称。

____

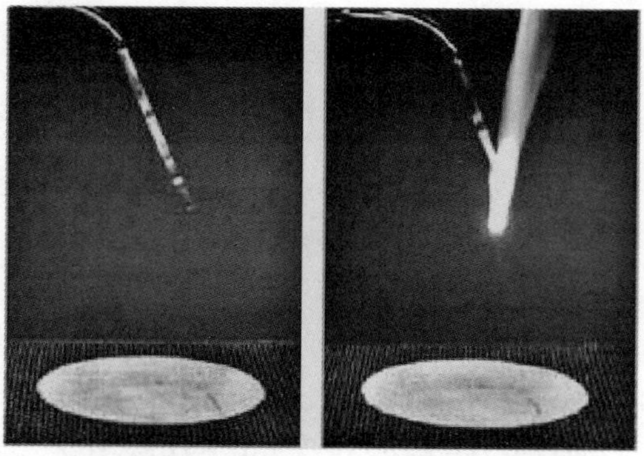

图 5-9　镁条燃烧前后的质量的测定

通过实验我们发现，在稀盐酸与碳酸钠反应后，烧杯中物质的总质量减少了。反应前后总质量并不相等，似乎违背了质量守恒定律。问题出在哪里呢？

原来，稀盐酸与碳酸钠的反应中，有二氧化碳气体放出，反应的化学方程式为：

$$\underset{\text{碳酸钠}}{Na_2CO_3}+\underset{\text{盐酸}}{2HCl} = \underset{\text{氯化钠}}{2NaCl}+\underset{\text{二氧化碳}}{CO_2\uparrow}+\underset{\text{水}}{H_2O}$$

二氧化碳气体跑出了烧杯，当然烧杯中的物质的总质量就会减少了。

我们还可以理解镁条在空气中燃烧前后质量的变化：一定质量的镁条在空气中燃烧后，若我们把所有固体生成物收集起来，可以发现在镁条燃烧反应后，固体的质量比镁条大。

原来，该反应的化学方程式为：

$$\underset{\text{镁}}{2Mg}+\underset{\text{氧气}}{O_2} \xlongequal{\text{点燃}} \underset{\text{氧化镁}}{2MgO}$$

不难看出，镁吸收了空气中的氧气，生成的氧化镁当然应该比镁的质量大。其实，同学们还能从生活中找出类似的例子，例如，生锈的铁钉比生锈前质量增加了，等等。

所谓质量的“不守恒”，是由于我们称量的体系的问题，如果保证所有反应物和生成物都在我们的称量体系之内，总质量就一定是守恒的。

小试牛刀

1. 化学反应中，下列各项一定发生变化的是（　　）。

A. 物质的种类　　B. 物质总质量　　C. 原子总数　　D. 元素的种类

2. 完全燃烧 12 g 碳，得到 44 g CO_2，消耗氧气的质量是（　　）。

A. 16 g　　B. 32 g　　C. ＜22 g　　D. ＞32 g

3. 根据质量守恒定律，下列对化学反应的理解正确的是（　　）。

A. 10 g 氢气和 10 g 氧气混合，点燃充分反应会生成 20 g 水
B. 汽油燃烧前后，汽油质量与生成的所有物质的质量相等
C. 镁条燃烧后，生成的全部氧化镁的质量一定大于镁条的质量
D. 5 g 木炭在一定条件下燃烧生成 11 g CO_2，则消耗了 6 g 氧气

4. 关于质量守恒定律，下列叙述正确的是（　　）。
A. 煤燃烧化为灰烬，该反应不符合质量守恒定律
B. 铁钉生锈后质量增加，该反应不符合质量守恒定律
C. 无数实验证明，任何化学反应都遵循质量守恒定律
D. 质量守恒定律只适合于有气体或固体生成的化学反应

5. 关于质量守恒定律，下列说法不正确的是（　　）。
A. 反应物的质量之和等于生成物的质量之和
B. 反应物的分子总数等于生成物的分子总数
C. 反应物的原子总数等于生成物的原子总数
D. 反应物的元素种类数等于生成物的元素种类数

6. 根据质量守恒定律，找出下列变化中的质量守恒关系：
（1）铁生锈后，铁锈的质量比原来铁的质量大多了。
（2）木柴燃烧后，剩余灰烬的质量比木柴小多了。

学习反思

亲爱的同学们，通过本节内容的学习，你达到学习目标了吗？请你根据自己的学习情况进行自我评价。

表 5-4　自我评价量表

学习目标	是否达成 （全部达成请画☆☆☆，部分达成请画☆☆，没有达成请画☆）	学习反思
从微观和宏观两个方面理解质量守恒定律		掌握较好的内容有： 有待提高的内容有：
初步学会质量守恒定律在具体问题情景中的应用		

主题 3　反应需表达

学习目标

1. 从宏观和微观两个方面理解化学方程式的含义。
2. 掌握化学方程式的书写原则，学会书写化学方程式，学会化学方程式的配平方法。

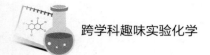

3. 学会简单的化学基本计算。

关键概念

计量系数、书写方程式、配平方程式

一、化学方程式的书写

同学们学会了用元素符号表示某一种元素或一种原子，学会了用化学式表示一种物质，也知道了用化学方程式表示一个化学反应，例如，磷在空气中燃烧的反应，化学方程式为：

$$4P + 5O_2 \xlongequal{点燃} 2P_2O_5$$

红磷 氧气　　五氧化二磷

化学方程式就是表示一个化学反应的式子，其中不仅包括反应物、生成物和反应条件，在反应物和生成物前面还出现了数字，比如：磷（P）前面是 4，氧气（O_2）前面是 5，五氧化二磷（P_2O_5）前面是 2。这些数字的出现，使化学方程式体现了质量守恒定律——反应前后原子的种类、数目均相同。为什么这么说呢？首先，我们看反应物。在反应中，“4P”代表个磷原子，“$5O_2$”代表 5 个氧分子，其中每个氧分子（O_2）中含有 2 个氧原子（O），那么，在“$5O_2$”中含有 10 个氧原子。也就是说，反应前一共有 4 个磷原子和 10 个氧原子。其次，我们看生成物。“$2P_2O_5$”代表 2 个五氧化二磷分子，其中每个五氧化二磷分子（P_2O_5）中含有 2 个磷原子（P）和 5 个氧原子（O），“$2P_2O_5$”中含有 4 个磷原子和 10 个氧原子。此时，我们发现，反应前后的磷原子和氧原子的个数是不变的。化学方程式前面的数字太有用了，有了这些数字，科学的表达出了符合质量守恒定律的反应。而每一个化学反应都符合质量守恒定律，那么，每一个反应都需要在反应物和生成物前面写上合理的数字（如果数字为 1，可以省略不写），这些数字称为“计量系数”，表示了化学方程式中的数量关系。有了计量系数，化学方程式就“配平”了。图 5-10 表示上述红磷燃烧方程式中各部分的具体解释。

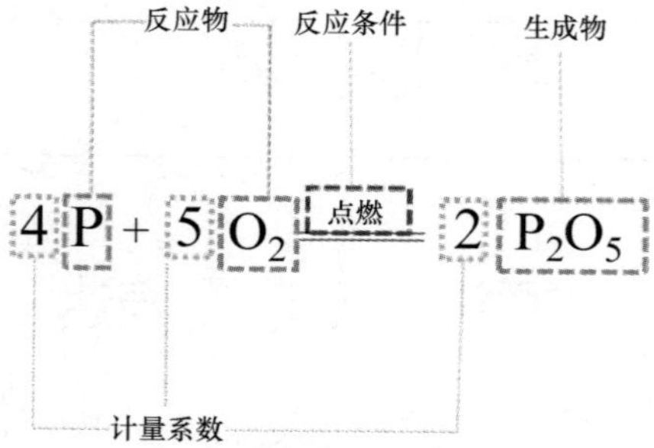

图 5-10　红磷燃烧方程式中各部分的含义

那么如何正确书写化学方程式呢？以磷在空气中燃烧生成五氧化二磷的反应为例，写化学方程式的完整步骤如下：

① 写	在式子的两边分别正确写出反应物和生成物的化学式，中间写等号，反应物或生成物不止一种时用“＋”连接	$P+O_2=P_2O_5$
② 配	在反应物和生成物的前面配上适当的化学计量数，使左右两边每一种原子总数相等	$4P+5O_2=2P_2O_5$
③ 注	在等号的上下方标注反应条件，生成物的后面要用“↑”（气体）或“↓”（沉淀）注明生成物的状态	$4P+5O_2 \xlongequal{点燃} 2P_2O_5$
④ 查	一查化学式是否正确，二查方程式是否配平，三查反应条件、沉淀符号、气体符号是否恰当	常见反应条件：点燃、△（表示加热）、高温、催化剂等

交流讨论

写出下列反应的化学方程式：

1. 木炭燃烧：________________

2. 硫的燃烧：________________

3. 铁丝在氧气中燃烧：________________

4. 高锰酸钾制氧气：________________

5. 过氧化氢在二氧化锰的催化作用下制氧气：________________

6. 氯酸钾在二氧化锰的催化作用下制氧气：________________

7. 电解水：________________

8. 铁和硫酸铜溶液反应：________________

9. 碳酸钠和稀盐酸反应：________________

10. 镁的燃烧：________________

11. 用大理石和稀盐酸制取二氧化碳：________________

12. 用澄清石灰水检验二氧化碳：________________

13. 二氧化碳和水反应：________________

14. 生石灰与水反应：________________

15. 蜡烛（主要成分为石蜡，用 C_xH_y 表示）燃烧的方程式：________________

二、化学方程式的配平

为方便研究，化学方程式一般要配平。配平化学方程式的方法有很多，我们先学习三种：观察法、奇数配偶法和最小公倍数法。

1. 观察法

简单看看就可知道每种物质的化学计量数是多少，一般依照“先化合物、后单质”的观察方法。

例如：$H_2+Fe_2O_3$ —— $Fe+H_2O$ 的配平。由 Fe_2O_3 开始，若其化学计量数为 1，则根据 Fe 守恒观察得出 Fe 的化学计量数为 2；再观察 H_2O，根据 O 守恒得出 H_2O 的化学计量数为 3；最后观察 H_2，根据 H 守恒得出 H_2 的化学计量数为 3。已知该反应的反应条件为高温，配平后的化学方程式为：

$$3H_2+Fe_2O_3 \xlongequal{高温} 2Fe+3H_2O$$

2. 奇数配偶法

奇数配偶法的道理很简单，偶数的倍数不可能为奇数，所以反应前后同种原子的脚标既有奇数又有偶数时，只能先把奇数添加偶数化学计量数，才可能配平。

例如：$N_2+H_2 \xlongequal{} NH_3$ 的配平。NH_3 中 H 的脚标为奇数，H_2 中 H 的脚标为偶数，所以先将 NH_3 的化学计量数配 2，使 H 原子数变成偶数，然后其他的就可用观察法配平了。已知该反应的条件是高温、高压、催化剂，配平后的化学方程式为：

$$N_2+3H_2 \xlongequal[催化剂]{高温\ 高压} 2NH_3$$

3. 最小公倍数法

最小公倍数法是先找出其中出现次数较多且原子个数相差较多的原子作为配平入手点，求出它们的最小公倍数，再由最小公倍数确定相关化学式的化学计量数。

例如：$Al+Fe_3O_4 \xlongequal{} Fe+Al_2O_3$ 的配平。先由氧原子开始，氧原子脚标的最小公倍数为 12，所以 Fe_3O_4 的化学计量数配为 3，Al_2O_3 的化学计量数配为 4，然后其他的就可用观察法配平了。已知该反应的条件是高温，配平后的化学方程式为：

$$8Al+3Fe_3O_4 \xlongequal{高温} 9Fe+4Al_2O_3$$

化学方程式的配平方法还有很多，将在以后学习。

三、化学方程式的含义

学会化学方程式的正确书写是学习化学的最基本要求，也是解决很多化学问题的必要条件。一个完整的化学方程式可以从不同的角度阐述一个化学反应。

例如：铁在氧气中燃烧的化学方程式为：

$$3Fe+2O_2 \xlongequal{点燃} Fe_3O_4$$

它可以从以下不同的角度表示该化学反应的含义：

	$3Fe$	+ $2O_2$	$\xlongequal{点燃}$	Fe_3O_4
物质变化：	反应物	反应条件		生成物
微粒角度：	3 个 Fe	2 个 O_2		1 个 Fe_3O_4
相对质量：	3×56	2×32		232

第一，从物质的变化来看，该化学方程式表示：铁在氧气中点燃反应生成四氧化三铁。

第二，从微粒角度来看，该化学方程式表示：每 3 个铁原子与 2 个氧分子在点燃的条件下化合成 1 个四氧化三铁“分子”。

第三，从宏观角度来看，该化学方程式表示：每 168 份质量的铁与 64 份质量的氧气在点燃条件下反应生成 232 份质量的四氧化三铁。

因为化学方程式不仅能完整阐述一个化学反应的发生，而且能从计量上去分析阐述一个化学反应中反应物与反应物、反应物与生成物的关系，所以化学方程式成为化学工业上的理论基础，也是化学基本计算的基础。

交流讨论

从不同的角度说一说化学方程式 $C+O_2 \xlongequal{点燃} CO_2$ 的含义。

小试牛刀

1. 已知在一定条件下，硝酸铵分解的化学方程式为：$5NH_4NO_3 \xlongequal{\triangle} 2HNO_3 + xN_2\uparrow + 9H_2O$。根据质量守恒定律判断，化学计量数 x 的值是（　　）。

A. 1　　B. 2　　C. 3　　D. 4

2. 化学方程式 $2A+B=C+2D$ 中，A、B、C 的相对分子质量依次分别为 103、71、160，则 D 的相对分子质量为（　　）。

A. 14　　B. 58.5　　C. 114　　D. 117

3. 某学生写了下面 4 个化学方程式，其中书写正确的是（　　）。

A.电解水：$2H_2O \xlongequal{电解} 2H_2\uparrow + O_2\uparrow$

B. 铁在氧气中燃烧：$4Fe+3O_2 \xlongequal{点燃} 2Fe_2O_3$

C.实验室制取氢气：$Zn+HCl=ZnCl_2+H_2\uparrow$

D. 高锰酸钾受热分解：$KMnO_4 \xlongequal{\triangle} K_2MnO_4+MnO_2+O_2\uparrow$

学习反思

亲爱的同学们，通过本节内容的学习，你达到学习目标了吗？请你根据自己的学习情况进行自我评价。

表 5-5　自我评价量表

学习目标	是否达成 （全部达成请画☆☆☆，部分达成请画☆☆，没有达成请画☆）	学习反思
从宏观和微观两个方面理解化学方程式的含义		掌握较好的内容有：
掌握化学方程式的书写原则，学会书写化学方程式，学会化学方程式的配平方法		有待提高的内容有：
学会简单的化学基本计算		

主题 4　计算有方法

学习目标

学会简单的化学基本计算。

关键概念

化学方程式计算、物质的质量分数

在化学工业生产中，化学方程式的应用非常普遍。它表明了反应条件，从而决定了选用何种反应设备；它明确了反应物和生成物，从而知道成本的多少及原料、产品的存放设备；它表明了反应物以及生成物之间量的关系，从而决定了以何种投料比例能获得最高的产率和生产效率。基于化学方程式，我们可以进行一些简单的计算，解决实际问题。通常，基于方程式的计算有两类题型。下面我们一起学习吧！

一、根据原料的质量求算产品质量

【例 1】 加热 6 g 高锰酸钾可以得到氧气的质量是________

解析：第一步，设未知。设加热分解 6 g 高锰酸钾可以得到氧气的质量为 x。

第二步，写出反应的化学方程式并配平。

$$2KMnO_4 \overset{\triangle}{=\!=} K_2MnO_4 + MnO_2 + O_2\uparrow$$

第三步，找出质量的比例关系　　2×158　　　　　　32

　　　　　　　　　　　　　　　6 g　　　　　　　x

第四步，列出比例式求解 $\dfrac{2\times158}{6\text{ g}}=\dfrac{32}{x}$，解得：$x\approx0.61$ g。

答案：加热 6 g 高锰酸钾可以得到的氧气质量为 0.61 g。

注意：根据化学方程式计算时，一般按照上述格式。在第三步需要格外注意，第三步的第一排是“理论值”，即物质的相对分子质量与计量系数的乘积。第三步的第二排是“实际值”，即在一个实际问题中，实际参与反应（或生成）的质量。

二、根据产品需求计算原料质量

很多时候，我们需要根据产品的实际需求选择合适的化学反应，通过计算得出原料的使用量。但我们所使用的原料并不完全是纯净的，当某物质中含有少量杂质时，用物质的质量分数来表示混合物中某物质的含量。混合物中某物质的质量（$m_{纯}$）占混合物总质量（$m_{总}$）的百分比叫作物质的质量分数（$\omega_{纯}$）。$\omega_{纯}=m_{纯}/m_{总}\times100\%$。

【例 2】 某实验中需要使用 O_2 的质量为 48 g，计算至少需要使用多少 90%的氯酸钾才能制取出这些氧气（注：杂质不参加反应，计算结果保留 1 位小数）。

解析：第一步，设未知。设需要 90%的氯酸钾的质量为 x。

第二步，写出反应的化学方程式并配平。

$$2KClO_3 \xrightarrow[\triangle]{MnO_2} 2KCl + 3O_2\uparrow$$

第三步，找出质量的比例关系　　2×122.5　　　　　　32×3

$90\%x$　　　　　　$48\ g$

第四步，列出比例式求解

$$\frac{2\times122.5}{90\%x}=\frac{32\times3}{48\ g}\text{，解得，}x\approx136.1\ g$$

答：至少需要使用 90%的氯酸钾的质量为 136.1 g

小试牛刀

1. 实验室用氯酸钾和二氧化锰的混合物共 4 g 制取氧气。加热到不再产生氧气时，剩余固体质量为 3.04 g。请计算：

（1）反应生成氧气的质量是多少？

（2）原混合物中氯酸钾的质量是多少？二氧化锰的质量是多少？

2. 利用 $KClO_3$ 分解可以制取 O_2，并且 $KClO_3$ 中所含的氧元素全部转化为 O_2。求 245 g 纯净的 $KClO_3$ 完全分解释放出多少 O_2？

学习反思

亲爱的同学们，通过本节内容的学习，你达到学习目标了吗？请你根据自己的学习情况进行自我评价。

表 5-6　自我评价量表

学习目标	是否达成 （全部达成请画☆☆☆，部分达成请画☆☆，没有达成请画☆）	学习反思
学会简单的化学基本计算		掌握较好的内容有： 有待提高的内容有：

单元小结

核心概念

化学式与化合价	（1）化学式的意义和简单计算； （2）根据化学式求出化合价； （3）根据化合价书写化学式
质量守恒定律	参加化学反应的各物质的质量总和，等于反应后生成的各物质的质量总和，这个规律叫作质量守恒定律。质量守恒定律体现在三个方面： ① 化学反应前后元素的种类是不会改变的； ② 化学反应前后参加反应的反应物总质量等于反应后生成物的总质量； ③ 化学反应前后原子的数目和原子的种类以及原子的质量均不会发生变化
化学方程式的书写	（1）书写规则 ① 必须以客观事实为书写依据； ② 遵守质量守恒定律：等号两边各原子的种类与数目必须相等 （2）书写步骤：写、配、注、查 （3）配平方法：观察法、奇数配偶法和最小公倍数法 （4）意义：从变化的角度表示物质之间的转化 从微粒的角度表示原子之间的重新组合； 从物质的量角度表示分子的物质的量的变化、各原子的总物质的量不变； 从质量的角度表示反应前后物质的总质量是守恒的
化学方程式的计算	比例的运用

思维导图

请试着画一个思维导图，将本单元核心知识进行关联，明确知识之间的关系，明确知识与实验之间的关系，并试着想想跨学科知识是怎样用于解决一个真实问题的？

第六单元　碳的大家庭

碳的大家庭有很多成员，包括单质和氧化物，还有酒精、塑料、纤维和美味的食物等。其中碳的单质可不止一种，这里面有昂贵的金刚石（钻石）、也有平易近人的石墨，还有新型材料碳-60 等。你是否想知道同样是碳单质，彼此之间的性质是否相同呢？碳的氧化物中，我们之前已经学习过二氧化碳，其实二氧化碳还有一个同胞兄弟——一氧化碳（CO），说他们是同胞，是因为他们的组成元素相同。十分神奇的是这两兄弟的性质可大有不同！碳的大家庭还包括有机物，这里面有生活中的酒精、塑料、纤维，还有同学们喜欢的好吃的食物，也有同学们不熟悉的乙醛。乙醛是一种液体，它可以制作镜子呢！本单元，我们走进碳的温馨大家庭，熟悉每一个家庭成员。

本单元课题

探索聚合物的奥秘

课题意义：每天，你都被美味的食物和有趣的物质包围。你是否想过这些物质都是由什么组成的呢？其实，它们都是聚合物。聚合物是一种由许多小分子及不断重复的方式结合而成的大而复杂的分子。生活中有太多的物质属于聚合物，包括煎粉中的面粉、肉中的蛋白质及鸡蛋都是天然的聚合物。人工制造的聚合物包括塑料、涤纶、尼龙等。这些聚合物的性质十分重要。

课题目标：了解身边的聚合物，从科学的角度认识它们的来源、性质、用途及对环境的影响。至少在 3 个不同的地点搜集 8 种及以上的聚合物样品。同时能至少设计 3 种实验，研究这些聚合物的物理性质和化学性质（硬度、颜色、密度、水溶性、可燃性、耐腐蚀性等）。并能制作出一个关于这些聚合物信息的表格。然后，以 ppt 的形式展示实验方案、过程、结果及讨论分析。最后，纂写格式规范的科技小论文。注意制作的表格应该体现在论文中。

开展计划：

1. 建立研究小组，每组 2～3 人。进行小组分工。

2. 根据本章的“饮酒有学问”“镜子的秘密”“搭配营养午餐”“材料化学”等相关知识制定合理的计划，可参考本章“碳单质的小组织”中介绍的性质研究方法。

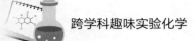

3. 根据寻找专业人士咨询计划的可行性，及时调整计划。

4. 在实验室完成实验。

5. 书写科技小论文，并完成目标中的所有要求。

主题1 碳单质的小组织

学习目标

1. 知道金刚石、石墨和碳-60的结构，了解金刚石、石墨的物理性质及主要用途。

2. 能通过实验探究学习铅笔的物理性质和化学性质，绘制关于铅笔信息的表格。

3. 能通过实验探究掌握碳的可燃性，并解释该性质在生活中的应用。

4. 能通过原子结构的角度解释碳单质在常温下稳定的原因。

关键概念

金刚石、石墨、碳-60、结构决定性质、碳的化学性质

学科融合

物理 导电性、导磁性、硬度

化学 可燃性

历史 金刚石的有趣故事、铅笔的名称由来、单层石墨烯的发现历史

别看我们这节的主题是碳的小组织，其实，这个组织可不小。除了金刚石、石墨、碳-60等，还有一些主要成分为碳的物质，例如：木炭、焦炭、活性炭等。金刚石、石墨、碳-60都由碳元素构成的不同单质。从元素角度上看，它们三者是完全相同的。但是，从原子构成的角度呢？它们三者还是一样的吗？这与性质有什么关系？

一、金刚石

如图6-1所示，金刚石是一种无色透明的固体，它的密度与硬度非常大，是天然存在的物质中最坚硬的物质。碳原子在构成金刚石这种单质的时候以一种“正四面体”的方式在空间展开。正是这种特殊的结构赋予了金刚石异常坚硬的特性，所以金刚石常被用来当作钻头使用，如生活中切割玻璃用的玻璃刀刀尖和装饰用的钻石都是金刚石。将金刚石切割以后便得到了绚丽夺目的奢侈品——钻石。

金刚石之所以这么硬，和它的结构有很大的关系。正四面体的空间结构使得碳原子与碳原子之间难以移动。这种微观的碳原子的排列方式决定了宏观上金刚石的高硬度。

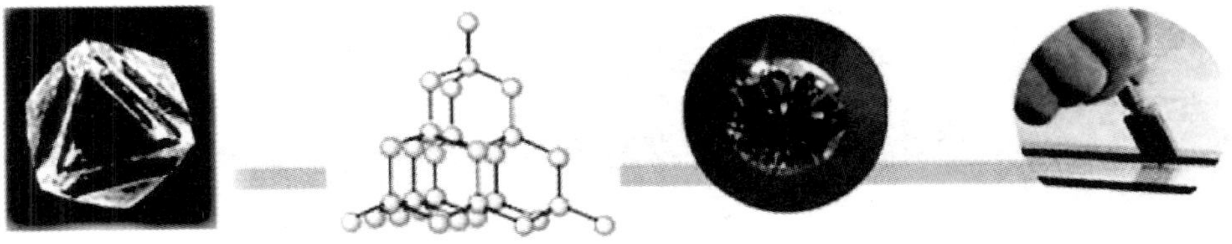

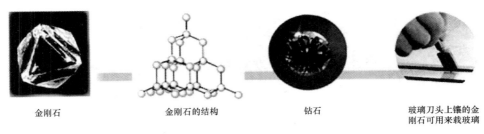

金刚石　　金刚石的结构　　钻石　　玻璃刀头上镶的金刚石可用来裁玻璃

图 6-1　金刚石的结构及用途

打磨金刚石可以得到钻石。我们知道，钻石的价格不菲，在历史上，出现了史上最贵的实验——燃烧金刚石。

跨学科

与历史学科的融合：史上最贵的实验

最初的科学家是因为发现钻石可以燃烧，才揭开钻石的化学元素的组成奥秘。在 1722 年，法国化学家拉瓦锡就进行了燃烧钻石的实验。他将金刚石（钻石）放置在玻璃罩里，用放大镜把日光聚集使金刚石燃烧，得到无色气体，并通过实验探究发现这种气体是 CO_2，从而证明金刚石是由碳元素组成的。1797 年英国化学家 S • 坦南特确认金刚石是纯碳所组成的。

关于钻石的燃烧，有许多非常有趣的史话，其中最著名的就要数英国著名化学家戴维戏耍贵族公爵了。1813 年秋天，戴维和其助手法拉第为了研究课题需要，沿途考察来到托斯康纳城堡，由于衣着寒酸受到了城堡主人托斯康纳公爵的嘲弄。戴维和法拉第心中不平，决定好好教训一下他。

戴维看到托斯康纳手上的钻石戒指，灵机一动，计上心来，开始大谈泥土中的碳元素，极力说得通俗易懂，引起公爵的兴趣。公爵听得津津有味，突然，戴维话锋一转，说道："您手上那颗美丽的钻石戒指也是由纯净的碳构成的，与木炭、煤炭没什么不同。"公爵一听很不高兴，以为戴维是在糊弄他，便赌气地取下钻石戒指说："钻石不怕火，你说它是碳，请你把它烧掉吧！我倒要看看你们的话是真是假。"

戴维笑笑说："您不后悔？"公爵气愤地说："君子一言，驷马难追！"戴维便让法拉第取来高倍数的放大镜和燃烧工具，然后把钻石戒指放进小箱中加热。过了一会，戴维举起放大镜，对准焦距，让一束用透镜聚集的强烈阳光直射在光滑夺目的钻石上。不一会，钻石就消失不见了。公爵眼睁睁地看着一颗价值连城的钻石因打赌而失去，后悔莫及。

二、石墨

由石墨制成的碳棒可以作电极，石墨还可以作铅笔芯。这些用途说明石墨有哪些性质呢？如图 6-2 所示，石墨是一种深灰色的、有金属光泽而不透明的细鳞片状固体，石墨较软、熔点高、能导电、有滑腻感，可作固体润滑剂。

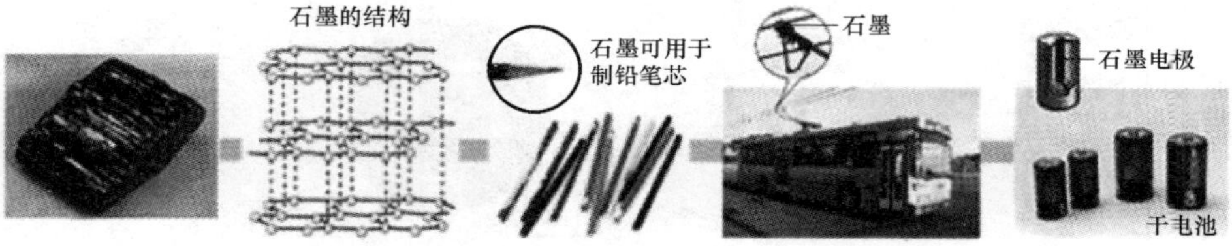

图 6-2　石墨的结构及用途

学科融合

与历史学科的融合：铅笔芯与石墨

铅笔（图 6-3）的笔芯是用石墨和黏土按一定比例混合制成的。普通铅笔标号一般为“HB”，H 即英文 hard（硬）的词头，用以表示铅笔芯的硬度，6H 的铅笔芯最硬。B 是英文 black（黑）的词头，用以表示铅笔芯写字的黑度。6B 为最软、字迹最黑，常用以绘画。考试时用来填涂机读答题卡的铅笔一般为 2B。

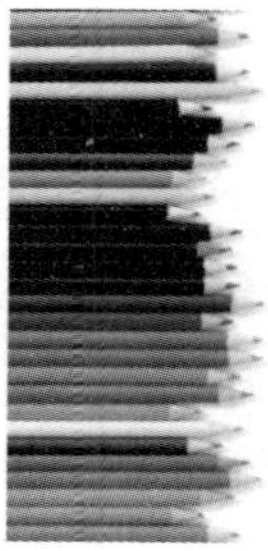

图 6-3　铅笔

铅笔芯不含铅，为什么叫铅笔呢？原来十五世纪时，石墨矿被发现，当时的人并不知道石墨的成分，就称石墨为黑铅（blacklead）。大约在 1492 年，英国开始有人使用石墨制成的笔，就称为铅笔。

铅笔芯不但可以装在笔壳里，使其变成书画的工具。而且它还有另一用途——可以辅助开锁。生锈的锁打不开，在钥匙孔内加一点铅笔芯粉末，往往就能打开。这是因为铅笔芯里含有石墨，而石墨有润滑性。

跨学科&探索海洋&项目式学习

小铅笔、大秘密

［项目目的］

绘制 1 个关于铅笔性质信息的表格；设计切实可行的实验方案，探究至少 1 种物理性质和 1 种化学性质，书写实验报告。然后在全班同学前做铅笔信息及实验报告的交流展示。

［实施提示］

1. 多种途径了解石墨的物理性质和化学性质。

2. 根据已有的基础，探究同一品牌不同型号（6H、HB、2B、6B）铅笔的 1 种物理性质和 1 种化学性质。其中，物理性质建议比较导电性和硬度。化学性质建议比较可燃性。

以下是项目研究手册，供你参考。

项目名称：

合作团队：

项目目标：

实施计划：

实施过程（需记录关键现象，不够另附纸）：

成果展示：

1. 铅笔信息汇总表

物理性质	化学性质
（1） （2） （3） ……	（1） （2） （3） ……

三、碳-60

碳-60 分子是由 60 个碳原子构成的单质分子，它形似足球，因此俗称为“足球烯”（如图 6-4 所示）。碳-60 分子很稳定，它能应用于材料科学、医学、超导领域，它还在气体贮存、传感器、新型催化剂等方面有广泛的用途。例如：将碳-60 与金属形成新型合金，能够增强金属的各种性质；碳-60 与一些过渡金属形成的物质可以作催化剂；碳-60 还可用于储存氢气、氧气等气体，在需要使用该气体的时候将气体释放。

除碳-60 外，具有封闭笼状结构的还有碳-70、碳-240 等也相继被发现，这些物质统称为富勒烯。

图 6-4　碳-60 的分子结构和足球相似、碳-60 的晶体结构

拓展学习

碳纳米管

自 1991 年碳纳米管被发现以来，碳纳米管（图 6-5）由于其独有的结构和奇特的物

理、化学特性及其潜在的应用前景而受到人们的关注。碳纳米管是由石墨中的碳原子平面结构卷曲而成的管状的材料，管的直径一般为几纳米到几十纳米，管的厚度仅为几纳米。实际上，碳纳米管可以形象地看成是类似于极细的铁丝网卷成的一个空心圆柱状的长“笼子”。碳纳米管的直径十分微小，十几万个碳管排起来才有人的一根头发丝宽；而碳纳米管的长度却可到达一百微米，从某种意义上看，它是一种很好的、最细的纤维。

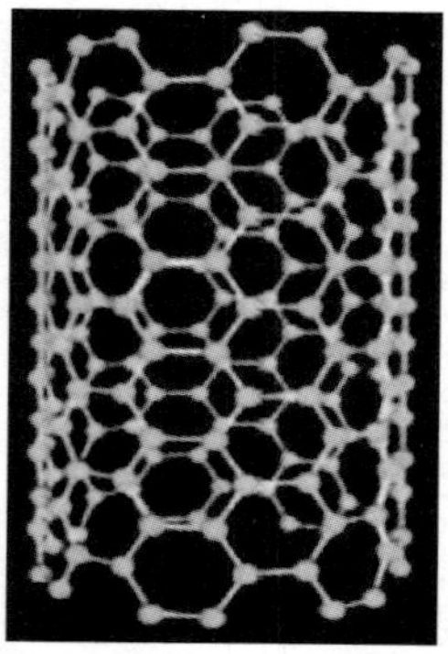

图 6-5　碳纳米管

根据组成碳纳米管管壁中碳原子层的数目，碳纳米管可被分为单层碳管和多层碳管。作为一种新的材料，碳纳米管的强度比钢高 100 多倍，而密度却只有钢的 1/6；同时碳纳米管还具有极高的韧性，十分柔软。它被认为是未来的“超级纤维”，是复合材料中极好的加强材料。碳纳米管导电性十分有趣，它可具有很好的金属导电性，也可具有半导体性。因此，它既可作为最细的导线被用在纳米电子学器件中，也可以被制成新一代的量子器件，将来可能替代硅芯片，引起计算机技术的革命。碳纳米管的顶端尖锐，非常有利于电子的发射。它可用作电子发射源，推动壁挂电视的发展。总而言之，碳纳米管潜在的用途广泛。但就目前的研究水平来看，它离实际应用还有相当远的距离。

目前，人们可以用电弧放电法、激光蒸发法和化学气相沉积法来大量制备碳纳米管。

四、其他主要由碳单质构成的物质

金刚石、石墨、碳-60 是由碳单质构成的，属于纯净物。生活中，我们还常见一些主要由碳单质构成的物质，如木炭、焦炭、活性炭、炭黑，他们主要是由石墨的微小晶体和少量杂质构成，如图 6-6 所示。木炭，可以用来加热后供暖，还以用于烧烤行业。焦炭，工业上用来冶炼金属，从金属化合物中将金属反应出来。活性炭，在水的净化中我们知道了活性炭具有吸附性，可以吸附水中的杂质从而起到净水的作用；它还可用在防毒面具中的滤毒罐。炭黑，用于油墨、油漆及橡胶轮胎的填料。

木炭　焦炭　活性炭　炭黑

图 6-6　主要由碳单质构成的物质

五、碳的化学性质

人类历史上，著名的书画家留下的传世之作经过几百甚至上千年的洗礼，仍能流传于世、成为我国文化中的瑰宝。为什么这些字画保存到现在依然清晰而不褪色呢？

书写和绘画用的墨汁是用炭黑制成的，炭黑的主要成分是碳。古代字画保存几百乃至几千年。纸或布都已开始腐烂破损，但墨色依然不变，这说明碳具有怎样的化学性质？显然，常温下碳具有稳定性，但在较高温度下碳具有可燃性和还原性。

1. 可燃性

回忆一下木炭在氧气中燃烧的实验，碳在氧气中充分燃烧时生成二氧化碳，同时放出大量的热。反应的化学方程式为：

$$C+O_2 \xlongequal{点燃} CO_2$$

如果氧气的量不充足，碳燃烧就不充分，主要生成一氧化碳，反应的化学方程式为：

$$2C+O_2 \xlongequal{点燃} 2CO$$

在以煤为燃料的煤炉里主要发生的就是上述反应，这两个反应说明，条件不同，碳燃烧的主要产物也不同。一氧化碳是无色无味的有毒气体，燃烧时产生蓝色火焰。被称为“无形杀手”，所以冬天烧煤取暖时应特别注意通风，防止煤气中毒（即：CO 中毒）。

交流讨论

碳是固体，按理说它燃烧时不应该产生火焰。但如果我们仔细观察燃烧的木炭，有时会看到表面会有微弱的蓝色火焰。这是为什么呢？

2. 还原性

碳不仅可以和氧气发生反应，在较高的温度下还能和某些金属氧化物反应。

探索海洋

木炭还原氧化铜

表 6-1　木炭还原氧化铜任务单

实验示意图	现象	结论及方程式
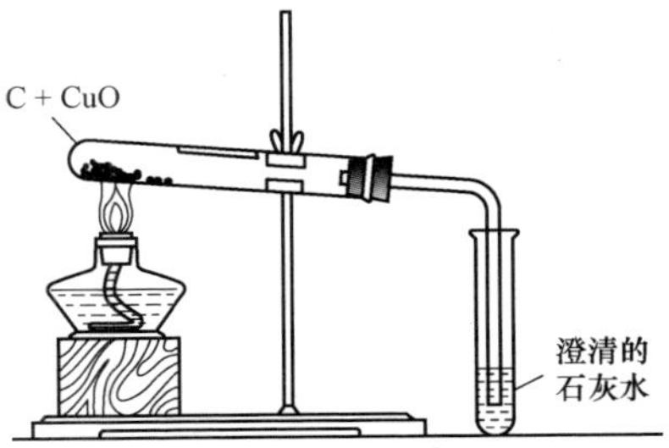 图 6-7　用木炭还原氧化铜 如图 6-7 所示，将木炭粉和氧化铜粉末均匀地混合后，放置在大试管中，然后对其加热，观察试管内和澄清石灰水中的实验现象		

交流讨论

与实验室制氧气类似，实验结束时需要先撤导管后撤酒精灯，这是为什么呢？

实验表明，木炭与氧化铜反应生成铜和二氧化碳，反应的化学方程式为：

$$C+2CuO \xlongequal{\text{高温}} CO_2\uparrow+2Cu$$

观察这个化学方程式有什么特点？这个反应属于基本反应类型中的置换反应（即：单质和化合物反应，生成新单质和新化合物的反应），木炭和氧化铜的反应中发生了氧的得失。在这个反应里，氧化铜失去氧变成单质铜，氧化铜被还原，发生了还原反应；木炭得到氧变成二氧化碳，碳元素被氧化，发生了氧化反应，因此该反应也属于氧化还原反应。

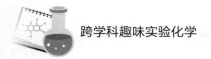

跨学科

与历史学科的融合：从“磁悬浮青蛙”到“手撕石墨烯”

安德列·海姆（Andre Geim），世界上首位诺贝尔奖和搞笑诺奖双料得主。

图 6-8　安德列·海姆

1958 年，海姆出生在俄罗斯索契市的一个犹太家庭，1987 年，在俄罗斯科学院固体物理研究所获得博士学位后，在科学院下属的微电子技术研究所找了一份临时工，成为一名普通的研究员，在读博期间，海姆跟着导师进行的研究都是技术水平较低的课题，例如博士论文《通过螺旋共振法研究金属中运输松弛的机制》，在他开始博士生涯的十几年前就已经没落了。但是，经历这些之后，海姆也获得了受益匪浅的感悟：“以后我的学生，打死也不会让他们去研究那些已经死了很久的课题！”在科学院的那份临时工，海姆也是异常艰辛，用了整整一年的时间，才与导师彻底脱离了学术上的关系。后来便开始了“各地流浪”的生活。海姆辗转在英国诺丁汉大学、巴斯大学及丹麦哥本哈根大学支教，主要的研究方向是介观物理，包括二维电子气体、量子点接触、量子霍尔效应等。

1944 年，海姆在发表了足够多的优质论文、参加了多次学术会议的基础上，找到了一份正式工作：荷兰奈梅亨大学副教授。很快，海姆就陷入了磁悬浮的魔力当中。在奈梅亨大学的实验室里，有个强大的超导磁铁，能够产生 20 特斯拉的磁场，然而，当时海姆所进行的研究根本用不上如此高大上的仪器，他和他的学生选择使用了电磁铁。电磁铁可以在常温下工作，不需要像其他超导磁铁那样，需要冷却到液氮的温度。他将水倒进了实验室正在产生巨大磁场的仪器里，结果，在场的所有人都震惊了。包括那些一辈子都与磁场打交道的研究员，还以为这是在搞什么恶作剧。因为，倒进仪器的水，竟然没有流出来，而是悬在磁铁的中心。在接下来的几个月里，海姆像上瘾了似的，无论是谁出现在实验室，他都要亲自展现一遍“磁悬浮水滴”，再后来，他直接将一只青蛙丢了进去。然后，这只青蛙安然无恙。因为这只青蛙，海姆一炮走红，于2000年，获得了“搞笑诺贝尔物理学奖”，并且在颁奖现场，海姆一如既往地忍不住演示了一遍青蛙如何飞行起来，完事后还可以若无其事地回到田间吃蚊子。这个实验还被评上了18年来“搞笑诺贝尔奖”最受欢迎的十大成果之一，现在，这一原理也被收入国外一些大学的物理课本中。

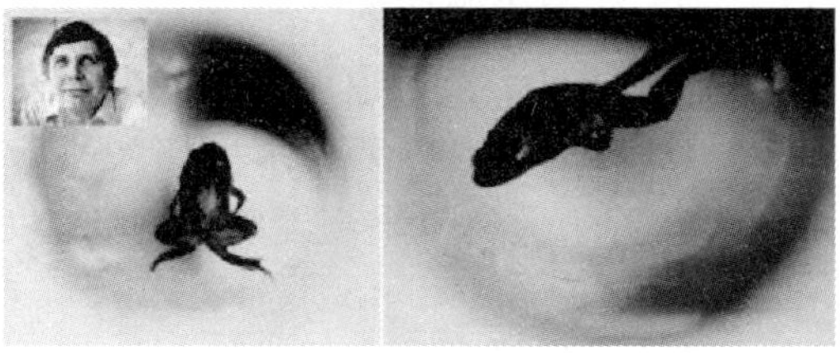

图6-9 磁悬浮青蛙

自磁悬浮水滴之后，在每个星期五的晚上，海姆都莫名想要做一些不符合常规的实验。正值海姆在研究石墨，经过深入的文献调研后，海姆想要看看如果支撑了仅有一层的石墨薄膜，会不会又出现石墨奇迹呢？于是，他就把一块厚度约几 mm 直径 3 cm 的人造石墨和一台高级抛光机，扔给了学生姜达，让他去把这块石墨磨到最薄。经过几个月的打磨，姜达终于将石墨磨到了自己的极限，心满意足地将成果交给导师海姆。然而，海姆拿着显微镜看完之后，非常不满意：“这也太厚了吧，足足有10微米！”这时，一位同事刚好在摆弄已经扔到垃圾桶的胶带，海姆又是灵光一现，立马捡起一片胶带，用显微镜观察，发现胶带上的石墨竟然比姜达用抛光机磨了几个月的都薄！既然这样，实验室的抛光机就等于报废了。海姆便开始每天拿着石墨、玩胶带：粘了又撕，撕了又粘。然后，只有一个原子厚度的石墨烯就出来了。

就这样，海姆成为了世界上第一个得到石墨烯的人。其他一群科学家，看着海姆用胶带撕出来的石墨烯，再看看自己实验室那些精密的仪器，内心还真是无比复杂！而这项研究成功，也直接让海姆走上了真正的诺贝尔领奖台。2010年，由于率先做出石墨烯，并测试了其物理性能，海姆被授予诺贝尔物理学奖。

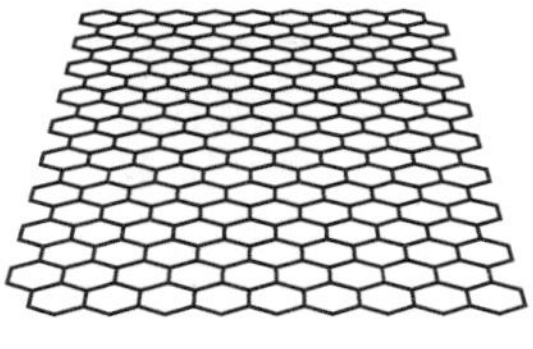

图6-10　单层石墨烯

小试牛刀

1. 下列关于金刚石和石墨的说法，不正确的是（　　）。

A. 它们都是由碳元素组成的单质　　B. 它们都是电的良导体

C. 金刚石质硬，石墨质较软　　D. 它们晶体结构中的碳原子排列不同

2. 北宋著名画家张择端的《清明上河图》至今依然清新如初，其主要原因是（　　）。

A. 作画的宣纸吸附性强　　B. 研磨用的端砚质地细腻

C. 墨汁中的炭黑化学性质稳定　　D. 保管时注意防蛀、防潮、防霉

3. 下列有关 C_{60} 的说法不正确的是（　　）。

A. C_{60} 是一种单质　　B. C_{60} 是一种纯净物

C. C_{60} 是一种化合物　　D. C_{60} 的相对分子质量为 720

4. 下列说法中，错误的是（　　）。

A. 活性炭可作防毒面具的滤毒剂

B. 铅笔芯主要是用铅和少量碳粉制成的

C. 璀璨夺目的天然钻石是由碳元素组成的

D. 长期未用而难开启的铁锁，可在锁孔中加入少量铅笔芯来作润滑剂

5. 在边疆哨所架设木质电线杆时常常需要把木桩埋入地下。人们常常采取把需要埋入地下的木桩一端微微烧焦（置于火焰里烧到发黑）的处理方案。这是为什么？

学习反思

亲爱的同学们，通过本节内容的学习，你达到学习目标了吗？请你根据自己的学习情况进行自我评价。

表 6-2　自我评价量表

学习目标	是否达成 （全部达成请画☆☆☆，部分达成请画☆☆，没有达成请画☆）	学习反思
知道金刚石、石墨和碳-60 的结构，了解金刚石、石墨的物理性质及主要用途		掌握较好的内容有：
能通过实验探究学习铅笔的物理性质和化学性质，绘制关于铅笔信息的表格		
能通过实验探究掌握碳的可燃性，并解释该性质在生活中的应用		有待提高的内容有：
能通过原子结构的角度解释碳单质在常温下稳定的原因		

主题 2　当心一氧化碳

学习目标

1. 知道一氧化碳有毒性及其中毒机理。

2. 能通过构成、性质、用途等角度区分一氧化碳与二氧化碳。

关键概念

毒性、可燃性、还原性

学科融合

化学　毒性、可燃性、还原性

生物　中毒机理

碳的氧化物包括一氧化碳与二氧化碳。在“空气探秘”单元，我们了解二氧化碳的来源、组成、性质、用途。一氧化碳和二氧化碳都是由碳氧元素组成的物质，它们的性质及用途是否相同呢？

图 6-11 二氧化碳（左图）与一氧化碳（右图）的结构

一氧化碳是一种无色、无味的气体，密度比空气略小，难溶于水。一氧化碳是许多气体燃料（如水煤气）的主要成分。

一、毒性

在冬天用煤、木炭取暖或用燃气热水器时，若室内不通风，容易造成一氧化碳中毒（又叫煤气中毒），汽车在停放而发动机未关闭的情况下，也易发生 CO 中毒事故，为什么一氧化碳能使人中毒呢？

图 6-12　一氧化碳有毒性

跨学科

与生物学的融合：CO 使人体中毒

当含碳燃烧物在氧气不足的条件下燃烧时，往往产生 CO。如：$2C+O_2 \xlongequal{点燃} 2CO$、$2CH_4+3O_2 \xlongequal{点燃} 2CO+4H_2O$。一氧化碳极易与血液中的血红蛋白结合，从而使血红蛋白失去运输氧气的能力，造成生物体内缺氧，严重时会危及生命。人在一氧化碳的体积分数达到 0.02%的空气中，持续 2～3 小时即出现中毒症状。因此，冬天用煤火取暖时，一定注意室内通风，防止一氧化碳中毒。

图 6-13　一氧化碳中毒症状

如果发生一氧化碳中毒，轻度的应呼吸大量新鲜空气，严重的要立即到医院进行治疗。

二、可燃性

一氧化碳能够燃烧，燃烧时放出大量的热，火焰呈淡蓝色，反应的化学方程式为：

$$2CO + O_2 \xlongequal{点燃} 2CO_2$$

利用一氧化碳的可燃性，CO 可以作为燃料。

三、还原性

探索海洋

一氧化碳还原氧化铜

表 6-3　一氧化碳还原氧化铜任务单

实验示意图	现象	结论及方程式
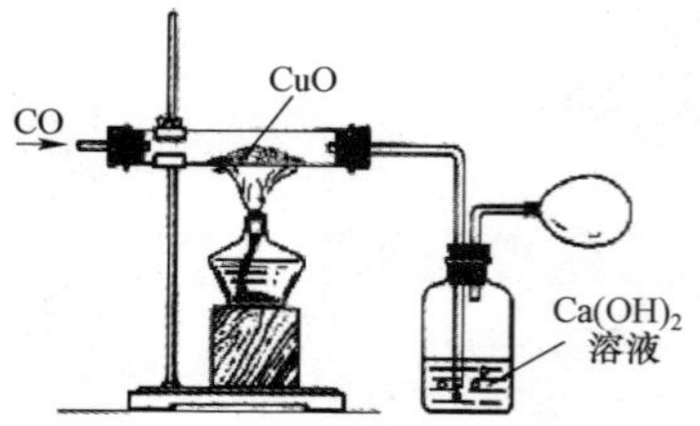 图 6-14　一氧化碳还原氧化铜 如上图所示，用一氧化碳还原氧化铜，观察试管中和广口瓶中的实验现象		

安全提示：

① CO 与空气混合后可能发生爆炸，所以要先通 CO 排净空气后再点燃酒精灯加热。

② CO 有毒，所以要用气球防止 CO 扩散到空气中，也可以用点燃法处理 CO 尾气（如图 6-15 所示）。

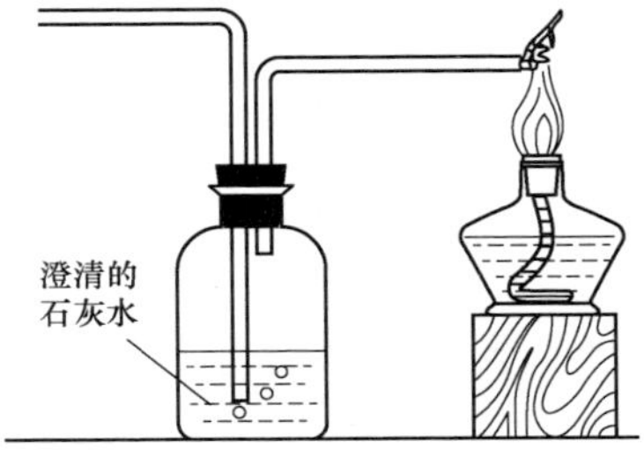

图 6-15　另外一种尾气处理方法

一氧化碳和木炭一样具有还原性，高温或加热时能将许多金属氧化物还原成金属单质，因此常用于金属的冶炼。例如：一氧化碳能将黑色的氧化铜还原成红色的金属铜、将氧化铁还原成金属铁等，反应的化学方程式为：

$$CO + CuO \xlongequal{\triangle} CO_2 + Cu$$

$$3CO + Fe_2O_3 \xlongequal{高温} 3CO_2 + 2Fe$$

小试牛刀

1. 在 CO 和 CO_2 两物质中，相同的是（　　）。

A. 有毒，用于灭火　　B. 具有可燃性

C. 元素种类　　D. 能使澄清石灰水变浑浊

2. 氢气和一氧化碳共有的化学性质是（　　）。

A. 都是无色无味的气体　　B. 都难溶于水

C. 都具有可燃性　　D. 都具有可燃性和毒性

3. 下列“物质——性质——用途”的叙述中，用途与性质的对应关系不正确的是（　　）。

A. 干冰——升华时吸收热量——用作制冷剂

B. 氢气——密度小——可用于充灌探空气球

C. 一氧化碳——有毒——冶金工业常用作还原剂

D. 氮气——常温下化学性质不活泼——用于灯泡中的保护气

4. 下列关于 CO 的叙述错误的是（　　）。

A. CO 可作为一种气体燃料

B. 含碳的燃料在燃烧过程中，可能产生 CO

C. CO 夺取氧化铜中的氧，CO 有可燃性

D. CO 跟血液中的血红蛋白结合，使人中毒

学习反思

亲爱的同学们，通过本节内容的学习，你达到学习目标了吗？请你根据自己的学习情况进行自我评价。

表 6-4　自我评价量表

学习目标	是否达成 （全部达成请画☆☆☆，部分达成请画☆☆，没有达成请画☆）	学习反思
知道一氧化碳有毒性及其中毒机理		掌握较好的内容有： 有待提高的内容有：
能通过构成、性质、用途等角度区分一氧化碳与二氧化碳		

主题 3　饮酒有学问

学习目标

1. 能形成饮酒对人身体影响的科学认识。
2. 初步理解酒驾中测量酒精浓度的基本原理。
3. 能够制作一块固体酒精，并理解其中的反应原理。

关键概念

饮酒　浓度检测　固体酒精

学科融合

语文　与饮酒有关的诗歌
化学　固体酒精的制作原理、测量酒精浓度原理
生物　酒精对人体的影响

碳的大家庭有无机物和有机物。有机物是含有碳元素的化合物，但是一般来说碳的氧化物（如：CO、CO_2）、碳酸（H_2CO_3）和碳酸盐因为更多具有无机物的性质，不属于有机物。无机物与有机物对应，一般来说是不含碳的化合物，本单元学习的一氧化碳属于无机物。而从主题 4 开始，我们进入到有机物的探索乐园。各种酒中都含有酒精，也就是乙醇（C_2H_5OH），这是一种简单的有机物，我们看看它有哪些奇妙的故事吧！

跨学科

与生物学科的融合：酒精对人体的影响

当我们饮酒的时候，酒精通过胃肠道进入血液。由于酒精是可溶于水的，故随着

饮酒量的上升，血液中的酒精浓度也会随之增加。酒精吸收量因人而异，取决于每个人的基因和疾病状况，和是否进食也有关系，消化道中若有食物，便能减少酒精被吸收进血液。酒精的吸收速度和人的体重，以及肌肉和脂肪的比例有关。如果两个人体重一样，饮酒量也一样，那么肌肉多脂肪少的那个人会比脂肪多肌肉少的那个血液酒精浓度低。

酒精进入血液之后，会影响人体内的很多器官，表现最为显著的就是对神经系统（包括大脑）的影响。在这里，酒精可以看作是中枢神经系统的某种抑制剂，它减慢了脑细胞和体内其他神经间相互交流的速率。这一点经常会使人感到不可思议：人们常常把酒精作为社交润滑剂，表面上看起来，小酌几杯通常能令人情绪高涨，感觉更像是催化而不是抑制。

1. 小酌怡情

实际上，酒精之所以能作为社交润滑剂仍旧是因为其抑制作用。我们大脑中的边缘系统负责产生驱动焦虑和恐惧的情绪，而当几杯酒下肚之后，边缘系统的功能被酒精所抑制和降低，于是我们不再觉得尴尬，得以放开自我。

同时，酒精也会减弱前额叶皮层的功能，这是大脑中负责高阶认知过程（包括推理和判断）的部分，这导致人们喝一点酒以后就没那么拘谨，更加容易冲动。这还带来另一个弊端就是人们会比他们起初打算的喝更多的酒。

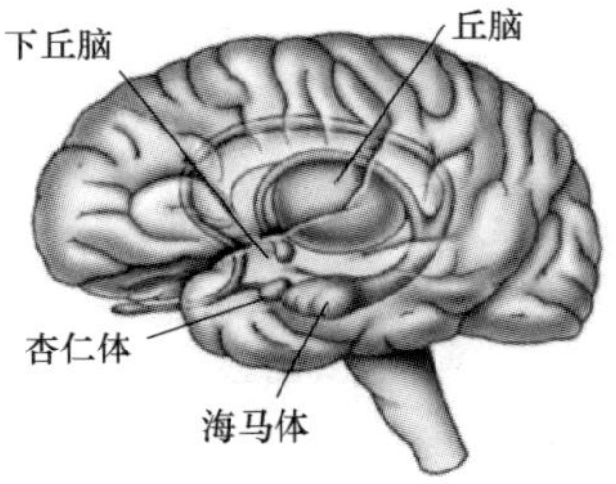

图 6-16　大脑中的边缘系统

图 6-16 展示了大脑中的边缘系统，可以看到它位于在大脑半球内侧的下部，包括海马体、杏仁体等部分。边缘系统与下丘脑、上部脑干以及新皮层有广泛的纤维束联系，它可以间接地通过大脑皮质获得来自感觉、运动、情绪、思维的信息。

2. 大饮伤身

酒精还会影响小脑。小脑位于头颅后面，作用是协调肌肉活动。随着饮酒量的增加，小脑的协调功能会逐渐被减弱，带来眩晕、恶心、想吐等感觉。

这个时候如果还继续饮酒，那么高剂量的酒精会减慢神经元在脑桥中的交流，这相当不妙，我们都知道脑干对维持机体生命有重要意义，脑桥就是脑干中指导信息进入小脑的部分。可以这么说，脑桥控制着我们赖以为生的重要生理过程（如心率和呼吸）。因此，过量饮酒有可能使人完全停止呼吸，导致死亡，绝不是危言耸听。

一、酒后检车的检验

据统计，60%的交通安全事故与酒后驾车有关。2013 年 1 月 1 日起，新修订的《机动车驾驶证申领和使用规定》（公安部 123 号令）正式实施，其中规定，酒后驾驶分两种：

1. 血液酒精含量达到 20 mg/100 mL 但不足 80 mg/100 mL，属于饮酒驾驶，饮酒驾驶属于违法行为。

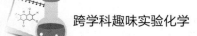

2. 血液酒精含量达到或超过 80 mg/100 mL，属于醉酒驾驶，醉酒驾驶属于犯罪行为。警察如何检验司机是否酒后驾车？如何确定酒驾的种类呢？

图 6-17　酒驾危险

探索海洋

检验酒精浓度

请你根据以下实验操作的提示，完成实验，你能说清楚这其中的原理吗？

［**实验仪器及药品**］酸性重铬酸钾溶液、56° 白酒、42° 白酒、酒精、试管架、试管 4 支、吸管 3 支、面团。

［**实验步骤**］

1. 在 4 支试管中分别加入等量且适量的酸性重铬酸钾（$K_2Cr_2O_7$）溶液。
2. 向第 1 支吸管中滴加酒精，震荡，观察实验现象。
3. 用吸管向第 2 支试管中的重铬酸钾溶液缓慢呼气，观察现象。
4. 用带有 56° 白酒棉团的吸管向第 3 支试管中缓慢呼气，观察现象。
5. 用带有 42° 白酒棉团的吸管向第 4 支试管中缓慢呼气，并进行对比。

通常，酒后驾车的测定有两种方法：一种是呼气酒精含量检测方法，由酒精含量探测器（图 6-18）予以检验，对有嫌疑饮酒后驾车的人员，可采用该检测方法检验其呼气酒精的含量；另一种是血液酒精含量的检测方法，由专业人员按照要求及时对饮酒后的嫌疑人员抽取血液样本进行酒精含量的检测。

图 6-18　酒精检测仪

重铬酸钾是一种橙红色具有强氧化性的化合物，其中铬的化合价为+6，酒精是一种具有还原性的物质。当重铬酸钾和酒精作用时，它被还原成+3 价铬，颜色从橙色变为绿色，如图 6-19 所示。据此交警可让司机对含铬硅胶的装置吹气。若发现硅胶变色达到一定程度，即可证明司机是酒后驾车。

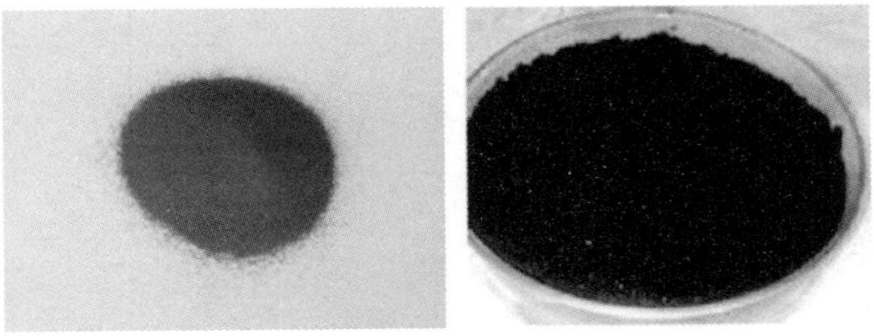

图 6-19　+6 价铬为橙红色，+3 价铬为绿色

二、制作固体酒精

酒精是一种燃料，但它是一种液体，搬运和使用都不太方便。实验室我们使用酒精灯仪器加热，使用过程中需倍加小心，以防碰翻酒精，引起火灾。生活中我们去饭店吃饭，有时发现上的菜是需要加热的，菜的下方有一处装了固体物质，店里的服务人员点燃了这块固体物质，产生了蓝色的火焰，和酒精很类似。这种固体物质再使用起来就方便多了，不用担心它会洒出来。其实，这种固体物质就是固体酒精，我们也可以制造呢！

图 6-20　固体酒精

请你根据以下实验操作的提示完成实验，查阅相关资料，解释这其中的原理吧！

探索海洋

制作固体酒精

注意：为保证实验安全，加热时不可以拍照。

［**实验仪器及药品**］95%（或大于 95%）的酒精、2%～3%的硬脂酸、15%的氢氧化钠、酒精灯、烧杯、三脚架、石棉网等。

请填写下表中关键的实验现象和实验原理。

表 6-5　制作固体酒精任务单

实验操作	实验现象	实验解释
1. 准备 1 个盛水的 250 mL 大烧杯，用酒精灯将其中的水加热到 85 ℃左右； 2. 另准备 1 个 50 mL 小烧杯，加入 20 mL 酒精，再加入少量的硬脂酸； 3. 用大烧杯对小烧杯的酒精水浴加热，尽量保证温度在 85 ℃左右。缓慢加入氢氧化钠溶液，不断搅拌至冷却。得到固体酒精； 4. 用打火机点燃固体酒精，观察实验现象		

实际上，该反应利用硬脂酸和氢氧化钠反应，形成能溶于水的硬脂酸钠。反应的方程式如下：

$$\underset{\text{硬脂酸}}{C_{17}H_{35}COOH}+\underset{\text{氢氧化钠}}{NaOH}\longrightarrow \underset{\text{硬脂酸钠}}{C_{17}H_{35}COONa}+\underset{\text{水}}{H_2O}$$

反应生成的硬质酸钠是一个长碳链的分子，室温下在酒精中不易溶，在较高的温度下，硬质酸钠可以均匀地分散在液体酒精中，而冷却后则形成凝胶体系，使酒精分子被束缚在相互连接的大分子之间，呈不流动状态而使酒精凝固，形成了固体状态的酒精。如果添加少量不同的无机盐类（如硝酸铜、硝酸钴等）可以改变固体酒精的外观色泽和火焰颜色（分别可得到蓝绿色和浅紫色的固体酒精）。这就是我们之前学习过的元素的焰色反应和有色溶液的相关知识。你还记得吗？

酒精燃烧时，产生蓝色火焰，生成了二氧化碳和水。有关反应的方程式如下：

$$C_2H_5OH+3O_2 \xlongequal{\text{点燃}} 2CO_2+3H_2O$$

拓展学习&跨学科

与语文学科的融合：赏析饮酒有关的诗歌

饮酒，能够激发诗人的灵感，创作经典的诗句。下面，我们来赏析一下这些诗句吧！

1. 烟笼寒水月笼沙，夜泊秦淮近酒家。（唐・杜牧《泊秦淮》）
2. 一曲新词酒一杯，去年天气旧亭台，夕阳西下几时回。（北宋・晏殊《浣溪沙》）
3. 莫笑农家腊酒浑，丰年留客足鸡豚。（南宋・陆游《游山西村》）
4. 劝君更尽一杯酒，西出阳关无故人。（唐・王维《送元二使安西》）
5. 对酒当歌，人生几何？譬如朝露，去日苦多。何以解忧，唯有杜康。（魏晋・曹操《短歌行》）
6. 今日听君歌一曲，暂凭杯酒长精神。（唐・刘禹锡《酬乐天扬州初逢席上见赠》）
7. 明月几时有，把酒问青天。（北宋・苏轼《水调歌头》关于酒的经典诗句）
8. 借问酒家何处有？牧童遥指杏花村。（唐・杜牧《清明》）
9. 葡萄美酒夜光杯，欲饮琵琶马上催。醉卧沙场君莫笑，古来征战几人回。（唐・王

翰《凉州曲》）

10. 开轩面场圃，把酒话桑麻。（唐·孟浩然《过故人庄》）

11. 金樽清酒斗十千，玉盘珍馐直万钱。（唐·李白《行路难》）

12. 浊酒一杯家万里，燕然未勒归无计，羌管悠悠霜满地。（北宋·范仲淹《渔家傲》）

13. 醉里挑灯看剑，梦回吹角连营。（北宋·辛弃疾《破阵子·为陈同甫赋壮词以寄之》）

14. 常记溪亭日暮，沉醉不知归路。（北宋·李清照《如梦令》）

15. 酒酣胸胆尚开张，鬓微霜，又何妨，持节云中，何日遣冯唐？（北宋·苏轼《江城子·密州出猎》）

小试牛刀

1. 酒精的化学式______，酒精燃烧的化学方程式______________________

2. 实验室使用酒精灯时，如果不慎碰翻了，酒精在桌面上起火，应该如何处理？

3. 请您查阅有关资料，试写出检验酒精浓度中的反应方程式吧！

4. 酒精除了可以作食用酒，还有很多其他的用途。请你上网查阅有关资料，在下面书写不少于 3 个用途吧！

学习反思

亲爱的同学们，通过本节内容的学习，你达到学习目标了吗？请你根据自己的学习情况进行自我评价。

表 6-6　自我评价量表

学习目标	是否达成 （全部达成请画☆☆☆，部分达成请画☆☆，没有达成请画☆）	学习反思
能形成饮酒对人身体影响的科学认识		掌握较好的内容有： 有待提高的内容有：
初步理解酒驾中测量酒精浓度的基本原理		
能够制作一块固体酒精，并理解其中的反应原理		

主题 4　制作镜子

学习目标

1. 能够用葡萄糖与银氨溶液反应在烧杯内壁制作镜面，了解相关原理。
2. 知道平面镜成像是成一个等大的、正立的虚像。
3. 能够说出平面镜成像在生活中的三种用途。

关键概念

醛类、平面镜成像

学科融合

物理　平面镜的成像原理及应用

化学　制作镜子

碳的大家庭从无机物到有机物，我们已经陆续学习了金刚石、石墨、碳-60 等碳的单质，也学习了一氧化碳（CO）、乙醇（C_2H_5OH，俗称为酒精）等物质的性质。接下来，我们学习另外一种碳的有机物——葡萄糖，你们对它都不陌生，同学们知道它是一种有甜味的，可以被人类直接食用的物质，能够提供能量。但是你可能不知道它的另外一个用途——制作镜子！

葡萄糖的化学式为 $C_6H_{12}O_6$，是自然界分布最广且最为重要的一种单糖，易溶于水。在“空气探秘”单元，我们学习到葡萄糖是光合作用的产物，能够被植物吸收，是一种营养物质。生活经验告诉我们，葡萄糖也能够被人类所使用，同样也能提供能量，如图 6-21 所示。那么，葡萄糖为什么能制作镜子呢？这是因为它的分子结构中有“-CHO（醛基）”的片段，正是这个片段决定了它的奇妙用途。下面我们一起来看看如何制作镜子吧！

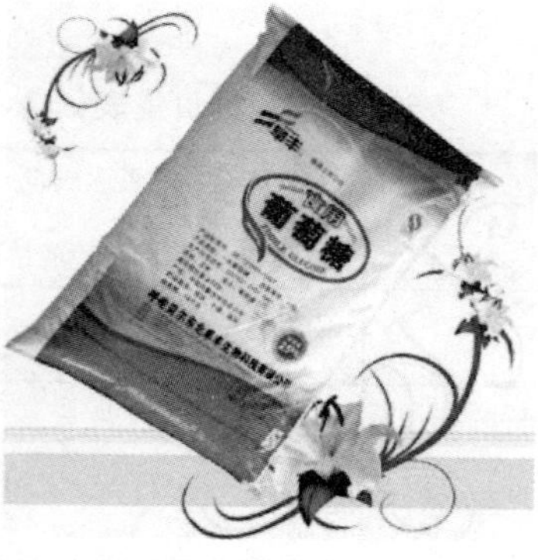

图 6-21　食用级葡萄糖

探索海洋

制作镜子

镜子的制作过程是一个神奇的过程。总体来看分为两个步骤。第一步，制作形成镜子的重要溶液——银氨溶液；第二步，将葡萄糖与银氨溶液反应得到镜子。下面，请你根据给出的操作步骤，制作一个镜子吧！及时记录实验现象和结论哦！

步骤 1. 制作银氨溶液（表 6-7）

表 6-7　制作银氨溶液任务单

实验操作	实验现象	实验结论
1. 准备 1 个内壁清洗非常干净的试管。注意如果烧杯内壁有杂质，会影响镜子的产生； 2. 在试管中加入 1 mL 2%的 $AgNO_3$ 溶液，然后边振荡试管边逐滴滴入 2%的稀氨水，至最初产生的沉淀恰好溶解为止，制得银氨溶液	首先，溶液出现什么现象？ 随着稀氨水的不断加入，又出现什么现象？	

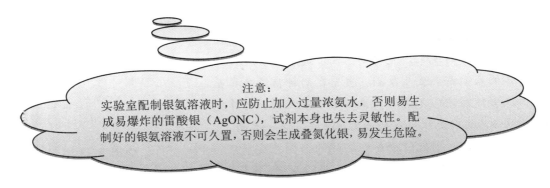

注意：
实验室配制银氨溶液时，应防止加入过量浓氨水，否则易生成易爆炸的雷酸银（AgONC），试剂本身也失去灵敏性。配制好的银氨溶液不可久置，否则会生成叠氮化银，易发生危险。

步骤 2. 银镜反应（表 6-8）

表 6-8　银镜反应任务单

实验操作	实验现象	实验结论
1. 向上述试管中加入 10 mL 葡萄糖溶液，震荡试管； 2. 将试管放在盛有热水的烧杯中进行水浴加热，注意热水的温度控制在 60～70 ℃之间，你可以使用温度计测量水温； 3. 几分钟后，将试管取出，观察表面现象		

我们把制作镜子的反应称为银镜反应。实验过程中，发现制作银氨溶液时，先产生黑色沉淀，然后沉淀逐渐溶解，当产生的沉淀恰好溶解时就制备出了银氨溶液。之后，向银氨溶液中加入葡萄糖并水浴加热几分钟后，发现试管内壁出现了一层光亮的金属银。试管形成了镜子。实际上，生活中的镜子就是利用这个原理制作的。在透明的玻璃的一面利用银镜反应镀上金属银，就形成镜子了。镜子在生活中有什么用途呢？如

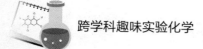

图 6-22 所示，镜子可以用作梳妆镜。当你照镜子时，你可以整理自己的仪表，使自己处于最佳的状态。汽车中的镜子叫作反光镜。它可以帮助司机在行驶的过程中关注后方及左右侧的路况。潜水艇中的镜子还可以用作潜望镜，帮助人们观察外界的情况。室内装修时，利用镜子反光性，可以聚光，使室内变得更加明亮。也可以利用镜子的成像原理，在较小的室内放置一面镜子，能给人扩大室内空间的视觉感受。

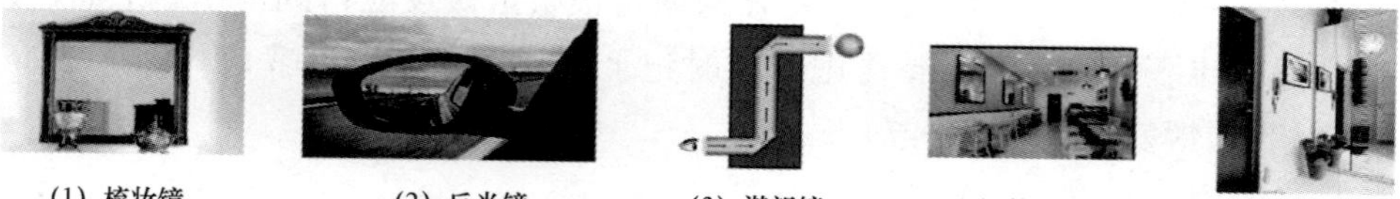

（1）梳妆镜　（2）反光镜　（3）潜望镜　（4）镜子聚光　（5）镜面成像使视觉宽阔

图 6-22　生活中镜子的用途

跨学科

与物理学科的融合：光的反射——平面镜成像

你在镜子中能看到自己的形象。这是应用光的反射的原理。光的反射是一种光学现象。指光在传播到不同物质时，在分界面上改变传播方向又返回原来物质中的现象。光遇到水面、玻璃及其他许多物体的表面都会发生反射。当光在两种物质分界面上改变传播方向又返回原来物质中的现象，叫作光的反射。反射光线与入射光线、法线在同一平面上；反射光线和入射光线分居在法线的两侧；反射角等于入射角，如图 6-23 所示。

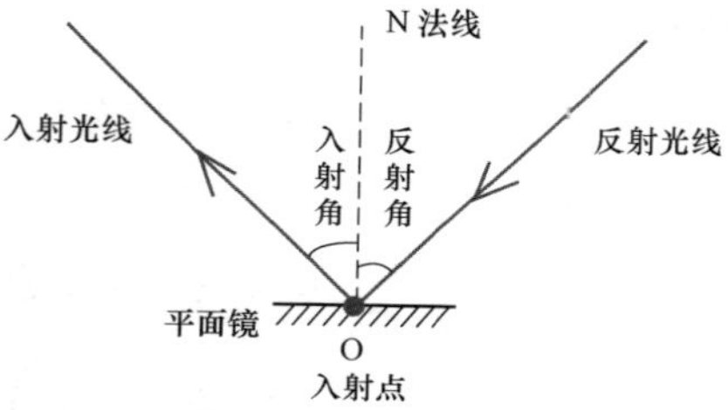

图 6-23　光的反射示意图

平面镜成像利用的是光的反射的原理。当光线照射到镜子上时，涂层就会反射光线。由于涂层是光滑的，于是就发生镜面反射，并且形成清晰的像，如图 6-24 所示。像是物体发出的光先经过反射或折射后形成的图像。

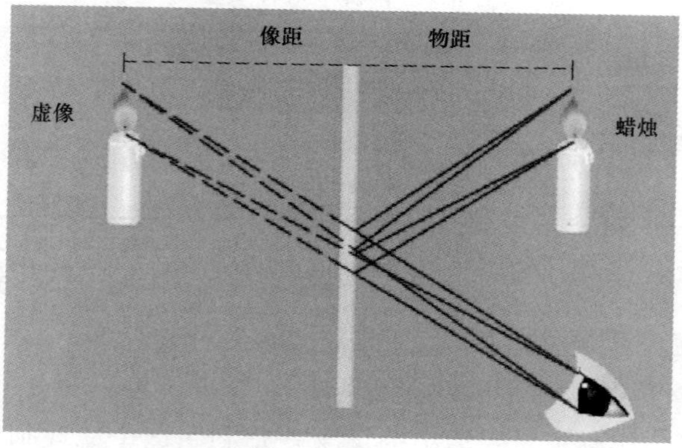

图 6-24　平面镜成像原理

一些光线从蜡烛投射到镜子上，并反射回来进入人的眼中。尽管这些光线是反射过来的，但我们会认为光是从镜子后面传来的。图中虚线显示的是看似光源的地方，也就是蜡烛的像所在的地方。图中的像的表述为“虚像”。这是说，从平面镜中看到的像是“虚像”，它是看上去好像在光源处形成的正立的像。“虚”的意思是说，你能看到镜子后面的像，但是你伸手到镜子后是触摸不到这个像的。平面镜所成的像是正立的、与物体大小相同的虚像。但是，像与物体并不完全相同，它们的左右是相反的。例如：当你照镜子时，你的右手是镜子中像的左手，如图 6-25 所示。

图 6-25 平面镜成像中物体与像的左右是相反的

小试牛刀

在一次科技节的活动中，小明要为同学们制作一个“烧杯镜”。请你为他书写一份制作方案，说清楚如何制作“烧杯镜”，需要注意的问题是什么，不少于 300 字。然后请你寄给他。

学习反思

亲爱的同学们，通过本节内容的学习，你达到学习目标了吗？请你根据自己的学习情况进行自我评价。

表 6-9 自我评价量表

学习目标	是否达成 （全部达成请画☆☆☆，部分达成请画☆☆，没有达成请画☆）	学习反思
能够用葡萄糖与银氨溶液反应在烧杯内壁制作镜面，了解相关原理		掌握较好的内容有：
知道平面镜成像是成一个等大的、正立的虚像		有待提高的内容有：
能够说出平面镜成像在生活中的 3 种用途		

主题 5　六大营养物质

学习目标

1. 了解人类重要的营养物质——糖类、油脂、蛋白质和维生素的性质。
2. 了解糖类、油脂、蛋白质和维生素在人体内的作用。

关键概念

糖类、油脂、蛋白质、维生素、无机盐、水

学科融合

化学　六大营养物质的性质

生物　六大营养物质在人体中的作用

从这个主题，我们开始接触一些高分子，高分子属于有机物。在有机物中，碳原子不但可以与氢、氧、氮原子直接结合，而且碳原子之间还可以互相连接，形成碳链或碳环。由于原子的排列方式不同，所表现出来的性质也就不同。因此，有机物的数目异常庞大。有些有机物的相对分子质量小，如酒精、葡萄糖。有些有机物的相对分子质量比较大，从几万到几十万，甚至高达几百万或更高，如人体营养物质中的淀粉、蛋白质等。这些有机物称为天然有机高分子。

不管我们每天吃的食物有多么丰富，但是总归有以下几类：主食（如馒头、米饭等）、副食（如蔬菜、肉、奶、蛋等）和水果。这些食物中含有足以维持生命的各种成分，主要是糖类、油脂、蛋白质、无机盐、维生素和水，称为“六大营养素”。

其中，无机盐的性质和作用我们在第二单元元素的应用中学习过，而水的性质和用途在第四单元水的性质和应用中也学习过，在这里不再阐述。

交流讨论

钙、铁、碘元素往往以无机盐的形式被人体吸收。你还记得它们对人体有什么作用吗？缺乏这些元素，对人体会产生什么影响呢？

一、糖类

中国人的主食是大米和面粉，这些食物能提供给我们的最主要的营养成分是淀粉（如图 6-26 所示），淀粉的化学式可写作（$C_6H_{10}O_5$）$_n$，它属于**糖类**。淀粉供给人体的能量约占人体生命活动所需总能量的约 75%。

图 6-26　主要含糖类的物质

淀粉虽然属于糖类，但其本身并没有甜味，是一种白色粉末，它在植物生长过程中储存于其种子、块茎和块根等中。我们吃的食物中的淀粉进入消化道后，在生物催化剂——酶的作用下，逐渐水解成葡萄糖。淀粉在人体内的水解反应的化学方程式为：

$$\underset{\text{淀粉}}{(C_6H_{10}O_5)_n}+nH_2O \xrightarrow{\text{酶}} \underset{\text{葡萄糖}}{nC_6H_{12}O_6}$$

葡萄糖在人体内发生氧化反应生成二氧化碳和水并放出能量，反应的化学方程式为：

$$C_6H_{12}O_6+6O_2 \xrightarrow{\text{酶}} 6CO_2+6H_2O\text{（放热）}$$

跨学科

与生物学科的融合：不同糖类对人体的作用

除了淀粉、葡萄糖属于糖类以外，果糖（$C_6H_{12}O_6$）、麦芽糖（$C_{12}H_{22}O_{11}$）、蔗糖（$C_{12}H_{22}O_{11}$）、纤维素均属于糖类。日常生活中的白糖，其主要成分是蔗糖（$C_{12}H_{22}O_{11}$）。我们每天吃的食物中，有的还含有称为纤维素的糖类物质，纤维素也能水解成葡萄糖，但由于人体没有催化纤维素水解反应的酶，所以，我们不能消化吸收纤维素，纤维素不能作为人类的营养物质。但是，常识告诉我们，每天必须要吃一些含纤维素的食物（如粗粮、蔬菜等），这说明纤维素也有其重要的作用。纤维素的作用是能够刺激肠道的蠕动和分泌消化液，有助于食物的消化和废物的排泄，这足以减少有害物质在体内与肠黏膜的接触时间，可以预防便秘、痔疮和直肠癌等疾病；另外，纤维素还可以降低胆固醇，预防和治疗糖尿病。

交流讨论

如果你对甜味剂有兴趣，请上网查找日常生活中都有哪些甜味剂，与同学们分享一下吧！

二、油脂

烹调菜肴的时候都会用到油，包括植物油和动物油脂。一般植物油常温下呈液态，我们称之为“油”，动物油脂常温下呈固态，我们称为“脂肪”。油脂是液态的植物油和固态的动物脂肪的合称。例如，花生油、豆油、玉米油、菜籽油、橄榄油、芝麻油等属于“油”，牛油、猪油等属于“脂”。

随着人们生活水平的提高，人们也越来越重视油脂对健康的影响。青少年成长发育期间，油脂又是必不可少的营养成分，油脂可以促进人类大脑的发育。我们食物中的油脂在人体内消化后首先水解为高级脂肪酸和甘油，然后这些高级脂肪酸可以被氧化成二氧化碳和水，提供给人体能量，这是油脂在人体内的重要功能之一，单位质量的油脂给人体提供的热量高于糖类和蛋白质。人体内没有被氧化的多余的高级脂肪酸和甘油又可以转化为皮下脂肪作为人体的储备能源物质，皮下脂肪还有保持体温和保护内脏器官的作用。

另外，如果每天摄入过多的脂肪类食物就可能会引起肥胖，继而引发脂肪肝、高血压等疾病。人体发胖的原因就是食物营养过剩，转化为皮下脂肪。一般认为吃油过多会长胖，其实糖类物质在人体内可以转化为脂肪，所以吃糖过多也会长胖。因此保持食物中的各种营养物质的平衡，才是最健康的。

如果你打开油炸食品，里面一定有一小包防止食品变质的抗氧化剂，这是因为油脂易被空气中的氧气氧化，氧化后会出现难吃的“哈喇”味儿，并且产生有害的物质。

如果将植物油与氢气反应，则生成氢化植物油（也称硬化油），大家所熟悉的人造黄油、人造奶油主要成分都是硬化油。由于人造黄油的起酥性比较好，常被用以炸制各种食品，如炸薯条、炸鸡、奶油蛋糕等（如图 6-27 所示）。然而，这种硬化油的反式脂肪酸的含量较高，对人体健康是有害的。

图 6-27　几种含有人造奶油的食物

生活中，你一定使用过肥皂，肥皂就是用油脂发生皂化反应制得的，其化学成分是高级脂肪酸的钠盐或钾盐。油脂的重要用途之一就是制肥皂。

三、蛋白质

图 6-28　几种富含蛋白质的食物

蛋白质存在于一切细胞中，是构成生命体的基础物质，一切重要的生命现象和生理机能都与蛋白质密切相关。因此，我们每天都必须进食适当的肉、蛋、奶和豆制品等富含蛋白质的物质（如图 6-28 所示）。

蛋白质主要由碳、氢、氧、氮、硫等元素组成，此外还含有微量的磷、铁、锌等元素。蛋白质是一种生物大分子，其相对分子质量一般在一万以上。

我们血液中的血红蛋白是一种重要的蛋白质，属于高分子。它在人体内负责运输氧气和二氧化碳，其中含有微量元素铁，如果人体内缺少铁元素，就会导致缺铁性贫血，需要吃一些补铁剂。另外，一氧化碳也能与人体的血红蛋白结合，其结合能力比氧气、二氧化碳与血红蛋白的结合能力强得多，一氧化碳能使血红蛋白失去运输氧气和二氧化碳的能力，从而使人中毒，因此我们要积极防范煤气中毒（即：CO 中毒）。

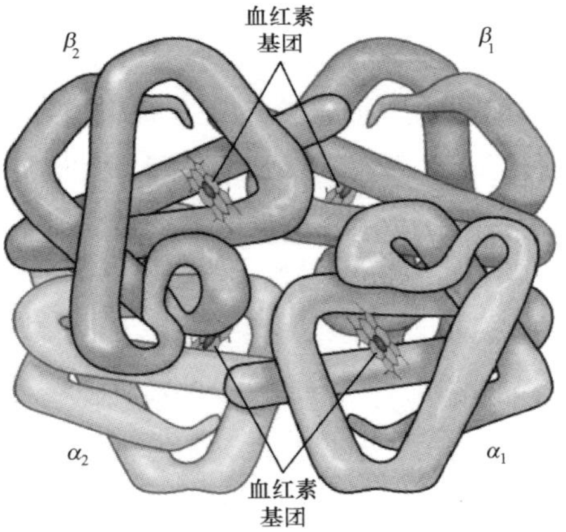

图 6-29　血红蛋白是一种蛋白质，属于高分子

作为生物催化剂的酶，大多数也是蛋白质，酶的催化作用具有选择性和专一性。例如，催化淀粉水解的生物催化剂称为淀粉酶，催化纤维素水解的酶称为纤维素酶，我们人类因为没有纤维素酶而不能消化吸收纤维素。

跨学科

与生物学科的融合：蛋白质在人体的消化

我们从各种食物中摄取到的蛋白质在体内通过酶的催化最终水解为氨基酸，根据机

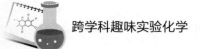

体需要，这些氨基酸再经过酶的催化合成人体内所需要的各种蛋白质。

氨基酸在人体内可以被氧化，放出能量，并生成二氧化碳、水和尿素等排出体外。如果我们每天摄入过多的蛋白质，就会产生较多的蛋白质代谢产物——尿素，而尿素是有一定毒性的，因此我们每天不宜食用过多的蛋白质。

很多物理化学因素都能破坏蛋白质的结构，从而使蛋白质失去其生物活性。例如：蛋白质受热而变性失去其生物活性，著名生物学家巴斯德发现了这一原理，从而开创的“巴氏消毒法”，即加热消毒法。强酸、强碱、重金属盐、双氧水、甲醛、酒精、紫外线等都能使蛋白质变性失活。打针时，用酒精擦拭注射部位，就是为了杀菌消毒，防止感染。用于保存动物标本的福尔马林是甲醛的水溶液，也是利用了甲醛能使蛋白质变性而杀菌防腐的原理。

如果有人不慎误服重金属盐，你知道该如何处理吗？在利用恰当手段催吐、使大部分盐被排出体外后，应该喝些牛奶、豆浆或鸡蛋清。因为牛奶、豆浆或鸡蛋清中含有大量的蛋白质，让它们与你喝下去的重金属盐反应，从而保护胃黏膜蛋白质不受损伤。

四、维生素

很久以前，长期远航的轮船上没有冷藏设备，船员们只能吃面包、饼干和肉干等食物。由于长期吃不到新鲜的水果和蔬菜，船员们会患上一种叫作“坏血病”的疾病。后来，人们发现这是因为新鲜的水果和蔬菜可以提供治疗坏血病的维生素 C。维生素 C（又称“抗坏血酸”）可以促进血管内壁胶原蛋白的形成，从而减少血管出血。

维生素是人体生命活动中所必需的一类小分子有机物，主要包括维生素 A、维生素 B 族、维生素 C、维生素 D、维生素 K 等，它们对人体机能有着相当重要的作用。

维生素 C（VC）对人体健康起到非常重要的作用。生活中，我们经常能听到爸爸妈妈说：“多吃蔬菜、水果，补充维生素 C”。超市里，还专门有补充维生素 C 的饮料，如图 6-30 所示。

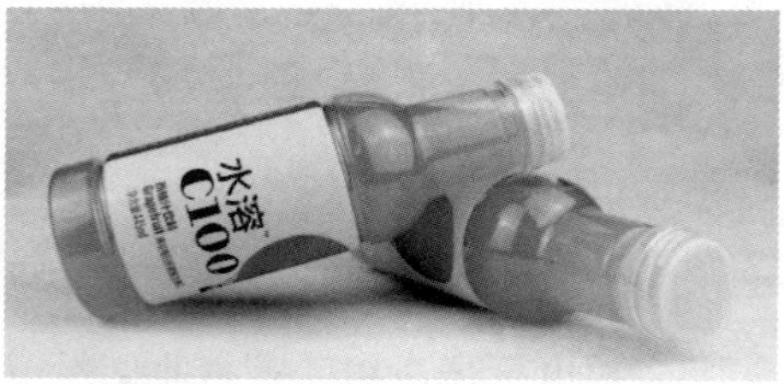

图 6-30　富含维生素 C 的饮料

维生素 C 广泛存在于新鲜的水果和蔬菜中，如白菜、辣椒、橘子、西红柿等。人体自身不能合成维生素，必须从食物中获取。感冒初期，医生会给你开一些维生素 C 片，这是因为维生素 C 有增强机体免疫力的作用；另外，人类的衰老与机体氧化有关，而维生素 C 具有还原性，可以清除体内导致机体氧化的自由基，所以在一些保健品和化妆品中常常会有维生素 C 的成分；维生素 C 还可以促进伤口愈合，维持牙齿、骨骼、血管和肌肉的正常功能。人体每天需要补充一定量（约 100 mg）的维生素 C 才能保证机体的健康。

我们再来了解一下维生素 A。人体可以将摄入的β-胡萝卜素转化为维生素 A，因此食用胡萝卜可以补充维生素 A。维生素 A 与人类的视觉有关。缺乏维生素 A 会导致夜盲症。然而，过量摄取维生素 A 也可能导致维生素 A 多动症，并且引起厌食、恶心等症状。

维生素 D 也是大家所熟悉的一种维生素，它可以帮助钙的吸收、提高血钙、血磷水平，促进新骨的生成，缺乏维生素 D 会导致佝偻病。富含维生素 D 的食物有鱼肝油、牛奶、蛋黄、肝、肾等。太阳光紫外线的照射下，人体可以自身合成维生素 D，常晒太阳能够补充足够的维生素 D。

维生素是人体营养、生长所需的有机化合物。机体如果缺乏维生素，就会出现某种疾病。因此有些人认为维生素是营养素，摄入是“多多益善”。其实，这种想法是非常有害的。合理营养的关键在于“适度”，过多摄入某些维生素，对身体不仅无益反而有害。正常情况下，每天食用一定量的蔬菜、水果就能保证人体对维生素的需求。

探索海洋

探秘维生素 C 的性质

任务 1. 测定维生素 C 的酸性

［查阅资料］酸性：一些物质具有酸性，在生活中广泛存在。比如：维生素 C、酸奶、食醋、苹果等。检验一种物质是否具有酸性，可以通过 pH 试纸来检验。pH 试纸在使用时，首先将 pH 试纸放在洁净的表面皿中，然后用玻璃棒蘸取少量待测物于试纸上，再与标准比色卡比较。如果一种物质呈酸性，那么它的 pH 小于 7。广泛使用的 pH 试纸及酸碱性如图 6-31 所示。

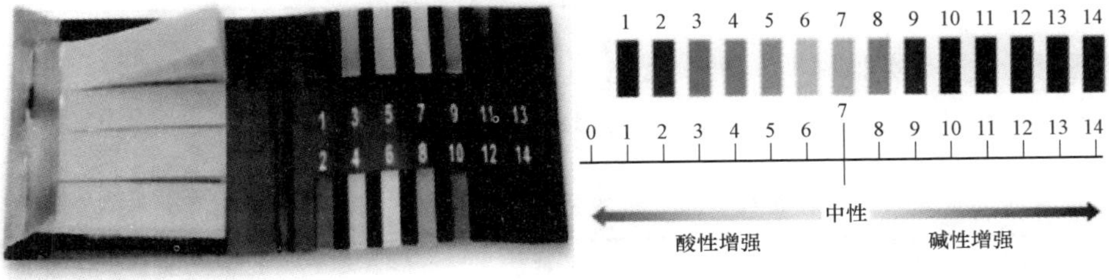

图 6-31　广泛 pH 试纸与溶液的酸碱性

维生素 C 酸性检验任务单

实验目的：________________

实验原理：________________

实验材料：________________

实验操作及现象：________________

实验结论：________________

任务 2. 验证维生素 C 的还原性

[**提出问题**] 如何通过实验证明维生素 C 具有还原性呢？

[**查阅资料**]

1. 淀粉遇碘变蓝。将淀粉溶液与碘酒混合，会发现溶液呈蓝色，如图 6-32 所示。

图 6-32　淀粉与碘变蓝

2. 高锰酸钾是一种强氧化剂，可以把维生素 C 氧化。

[**实验设计**]

方案一：根据资料 1，完成表 6-10。

表 6-10　验证维生素 C 的还原性任务单 1

实验操作	实验现象	实验解释
1. 取少量淀粉溶液于试管中，滴加 1 滴碘酒，观察溶液颜色； 2. 将上述溶液分一半至另一只试管中，在其中一个试管中加入 1 片研磨成粉末的维生素 C，观察比较现象	1. 溶液中颜色变成____色； 2. 加入维生素 C 的试管中，溶液变成____色	（请解释试管中溶液颜色变化的原因）

[**实验结论**] 本实验说明，维生素 C 具有______性。

方案二：请你根据资料 2 设计实验，填写以下表格。

表 6-11　验证维生素 C 的还原性任务单 2

实验操作	实验现象	实验结论

[**实验反思**] 本实验的设计体现了____________的思想。

任务 3. 蔬菜、水果中维生素 C 含量的比较

蔬菜中的白菜、水果中的柠檬都是富含维生素 C 的食物。现在来比较一下它们的维生素 C 含量吧！请你利用任务二中的资料 1 来设计实验，为了控制变量，我们取用白菜汁和柠檬汁来进行实验。加入时，注意蔬菜汁和水果汁加入的体积要相等。

［实验设计］

表 6-12　蔬菜、水果中维生素 C 含量的比较任务单

实验操作	实验现象	实验结论

拓展学习

人体中的一些器官都想吃什么？

维生素家族不仅有维生素 C，还有维生素 A、B、D、E 等，其中，维生素 B 的小家庭里包含 B1 到 B12 共 12 个成员。那么，人体的六大器官都想补充哪些营养物质呢？

1. 大脑：维生素 D

有研究表明，维生素 D 可以提高大脑灵活度，增强记忆力。

富含维生素 D 的食物有：虾皮、牡蛎、牛奶、鲑鱼、海带、泥鳅、豆制品、香菜、荠菜、花椰菜、芝麻酱、莲子、蛋黄、香菇等。

2. 眼睛：维生素 A、C、E 和锌

缺乏维生素 A 容易得夜盲症。维生素 C 和维生素 E 及锌元素对眼睛也大有好处。其中，维生素 E 是一种脂溶性维生素，是最主要的抗氧化剂之一。可抑制眼睛晶状体内过氧化脂反应，使末梢血管扩张，改善血液循环，预防近视眼的发生和发展。

维生素 C 以水果中含量较高。锌元素则主要存在于海产品、动物内脏中。如因年龄增长带来了视力问题，可在医生指导下，考虑每日服用 500 毫克维生素 C、400 国际单位的维生素 E、15 毫克胡萝卜素、80 毫克锌以及 2 毫克铜。

3. 肾：维生素 B6

维生素 B6 是一种无色晶体，每天补充 40 毫克维生素 B6 可以降低 60%的肾结石风险。

酵母粉中维生素 B6 含量最多，米糠或白米含量也不少，其次是来自于家禽、鱼、马铃薯、甜薯、蔬菜中。

小试牛刀

1. 人体内的营养物质中含量最多的是（　　）。

A. 无机盐　　B. 油脂　　C. 蛋白质　　D. 水

2. 蛋白质在人体内水解后生成的物质是（　　）。

A. 氨基酸　　B. 葡萄糖　　C. 维生素　　D. 无机盐

3. 某人到了傍晚时就看不见东西，患了夜盲症，他体内缺少的维生素是（　　）。

A. 维生素 A　　B. 维生素 B　　C. 维生素 C　　D. 维生素 D

4. 淀粉在人体内水解的最终产物为（　　）。

A. 氨基酸　　B. 葡萄糖　　C. 蔗糖　　D. 二氧化碳

5. 因为能与人体的血红蛋白结合而使人中毒的气体是（　　）。

A. CO　　B. CO_2　　C. O_2　　D. N_2

6. 用于保存动物标本的是（　　）。

A. 双氧水　　B. 酒精溶液　　C. 甲醛溶液　　D. 高锰酸钾溶液

7. 下列食品中，富含丰富的蛋白质的是（　　）。

A. 馒头　　B. 鸡蛋　　C. 西红柿　　D. 豆油

8. 下列食品富含油脂的是（　　）。

A. 花生　　B. 土豆　　C. 大米　　D. 苹果

9. 六大类营养素中，能够为人类提供生命活动所需要的能量的物质是（　　）。

A. 无机盐、维生素、水　　B. 糖类、无机盐、维生素

C. 糖类、蛋白质、油脂　　D. 糖类、油脂、无机盐

10. 下列食品中对人体健康有害的是（　　）。

A. 用霉变花生压榨的食用油　　B. 用蔬菜水果制得的色拉

C. 用大豆制得的豆制品　　D. 用面粉烤制的蛋糕

11. 重金属盐可以使蛋白质变性而引起中毒。某小孩误服硫酸铜溶液，可用于急救处理的方法是（　　）。

A. 服用大量生理盐水　　B. 服用大量牛奶或鸡蛋清

C. 服用大量葡萄糖溶液　　D. 服用大量 NaOH 溶液使 Cu^{2+}沉淀

12. 1997 年，第一只“克隆羊”在英国诞生。其关键技术之一是找到一些特殊的酶，它们能激活普通体细胞，使之像生殖细胞一样发育成个体。下列有关酶的叙述中错误的是（　　）。

A. 酶是具有催化功能的蛋白质

B. 酶的催化作用具有选择性和专一性

C. 酶通常在强酸或强碱条件下发挥作用

D. 高温及紫外线照射会使酶失去活性

学习反思

亲爱的同学们，通过本节内容的学习，你达到学习目标了吗？请你根据自己的学习情况进行自我评价。

表 6-13　自我评价量表

学习目标	是否达成 （全部达成请画☆☆☆，部分达成请画☆☆，没有达成请画☆）	学习反思
了解人类重要的营养物质——糖类、油脂、蛋白质和维生素的性质		掌握较好的内容有： 有待提高的内容有：
了解糖类、油脂、蛋白质和维生素在人体内的作用		

主题 6　高分子材料

学习目标

1. 了解塑料、合成纤维、合成橡胶的性质及其用途。
2. 知道“白色污染”的成因及其对环境的影响。

关键概念

塑料、合成纤维、合成橡胶

所有的高分子材料都属于聚合物。想象一下，现在如果没有有机高分子合成材料（简称合成材料），我们的世界会变成什么样呢？

实际上，我们的衣食住行都已经离不开合成材料了。我们每天穿的衣服、校服都是合成纤维材料制成的（如图 6-33 所示），旅游鞋则是由合成橡胶材料制成的；我们吃饭时有时会用树脂做的碗及塑料筷子，喝水用的塑料水杯（如图 6-34 所示），还有做饭的锅、切菜的刀都有塑料手柄，这些也都是合成材料；我们居住的大楼外墙都有有机高分子保温材料，装修用的各种涂料也属于合成材料（如图 6-35 所示）；我们出行坐的汽车座椅是高分子泡沫材料、抓手是合成树脂、汽车轮胎是合成橡胶（如图 6-36 所示）。可以说，现代生活离不开有机高分子合成材料，下面就请我们一起进入多姿多彩的高分子材料世界吧。

图 6-33　合成纤维制成的校服

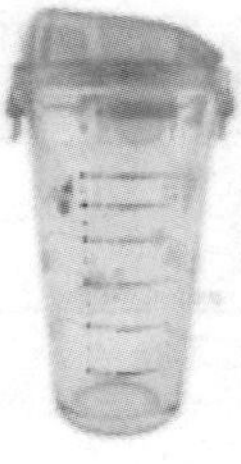

图 6-34　合成树脂（塑料）制成的水杯

图 6-35　高分子涂料用于建筑内外墙装饰

图 6-36　合成橡胶制成的汽车轮胎

从来源上讲，高分子材料可分为天然高分子和合成高分子（如图 6-37 所示）。所谓天然高分子是指自然界本身存在的高分子物质，如淀粉、纤维素和天然橡胶等，人类只需对其进行简单加工，就可以使用。我们穿的纯棉织品主要是以棉花纺织而成的，其主要成分是纤维素；我们穿的真丝织品是以蚕丝纺织而成的，其主要成分是蛋白质；我们穿的纯毛织品是以羊毛纺织而成的，其主要成分也是蛋白质，纯毛织品灼烧时有烧焦羽毛的气味。

随着科技的发展以及人们生活水平的提高，天然高分子材料不论是在数量上，还是性能上，已经远远不能满足人类的需求。合成高分子材料已经成为人类日常生活不可或缺的一种材料，通常我们把塑料（又称树脂）、合成纤维和合成橡胶称为三大合成材料，均为人工合成的高分子材料。此外，有机高分子合成材料还包括黏合剂、涂料等。

图 6-37　常见的天然高分子及合成高分子

与其他材料相比，有机高分子合成材料具有密度小、比强度高、耐腐蚀、绝缘性好、易于加工成型等特点。比如，直径为 6 mm 的聚酰胺纤维（俗称尼龙）可以吊起质量为 2 吨的汽车。

一、塑料

什么是塑料呢？塑料是固态、有一定机械强度、具有可塑性的高分子合成材料，塑料的主要成分是合成高分子化合物（即合成树脂），为改善塑料的性能，往往还需要加入各种助剂（如增塑剂、稳定剂、着色剂等）。

在我们日常生活中最常见的塑料之一就是聚乙烯。例如，包装食品用的保鲜膜、保鲜袋，其主要成分就是聚乙烯（如图 6-38 所示）。聚乙烯属于热塑性塑料，它受热时可以熔化，冷却后可以凝成固体，再受热再熔化，因此热塑性塑料可以多次反复回收再利用，其标志如图 6-38 所示。另一类塑料是热固性塑料，以酚醛树脂为代表（如图 6-39 所示），其特点是加工成型后不能再加热熔化，因此不能回收再利用于新的塑料制品。

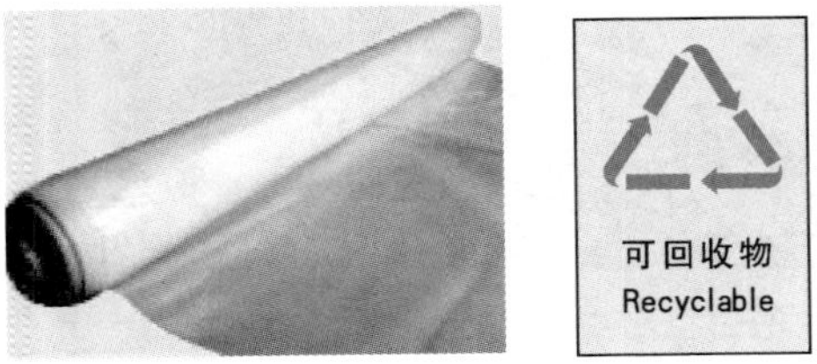

图 6-38　聚乙烯塑料保鲜膜、可回收标志

图 6-39　以酚醛树脂作手柄的炊具

聚乙烯塑料受热到一定温度范围开始软化，直到熔为液体。熔化的聚乙烯塑料冷却后又变成固体，加热后又熔化，这种现象称为**热塑性**；然而，有些塑料如酚醛树脂受热时变软，当加工成型后受热不再熔化，称为**热固性**。

塑料的品种非常丰富，不同的塑料性能和用途也不同。常见的塑料有聚乙烯、聚丙烯、聚氯乙烯、聚甲基丙烯酸甲酯等。下表中列出一些常见塑料的主要用途：

表 6-14　塑料的种类及应用

名称	代码	俗名	主要用途
聚乙烯	PE		包装材料、管材等
聚丙烯	PP		水管材料、包装材料等
聚苯乙烯	PS		防震泡沫塑料、灯饰外壳等
聚氯乙烯	PVC		管道材料、装饰材料等
聚甲基丙烯酸甲酯	PMMA	有机玻璃	仪表玻璃、光学仪器等
聚四氟乙烯	PTFE	塑料王	不粘锅涂层、封口带等
酚醛树脂		电木	热固性塑料，电工器材、汽车部件、木材胶黏剂等

从 20 世纪 60 年代开始，塑料进入广泛使用阶段。由于塑料具有很多优点，如价格低廉、加工方便、质地轻巧等，塑料一问世，便深受欢迎，它迅速渗入社会生活的方方面面，塑料被制成碗、杯、袋、桶、管等，创造了巨大的社会效益和经济效益。塑料被列为 20 世纪最伟大的发明之一，塑料的普及被誉为白色革命。然而，随着塑料产量不断增大，成本越来越低，人们用过的大量农用薄膜、包装用的塑料袋和一次性塑料餐具

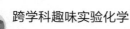

在使用后被抛弃在环境中，这些塑料垃圾化学性质稳定，在自然条件下很难分解，因此给自然环境带来很大的危害，被称为“白色污染”（如图 6-40 所示）。

白色污染的潜在危害是多方面的。塑料制品填埋后很长时间都不分解，使土壤环境恶化，严重影响农作物的生长，且垃圾中的细菌、病毒等有害物质很容易渗入地下，污染地下水，危及周围环境。如果将废塑料直接进行焚烧处理，不但产生大量黑烟，而且会产生二噁英等有毒物质，给环境造成严重的二次污染。若散落在江河湖海及田野中的废塑料碎片被动物误食，可能会造成这些动物死亡。若塑料废片缠住一些舰船的螺旋桨，则会造成海上交通事故。

图 6-40　生活中的白色污染

“白色污染”的防治，需要各方面综合治理。首先，国家层面要制定法律，减少“白色污染”的产生，2008 年初，国务院办公厅下发了《关于限制生产使用塑料购物袋的通知》。通知声明：从 2008 年 6 月 1 日起，在全国范围内禁止生产、销售、使用厚度小于 0.025 mm 的塑料购物袋（超薄塑料购物袋）。在所有超市、商场、集贸市场等商品零售场所实行塑料购物袋有偿使用制度，一律不得免费提供塑料购物袋。此举措无疑大大减少了废弃塑料袋的产生。其次，要加强环保宣传，提高公民的环保意识，减少塑料制品的使用，各生活小区内实行垃圾分类回收，加强塑料垃圾的回收和再利用，使塑料垃圾资源化。最后，从技术上生产可降解塑料制品代替现有的可能产生污染的塑料制品。目前，生物降解塑料是一类比较理想的环境友好材料，这种塑料在废弃后可被环境微生物完全分解成二氧化碳和水。

塑料回收利用是一个世界性的课题，工业发达国家的一些成功做法就是把塑料分门别类再回收使用。近年来，一些国家为了治理“白色污染”，提出了 3R 运动，即废塑料的减量化（reduced）、再利用（reuse）和再循环（recycle）。废塑料再生利用前应按塑料品种（化学结构）进行分类，以便使其更有效地被回收再利用。我国塑料制品的回收标志如表 6-15 所示。

表 6-15　塑料分类、代码及标志

塑料分类	代码	标志
聚酯类	PET	

续表

塑料分类	代码	标志
高密度聚乙烯	HDPE	
聚氯乙烯	PVC	
低密度聚乙烯	LDPE	
聚丙烯	PP	
聚苯乙烯	PS	
其他类	Others	

此外，在一定条件下，采用特殊的裂解催化剂，可使废塑料发生复杂的裂解反应而得到汽油、柴油等燃料物质，也是塑料资源化处理的一种方式。

拓展学习

可降解塑料

形形色色的塑料制品极大地丰富了人们的生活，但废弃的塑料在自然界里的分解速率很慢，要完全分解得几十年甚至几百年的时间。因而，大量废弃的塑料垃圾造成的“白色污染”被称为百年难题。发展可降解塑料产品是解决“白色污染”问题的有效途径之一。可降解塑料是指在较短的时间内、在自然条件下能够自行降解的塑料，一般分为四大类：

（1）光降解塑料——在塑料中掺入光敏剂，在日照下使塑料逐渐分解掉。它属于较早的一代降解塑料，其缺点是降解时间因日照和气候变化难以预测，因而难以控制降解时间。

（2）生物降解塑料——指在自然界微生物（如细菌、霉菌和藻类）的作用下，可完全分解为低分子化合物的塑料。其特点是贮存运输方便，只要保持干燥，不需避光，应用范围广，不但可以用于农用地膜、包装袋，而且广泛用于医药领域。

（3）光—生物降解塑料——光降解和微生物降解相结合的一类塑料，它同时具有光和微生物降解塑料的特点。

（4）水降解塑料——在塑料中添加吸水性物质，用完后弃于水中即能溶解掉，主要

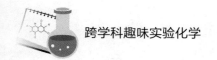

用于医药卫生用具方面（如医用手套等），便于销毁和消毒处理。

在4类降解塑料中，生物降解塑料随着现代生物技术的发展越来越受到重视，成为研究开发的新一代热点。

二、合成纤维

纤维是一类细丝状的物质，棉花、羊毛、蚕丝、麻等属于天然纤维，用木材等为原料经化学加工处理得到的人造丝、人造棉等叫人造纤维，用石油、天然气、煤等化石燃料为主要原料制得单体，经聚合反应制成的高分子纤维材料称为合成纤维。人造纤维和合成纤维统称为化学纤维。

合成纤维具有优良的性能，例如强度大、弹性好、耐磨、耐腐蚀、不怕虫蛀等，而被广泛地用于工农业生产和人们日常生活中。主要有丙纶、氯纶、腈纶、涤纶、锦纶、维纶，称为合成纤维的“六大纶”，如下表所示。

表 6-16　六大纶的化学名称及用途

商品名	化学名称	用途
丙纶	聚丙烯	包扎绳、食品周转箱等
氯纶	聚氯乙烯	薄膜、混纺毛线等
腈纶	聚丙烯腈	运动衣料、混纺毛线等
涤纶	聚对苯二甲酸乙二醇酯	饮料水瓶、衣物布料等
锦纶（尼龙）	聚酰胺类	丝袜、渔网等
维纶	聚乙烯醇缩甲醛	线绳、衣物布料等

合成纤维的优点是强度高，但透气性、吸湿性等往往不如天然纤维，通常可以通过两类纤维混纺，使它们的性能互补。合成纤维使我们的生活在穿衣方面更加丰富多彩的同时，也节约了大量用于种植棉花的土地，以增加粮食产量。

三、合成橡胶

橡胶是一类具有弹性的物质，当施以外力时形状将发生改变，去除外力后又可恢复原来的形状。橡胶应用广泛，全世界仅每年用于制造汽车、飞机用的轮胎就要消耗大量的橡胶。

天然橡胶出自橡胶树流出的白色乳液，其主要成分是聚异戊二烯，直接从橡胶树上提取的生胶，性能有许多缺陷，不耐磨、不易成型、溶于汽油等。天然橡胶经硫化处理后具有较好的弹性和强度，可用于大规模制造汽车轮胎。

随着现代工业的发展，天然橡胶已远远不能满足人们的生产、生活需要，人类于20世纪40年代开始大规模地生产合成橡胶，通用橡胶主要有顺丁橡胶、丁苯橡胶、氯丁橡胶3大类，如下表所示：

表 6-17　通用橡胶的名称及用途

商品名	化学名称	主要用途
顺丁橡胶	聚顺-1,3-丁二烯	汽车轮胎等
丁苯橡胶	丁二烯、苯乙烯共聚物	汽车轮胎等
氯丁橡胶	聚-2-氯-1,3-丁二烯	电缆外皮、运输带等

拓展学习

复合材料

复合材料是将不同功能和性能的多种材料用物理或化学方法使其结合成一体，使其产生具有某些特殊性能并优点互补的新型材料。主要有以下几类：

（1）聚合物基复合材料：主要是指纤维增强聚合物材料。如将碳纤维包埋在环氧树脂中使复合材料强度增加，用于制造网球拍、高尔夫球棍和滑雪橇等。玻璃纤维复合材料是玻璃纤维与聚酯的复合体，可以用于结构材料，如汽车和飞机中的某些部件、桥体的结构材料和船体等，其强度可与钢材相比。增强的聚酰亚胺树脂可用于汽车的塑料发动机，使发动机质量减小，节约燃料。

（2）陶瓷基复合材料：为改变陶瓷的脆性，将石墨或聚合物纤维包埋在陶瓷中，制成的复合材料有一定的韧性，不易碎裂，而且可以在极高的温度下使用。这类陶瓷基复合材料可望成为汽车、火箭发动机的新型结构材料。金属网陶瓷基材料具有超强刚性，可作为防弹衣的材料。

（3）金属基复合材料：在金属表面涂层，可以保护金属表面或赋予金属表面某种特殊功能，如金属表面涂油漆可以抗腐蚀；金属表面作搪瓷内衬可制造化学反应釜；金属表面镀铬可使表面光亮；金属表面涂以高分子弹性体赋予表面韧性，可作为抗气蚀材料用于水轮机、汽轮机的不锈钢叶片上，延长其使用年限；在纯的硅晶片上复合多层有专门功能的物质可用于计算机的集成电路片。近年来出现的铝硼纤维，其强度为铝合金的2倍，用于飞机，质量可减小23%～40%。铜钨纤维可耐1 100～1 300 ℃的高温。

（4）其他复合材料：如在醋酸纤维片上涂上氯化银及多层不同的染料化学品便成了彩色胶片，在木材上浸渍高分子单体，经引发聚合后就可制成表面光洁、内部结构增强的木材聚合物复合材料。混凝土高聚物复合材料可使混凝土增加强度并增加韧性。

小试牛刀

1. 下列服装布料中，属于合成材料的是（　　）。

A. 羊绒　　B. 纯棉　　C. 真丝绸　　D. 涤纶

2. 涤纶属于（　　）。

A. 天然高分子　　B. 塑料　　C. 合成纤维　　D. 合成橡胶

3. 生活中的下列物质，属于合成橡胶材料的是（　　）。

A. 自行车内胎　　B. 电视机外壳　　C. 吸顶灯外壳　　D. 洗脸盆

4. 下列材料中，不属于通常所说的三大合成材料的是（　　）。

A. 塑料　　B. 合成纤维　　C. 蛋白质　　D. 合成橡胶

5. 酚醛树脂经加工成型后就不会受热熔化，这种性质称为（　　）。

A. 热塑性　　B. 热固性　　C. 溶解性　　D. 电绝缘性

6. “白色污染”是指（　　）。

A. 冶炼厂的白色烟尘　　B. 石灰窑的白色粉末

C. 各类塑料垃圾　　D. 白色建筑材料产生的建筑垃圾

7. 为了增强市民环保意识，变废为宝，在城市率先实行垃圾分类回收。通常，绿色箱用来装可回收再利用垃圾，黄色箱用来装不可回收垃圾。以下能扔进绿色垃圾箱的是（　　）。

① 废旧报纸；② 废铜导线；③ 一次性塑料盒；④ 口香糖渣；⑤ 果皮；⑥ 空矿泉水瓶

A. ①③⑤　　B. ①②⑥　　C. ①②⑤　　D. ③④⑤⑥

8. 人们常说的三大合成材料是指（　　）。

A. 糖类、油脂、蛋白质　　B. 塑料、合成纤维、合成橡胶

C. 涤纶、锦纶、腈纶　　D. 聚乙烯、聚氯乙烯、聚苯乙烯

9. 甲醛（分子式为CH_2O）是室内装潢时的主要污染物之一。下列说法正确的是（　　）。

A. 甲醛不属于有机物　　B. 甲醛对人体健康没有危害

C. 甲醛是由碳原子和水分子构成的　　D. 甲醛由碳、氢、氧三种元素组成

10. 食品保鲜可以防止食品腐坏，保持食品的营养和味道。食品保鲜的措施有用保鲜膜密封、添加防腐剂、充填气体、放置干燥剂和脱氧保鲜剂等。这种保鲜膜一般是聚乙烯薄膜，它属于________

A. 无机物　　B. 有机物　　C. 合成材料　　D. 塑料

E. 合成纤维

学习反思

亲爱的同学们，通过本节内容的学习，你达到学习目标了吗？请你根据自己的学习情况进行自我评价。

表 6-18　自我评价量表

学习目标	是否达成 （全部达成请画☆☆☆，部分达成请画☆☆，没有达成请画☆）	学习反思
了解塑料、合成纤维、合成橡胶的性质及其用途		掌握较好的内容有：
知道“白色污染”的成因及其对环境的影响		有待提高的内容有：

单元小结

核心概念

碳单质	（1）三种碳单质的物理性质、化学性质及生活应用 （2）结构、性质、用途的关系 （3）生活中其他主要含碳单质的物质及应用
一氧化碳	（1）一氧化碳与二氧化碳结构的不同 （2）一氧化碳的毒性、可燃性、还原性 （3）一氧化碳的用途
酒精（乙醇）	（1）酒精对人体的影响 （2）酒精的可燃性 （3）测定酒精浓度的方法
葡萄糖	（1）银镜反应的操作方法 （2）平面镜成像原理
六大营养物质	（1）六大营养物质的种类、性质、在人体的作用 （2）维生素的酸性和还原性
高分子材料	（1）天然高分子材料的种类和应用 （2）合成高分子材料的种类和应用

思维导图

请试着画一个思维导图，将本单元核心知识进行关联，明确知识之间的关系，明确知识与实验之间的关系，并试着想想跨学科知识是怎样用于解决一个真实问题的？

第七单元　金属及化合物

生活中的金属材料有很多，例如铝制的玻璃窗、不锈钢制的菜刀、铁制的炊具、铜制的导线等。那么，金属材料都有哪些呢？金属有哪些物理性质和化学性质呢？金属资源十分宝贵，生活中我们如何保护金属资源呢？

本单元课题

金属 X 的故事

课题意义： 生活中到处都是金属。X 代表你的研究对象，X 可以是某一种金属，你将对这种金属进行深入探究。深入学习这种金属的物理性质和化学性质，并了解它的来源和应用。研究之后，你可以向周围的人传播关于金属的科普知识。

课题目标： 选择一种金属为研究对象，探究至少 2 点物理性质和 3 点化学性质，提出 1 种保护该金属资源的方法。最终，你将书写一份完整的关于“金属 X”的探究报告。X 可以代表的金属有：铝（Al）、铁（Fe）、铜（Cu）、镁（Mg）。

开展计划：

1. 建立研究小组，每组 2～3 人。进行小组分工
2. 根据本章的“金属和合金”“金属的化学性质”“保护金属资源”等相关知识制定合理的计划
3. 寻找专业人士咨询计划的可行性，及时调整计划
4. 实施计划
5. 书写探究报告，并完成目标中的所有要求

附：探究报告可参考的格式

探究主题	
探究意义	
探究过程	
探究正文	
探究反思	

主题1 “金属、合金”一探到底

学习目标

1. 通过阅读文字资料、实验探究等学习方式理解金属的物理性质。
2. 通过实验探究理解合金的 3 个性质。

关键概念

金属的物理通性、金属之最、合金三大性质

学科融合

物理　导电、导热、导磁、硬度、熔点

化学　抗腐蚀性

提起金属材料，你不会感到陌生。环顾你家里的日常生活用品，如锅、壶、刀、锄、水龙头等，它们都是由金属材料制成的。金属材料包括纯金属以及它们的合金。你想知道生活中的这些用品具体是由什么金属材料制作的吗？为什么要选取这种金属材料呢？在本课题中，我们将解密纯金属和合金的性质！

跨学科

与物理学科的融合：金属的物理通性

大多数金属都是固体、不透明、有金属光泽、有延展性、能导电、易传热等，如图 7-1 所示。

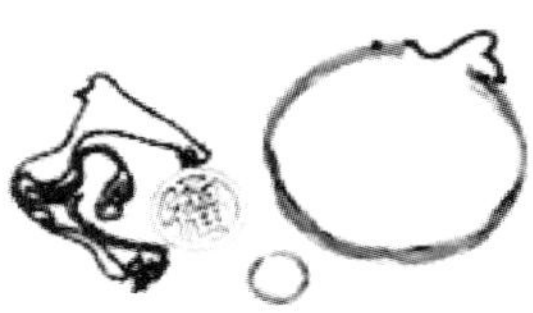

有光泽

能够导电

有延展性，能拉成丝

能展成薄片

能够导热

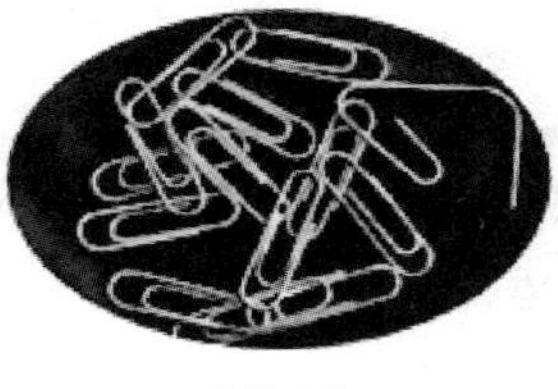

能够弯曲

图 7-1　金属的一些物理性质及用途

但有些金属例外，比如体温计中的汞常温下是液体。金属的延展性、导电能力、导热性、密度和熔沸点等也有差异，一些金属的物理性质见表 7-1。

表 7-1　不同金属的物理性质相关数据

名称	元素符号	密度/$g \cdot cm^{-3}$	熔点/K	沸点/K	硬度（金刚石＝10）
钠	Na	0.971	370	1156	0.4
镁	Mg	1.74	923	1363	2.0
铝	Al	2.70	930	2740	2.9
铬	Cr	7.20	2130	2945	9
铁	Fe	7.87	1808	3023	4.5
铜	Cu	8.92	1356	2840	3
铅	Pb	11.35	601	1998	1.5

交流讨论

如图 7-2，请根据你的生活经验和前面的有关信息，思考以下问题。

（1）为什么菜刀、镰刀、锤子等用铁制的而不用铅制的？

（2）已知银的导电性比铜的好，为什么电线一般用铜制、铝制的而不用银制的？

（3）为什么有的铁制品（如：自行车把手）要镀上铬？

铁制菜刀　　铜质导线　　镀铬车把

图 7-2　不同金属在生活中的不同用途

跨学科&探索海洋

与物理学科的融合：初探金属的物理性质

探索 1. 导热性对比

实验材料：粗细长短几乎一样的铁丝和铜丝、火柴、酒精灯、坩埚钳。

［**设计实验**］请根据已有材料，帮助小兰设计实验，对比铁丝和铜丝的导热性能。

［实验结论］导热性：铁_____铜（填“＞”“＜”或“＝”）。

探索 2. 导电性对比

［查阅资料］

1. 电路：电流流过的回路叫作电路，又称导电回路。最简单的电路，是由电源、用电器（负载）、导线、开关等元器件组成。电路导通时叫作通路，断开时叫开路。只有通路电路中才有电流通过。

2. 电流表：电流表是指用来测量电路中电流的仪表。电流表读数越大，说明电路中的电流越大，电阻越小，导电性越好。

实验材料：粗细、长短几乎相同的铜丝和铁丝、小灯泡、开关、电流表、电源。

根据给出的实验材料，小兰设计了相关实验，请你完成相关实验，填写表 7-2 的实验现象和实验结论。

表 7-2　导电性对比实验任务单

实验步骤	实验现象	实验结论
1. 将铜丝、小灯泡、开关、电流表、电源按照教师的指示连接起来。连接时，开关处于打开状态。连接好后，将开关闭合。观察电流表的读数和灯泡亮度 2. 将铜丝换成铁丝，其余不变，重复上述步骤		导电性： 铁_____铜（填“>”“<”或“=”）

通过实验可知，不同金属的性质有区别。铜的导热性、导电性均优于铁丝。

拓展阅读

金属之最

① 延性最好的金属是铂（Pt），可抽成 0.2 μm 的细丝，相当于头发直径的 1/400。

② 展性最好的金属是金（Au），金箔厚度可以薄到 0.1 μm，十万张这样的金箔只有 1 cm 厚。

③ 导电性最好的金属是银（Ag），之后是铜（Cu）、金（Au）、铝（Al）。

④ 密度最大的金属是锇（Os），为 22.6 g/cm^3；密度最小的是锂（Li），为 0.53 g/cm^3。

⑤ 硬度最大的金属是铬（Cr），常用作钢件表面的镀层。

⑥ 熔点最高的金属是钨（W），为 3 410 ℃，常用作灯丝。

⑦ 熔点最低的金属是汞（Hg），为 −39 ℃，常用于温度计。

铁与其他常见金属的物理性质的不同之处在于铁具有导磁性。通常，磁铁就是由铁制作的。用磁铁吸引曲别针，瞬间就吸引上来了。但是，小兰发现，用家里的金属汤匙去吸引曲别针，却吸引不上来。金属汤匙的主要成分也是铁。为什么汤匙和磁铁的性能差别如此之大呢？小兰通过资料学习，得知了一种将汤匙变磁铁的方法。现在请你也来试一试。并试着查阅资料或咨询教师，解释其中的奥秘。

探索海洋

汤匙变磁铁

表 7-3 “汤匙变磁铁”的实验任务单

实验步骤	实验现象	实验原理
1. 用金属汤匙吸引曲别针，观察实验现象 2. 手里拿一块磁铁慢慢地在汤匙上来回摩擦。立即用汤匙吸引曲别针，观察实验现象 3. 将汤匙在桌子上一敲，然后再吸引曲别针，观察实验现象		

铁是可以磁化的物质，由磁分子构成，未被磁化前，这些磁分子杂乱地排列，磁作用相互抵消，对外不显磁性，当收到外界磁场磁力的作用时，它们会排列整齐。中间的磁分子间磁作用被抵消，两端则显示了较强的磁作用。汤匙本身没有被磁化，磁分子无序排列，磁作用相互抵消，对外不显磁性。用磁铁慢慢摩擦后，汤匙被磁化，磁分子排列整齐，对外显示磁性，可以吸引曲别针。在桌上敲击汤匙，内部磁分子又会排列整齐，对外不显磁性。

小兰探究完金属的这些物理性质之后，对合金又产生了极大的兴趣。

合金是由一种金属跟其他金属或非金属熔合形成的、具有金属特性的物质。常见的合金有铁合金（含生铁和钢，其中生铁的含碳量高于钢、铝合金（由 Al、Cu、Mg、Si、Mn 等制成的硬铝合金）、黄铜（铜锌合金）、焊锡（铅锡合金）、钛合金等。一般来说，和组成合金的原金属比较，合金具有硬度大、熔点低、抗腐蚀性能强的三大特性。

跨学科&探索海洋

与物理学科的融合：解密合金性质

探索 1. 硬度比较

表 7-4 “硬度比较”的实验任务单

实验步骤	实验现象	实验结论
如图 7-3，比较黄铜片和铜片、硬铝片和铝片的硬度。将它们互相刻画，观察实验现象  图 7-3　比较合金和纯金属的硬度		硬度：黄铜____铜； 硬铝片_____铝片（填“>”“<”或“＝”）

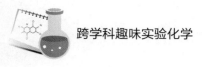

探索 2. 熔点比较

表 7-5 “熔点比较”的实验任务单

实验示意图	现象	结论
 图 7-4　比较合金和金属的熔点 如图 7-4，在加热盘中从左往右依次放入金属锡、金属铅、焊锡、对准金属盘的正中间加热，观察三种物质谁先熔化		锡、铅、焊锡的熔点大小： ______>______>______

家庭实验

淬火和回火是金属热处理中常用的两种方法。例如，经过淬火后的钢，其硬度和耐磨性增强，塑性和韧性却降低。淬火后的钢再经回火后，其韧性可部分恢复。

下面是在家可以完成的两个兴趣小实验，快点动起手来吧！

淬火：取两根缝衣钢针，用镊子夹住放在火焰上烧至红热后，立即放入冷水中。冷却后取出其中的一根，试验能否将其弯曲。

回火：用镊子夹住另一根淬火后的钢针，放在火焰上微热片刻（不要使钢针烧红），然后放在空气中（最好放在炉灰中）待到自然冷却，再试能否将其弯曲。

拓展学习

飞机上的金属材料

飞机使用了金、铁合金、铝合金、钛合金、镍合金等材料，你知道为什么使用这些材料吗？

金：用覆盖了纯金膜的聚合物（塑料）做成的挡风玻璃，因金膜中通过电流时能产生足够的能量，而使保证玻璃不起水雾；此外，金也不会与空气、水反应，所以，黄金非常适合这项工作。

铁合金：飞机的结构必须极其牢固。用含碳和其他金属做的钢是制造这些部件的最佳材料。

铝合金：飞机的外壳必须牢固、质轻、抗腐蚀，所以用铝合金制造。铝合金是由铝、镁、铜和另外一些能增加强度的微量金属制成的。

钛合金：为保持飞机的方向、支持它巨大的重量，起落架必须足够牢固。由钛、钒、铁和铝组成的钛合金像钢一样牢固，重量又很轻，所以用它来制造起落架。

镍合金：喷气式飞机的发动机叶片每分钟要旋转约几千次，而且不能变形，同时还必须承受 1 100 ℃的高温。由镍、铁、碳和钴组成的镍合金能胜任这一工作。

图 7-5 飞机是由金属材料构成的

小试牛刀

1. 钛和钛合金被认为是 21 世纪的重要材料，它们具有很多优良的性能，如熔点高、密度小、可塑性好、易于加工、钛合金与人体有很好的“相容性”等。根据它们的主要性能，下列用途不切合实际的是（　　）。

A. 用来做保险丝　　B. 用来制造航天飞机

C. 用来制造人造骨　　D. 用于制造船舶的主要部件

2. 日常生活中，用于保护钢铁制品（如自来水管）所使用的“银粉”实际上是金属________的粉末；家用热水瓶内胆壁上的金属是________；体温计中填充的金属是________；玻璃刀刀头是用________制成的。

3. 怎样用简单的物理方法鉴别铁粉和石墨粉？

____

4. 日常生活中使用的自来水管，你认为既经济又耐用的是（　　）。

A. 普通钢管　　B. 铜管　　C. 不锈钢　　D. 塑料管

5. 我国在春秋战国时期就开始将生铁经高温煅打处理得到相当于铸钢的器具（如锋利的宝剑），这一技术比欧洲早了近 2000 年。高温煅打生铁的主要作用是（　　）。

A. 除硫、磷杂质　　B. 适当降低含碳量

C. 掺进合金元素　　D. 改善表面的结构性能

6. 工业中常将两种金属在同一容器中加热使其熔化，冷却后得到具有金属特性的熔合物——合金。根据所列金属的熔点和沸点的数据（其他条件均已满足），判断不能制得的合金是（　　）。

A. K—Na 合金　　B. K—Fe 合金

C. Na—Al 合金　　D. Fe—Cu 合金

金属	Na	K	Al	Cu	Fe
熔点/℃	97.8	63.6	660	1083	1535
沸点/℃	883	774	2200	2595	2750

学习反思

亲爱的同学们，通过本节内容的学习，你达到学习目标了吗？请你根据自己的学习情况进行自我评价。

表 7-6　自我评价量表

学习目标	是否达成 （全部达成请画☆☆☆，部分达成请画☆☆，没有达成请画☆）	学习反思
通过阅读文字资料、实验探究等学习方式理解金属的物理性质		掌握较好的内容有：
通过实验探究理解合金的 3 个性质		有待提高的内容有：

主题 2　神奇的金属反应

学习目标

1. 通过实验探究学习金属的化学性质。
2. 掌握金属活动性顺序表，会利用金属活动性顺序表解释金属的置换反应。

关键概念

金属与氧气反应、金属与酸反应、金属与盐溶液反应、置换反应

金属在生活中有这么多的用途，不仅是与它们的物理性质有密切关系，而且与它们的化学性质息息相关。你知道金属具有哪些化学性质吗？金属又有怎样的用途呢？金属的性质和用途之间有怎样的关系呢？在本课题中，我们将共同探究金属发生的神奇的化学反应。

小静通过自学自研，知道金属可以与氧气反应。她观看了一些金属与氧气反应的视频，认为实验现象十分绚丽，现在她想在实验室体验这些实验。

探索海洋

金属与氧气反应

［**实验目的**］探究金属钠、镁、铝、铜与氧气的反应。

请根据实验操作完成实验，填写实验表格及思考题。

表 7-7　金属与氧气反应的任务单

实验示意图	实验现象	反应方程式
 图 7-6　钠与氧气的反应 如图 7-6 所示，从煤油中取出小块金属钠，用小刀切成绿豆大小，用滤纸擦干表面煤油，放在石棉网上加热，观察实验现象		
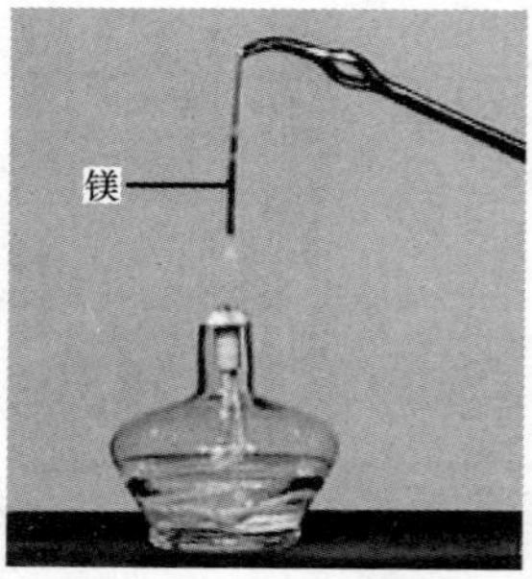 图 7-7　镁与氧气的反应 如图 7-7 所示，用砂纸将镁条打磨至光亮后，放在酒精灯上灼烧，观察实验现象		
 图 7-8　铝与氧气的反应 如图 7-8 所示，用砂纸打磨铝片，放在酒精灯上灼烧，观察实验现象		

续表

实验示意图	实验现象	反应方程式
 图 7-9　铜与氧气的反应 如图 7-9 所示，将螺旋状的铜丝打磨至光亮后，放在酒精灯上灼烧，观察实验现象		

交流讨论

通过实验可知，铝和氧气反应时表面生成了一层致密的氧化铝（Al_2O_3）薄膜，请问铝的这一点化学性质在生活中有什么用途呢？

实验表明金属钠很容易与氧气反应，常温下即可迅速反应，生成氧化钠，点燃条件下更能剧烈反应并燃烧起来，生成过氧化钠。反应的化学方程式为：

$$4Na+O_2 = 2Na_2O$$（白色）

氧化钠

$$2Na+O_2 \xlongequal{点燃} Na_2O_2$$（淡黄色）

过氧化钠

镁在常温下也能与氧气反应，但只能形成一层氧化物薄膜，不能完全反应，但在点燃条件下镁能剧烈燃烧，生成氧化镁，发出耀眼的白光。反应的化学方程式为：

$$2Mg+O_2 \xlongequal{点燃} 2MgO$$

铝在空气中与氧气反应后生成一层致密的氧化铝薄膜，该薄膜能阻止铝进一步被氧化，因此铝箔在空气中加热不能燃烧。反应的化学方程式为：

$$4Al+3\ O_2 = 2Al_2O_3$$（白色）

铝　　　　氧化铝

铝片经打磨后在酒精灯上加热，可见铝片熔化但不滴答，这是因为生成的氧化铝的熔点高于铝。

铁丝能在纯氧气中燃烧生成四氧化三铁。铜和氧气发生反应但不燃烧，只能加热时与氧气化合生成氧化铜，而金即使在高温条件下也不与氧气反应。由此，我们可以得出这样的结论：钠、镁、铝比较活泼，铁、铜次之，金最不活泼。其中，铜与氧气反应的化学方程式如下：

$$Cu+O_2 \overset{\triangle}{=\!=\!=} CuO$$

拓展学习

金属的应用：军事上的照明弹和燃烧弹

照明弹中通常装有铝、镁、硝酸钠、硝酸钡等物质，当引爆后，金属镁和铝在空气中迅速燃烧，产生几千度高温，并放出含有紫外线的耀眼白光，反应放出的热量使硝酸钠和硝酸钡分解，产生氧气。产生的氧气又加速了镁、铝的燃烧反应，使照明弹更加夺目。

图 7-10　照明弹

用一种黏合剂与汽油黏合成胶装物，可制成凝固汽油燃烧弹。有的凝固汽油弹里添加活泼的金属——钾、钙和钡。这些金属遇水就剧烈反应，产生具有可燃性可爆炸的氢气：$2K+2H_2O=2KOH+H_2\uparrow$，$Ba+2H_2O=Ba(OH)_2+H_2\uparrow$。这样就能发现和攻击对方水中的目标。

探索海洋

金属在酸中“吐泡泡”

［**实验目的**］探究金属 Mg、Zn、Fe、Cu 在盐酸中是否可以“吐泡泡”。

表 7-8　金属在酸中“吐泡泡”任务单

实验操作	实验现象	实验结论
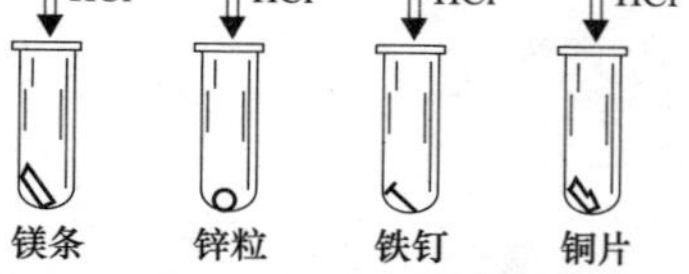 图 7-11　镁、锌、铁、铜与稀盐酸的反应 如图 7-11 所示，注意各试管中加入等量的盐酸（主要成分为氯化氢，HCl），对比不同试管中的实验现象		

续表

实验操作	实验现象	实验结论
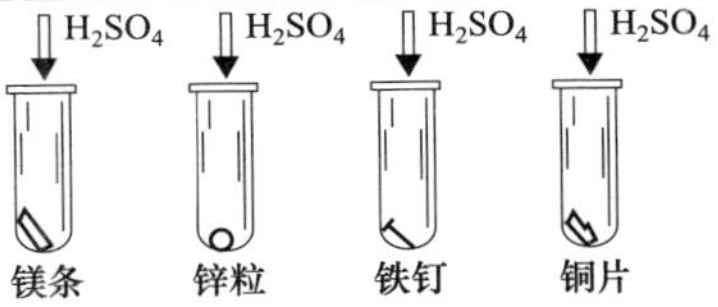 图 7-12　镁、锌、铁、铜与稀硫酸的反应 如图 7-12 所示，注意各试管中加入等量的硫酸（H_2SO_4）溶液，对比不同试管中的实验现象		

交流讨论

根据上述实验，镁、锌、铁、铜的金属活动性从强到弱的顺序为：＿＿＿＿＿＿＿＿

实验表明，金属镁、锌、铁都能与稀盐酸（或稀硫酸）反应，生成相应的氯化物（或硫酸盐）和氢气，反应的化学方程式为：

$$Mg+2HCl=MgCl_2+H_2\uparrow;\quad Mg+H_2SO_4=MgSO_4+H_2\uparrow$$
$$Zn+2HCl=ZnCl_2+H_2\uparrow;\quad Zn+H_2SO_4=ZnSO_4+H_2\uparrow$$
$$Fe+2HCl=FeCl_2+H_2\uparrow;\quad Fe+H_2SO_4=FeSO_4+H_2\uparrow$$

但是不同金属与稀盐酸反应的剧烈程度不同，镁与稀盐酸反应最剧烈，锌反应的剧烈程度次之，铁与稀盐酸反应最不剧烈，而金属铜不与稀盐酸反应。由此，我们可以得出这样的结论：镁、锌、铁、铜的金属活动性依次递减。

交流讨论

镁、锌、铁与稀盐酸（或稀硫酸）的反应有什么共同的特点？

通过观察，以上反应均是一种单质和一种化合物反应，生成另外一种单质和另外一种化合物。我们称这样的反应为置换反应。通过实验发现，镁、锌、铁等金属跟盐酸、稀硫酸发生置换反应，均放出 H_2，而铜、汞、银等则难以从这些酸中置换出 H_2。说明铜、汞、银不如镁、锌、铁活泼。

探索海洋

金属大变脸

小静查阅资料知道，以滤纸、粉笔为载体，可以长出漂亮的金属树。现在她想在实验室完成金属树的创作。

探索 1. 滤纸上的“金属树”

表 7-9　滤纸上的“金属树”任务单

实验操作	实验现象	结论及方程式
1. 将一张圆形滤纸置于培养皿中，再准备同样的反应装置一份。分别在两个培养皿中滴加 1 mol · L^{-1} 的 $CuSO_4$ 和 $SnCl_2$ 溶液，使得滤纸处于浸润状态。溶液不宜太多，否则置换生成的金属不宜在滤纸上附着成形。最好用吸管吸取溶液滴在滤纸的中央，让溶液扩散至滤纸边缘。此时要注意，滤纸与培养皿之间不能留有空气。将米粒大的锌粒在两张滤纸中央各放置一颗；盖好培养皿； 2. 2 分钟后观察“锡树”生长情况； 3. 6 小时后观察“铜树”生长情况		

探索 2. 粉笔上的“金属树”

表 7-10　粉笔上的“金属树”任务单

实验操作	实验现象	结论及方程式
1. 将两段白色粉笔分别横置于培养皿中，各滴加 1 mol · L^{-1} 的 $CuSO_4$ 和 $SnCl_2$ 溶液使其充分浸润，粉笔的侧面各放置一颗锌粒； 2. 2 分钟后观察“锡树”生长情况； 3. 6 小时后观察“铜树”生长情况		

在第一个实验中，2 分钟后，发现滤纸表面产生了银白色的“锡树”。6 小时后，另外一张滤纸表面产生了蓝色的“铜树”。在第二个实验中，2 分钟后，粉笔侧面产生了“锡树”，6 小时后“铜树”也长出来了。这是因为金属锌和硫酸铜、氯化锡溶液发生了置换反应，产生了新的金属。反应的化学方程式如下：

$$Zn + \underset{\text{氯化锡}}{SnCl_2} = ZnCl_2 + \underset{\text{锡}}{Sn};\ Zn + CuSO_4 = ZnSO_4 + Cu$$

制作出漂亮的金属树之后，小静想知道，是不是随便两种金属之间都可以发生置换反应呢？

探索海洋

以铜换铝，以铝换铜?

［实验目的］探究金属铜是否可以置换金属铝，金属铝是否可以置换金属铜。

［设计实验］请你帮助小静完成实验设计。

____

____

交流讨论

在金属大变脸的实验中，这些反应都属于什么反应类型呢？

通过大量的实验研究，人们归纳总结出常见金属的活动性顺序如下：

K　Ca　Na　Mg　Al　Zn　Fe　Sn　Pb　(H)　Cu　Hg　Ag　Pt　Au

金属活动性顺序由强逐渐减弱 →

根据上面金属活动性顺序表，我们知道，位置越靠前的金属活动性越强，位于氢前面的金属能从盐酸或稀硫酸溶液中置换出氢，位于前面的金属能把位于后面的金属从它们的盐溶液中置换出来（K、Ca、Na 除外，因为 K、Ca、Na 太活泼了，当它们与后面金属盐溶液相遇时会优先和溶液中的水发生剧烈的反应）。值得强调的是，盐溶液是指金属阳离子和阴离子团（或氯离子 Cl^-）形成的溶液。例如：$CuSO_4$ 溶液是由金属阳离子 Cu^{2+}和阴离子团 SO_4^{2-}形成的；$SnCl_2$ 溶液是由金属阳离子 Sn^{2+}和阴离子 Cl^-形成的。这里需要注意的是，如果想把铁单质置换出来，需要从+2 价铁（如氯化亚铁 $FeCl_2$、硫酸亚铁 $FeSO_4$ 等）的盐溶液中发生反应。同样的，如果是铁单质和其他盐溶液反应置换生成其他的金属，此时铁单质转化成+2 价铁的化合物进入溶液中。

拓展阅读

关于金属的化学反应还有很多，同学们可以在家观看以下视频，体会反应的绚丽。注意以下视频有一定危险性，只能观看，不能模仿。想要做实验的同学可先咨询化学教师，在教师的允许下方可实验。

1：自动长毛的铝鸭子

链接：https://www.bilibili.com/video/BV1u4411Q7Ne/?spm_id_from=333.337.search-card.all.click

2. 金属钠在跳舞

链接：https://www.bilibili.com/video/BV1C4411j7ER/?spm_id_from=333.337.search-card.all.click

3. 消失的勺子

链接：https://www.bilibili.com/video/BV1Qs411d7XL/?spm_id_from=333.337.search-card.all.click

小试牛刀

1. 废旧计算机的某些部件含有 Zn、Fe、Cu、Ag、Pt（铂）、Au（金）等金属，经物理方法初步处理后，加入足量稀盐酸充分反应，过滤，所得的固体中不应有的金属是（　　）。

A. Cu，Ag　　B. Zn，Fe　　C. Pt，Cu　　D. Ag，Cu

2. 下列金属，不能从稀硫酸中置换出氢气的是（　　）。

A. K　　B. Fe　　C. Sn　　D. Hg

3. 下列叙述，不正确的是（　　）。

A. 在金属活动性顺序里，金属的位置越靠前，它的活动性就越强

B. 在金属活动性顺序里，位于氢前面的金属能从盐酸中置换出氢气

C. 金属活动顺序表前面的金属一定能把后面金属从其盐溶液里置换出来

D. 金属活动顺序可以作为金属能否在溶液中发生置换反应的一种判据

4. 某兴趣小组对“金属活动性顺序”从内容、规律以及应用等方面进行了总结。请填空：

（1）金属活动性顺序表：K Ca Na ___ Al Zn Fe Sn Pb(H) ___Hg Ag Pt Au

（2）金属与酸反应的规律是________________________________

举例说明：________________________________（用化学方程式表示）。

5. 小思实验操作考试的题目是探究金属的化学性质，内容包括：铜在空气中灼烧、锌与稀硫酸反应、铝丝与硫酸铜溶液反应。下图是他实验操作考试中的部分情景。

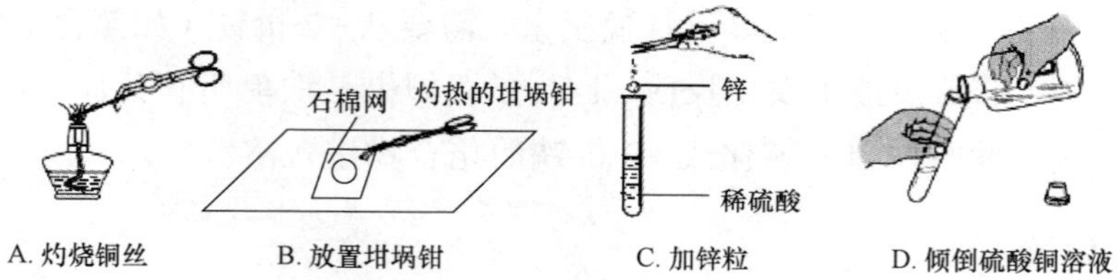

图 7-13　实验操作示意图

（1）上图中有一处错误的操作，该操作是______（填序号）

（2）操作 A 的现象是________________________

（3）他将铝丝插入硫酸铜溶液中，未出现任何现象，其原因是__________________

学习反思

亲爱的同学们，通过本节内容的学习，你达到学习目标了吗？请你根据自己的学习情况进行自我评价。

表 7-11　自我评价量表

学习目标	是否达成 （全部达成请画☆☆☆，部分达成请画☆☆，没有达成请画☆）	学习反思
通过实验探究学习金属的化学性质		掌握较好的内容有：
掌握金属活动性顺序表，会利用金属活动顺序表解释金属的置换反应		有待提高的内容有：

主题 3　保护金属资源

学习目标

1. 知道常见金属铁、铜、铝的矿物，知道工业炼铁的原理。
2. 了解金属锈蚀的条件及防止金属锈蚀的简单方法。
3. 知道废弃金属对环境的污染，认识回收金属的重要性。

关键概念

保护金属资源、金属腐蚀

一方面，人类每年要向自然界索取大量的金属矿物资源，以提取数以亿吨计的金属。另一方面，根据有关报道，现在世界上每年因腐蚀而报废的金属设备和材料相当于年产量的 20%～40%。你知道是生活中金属是如何腐蚀的吗？如何能减缓腐蚀的速度？本课题我们将共同探讨。

探索海洋

探究钢铁制品的生锈条件

［**实验材料**］洁净无锈的铁钉、试管、经煮沸迅速冷却的蒸馏水（思考：为什么要用蒸馏水，煮沸的意义是什么）、植物油、棉花和干燥剂氯化钙等。

［**猜想假设**］根据实验材料，小明猜想，铁生锈的条件为 1：与______接触；2：与______接触。

［设计实验］

表 7-12　探究钢铁制品的生锈条件任务单

实验示意图	现象	结论及方程式
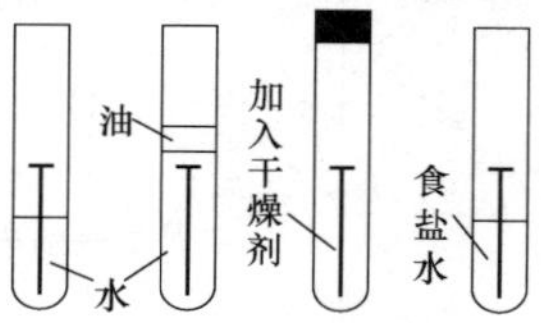 图 7-14　铁钉的腐蚀 如图 7-14 所示，准备 4 支大小相同的试管和 4 枚大小相同的未生锈的铁钉。第 1 支铁钉一半放在水中，一半放在空气中。第 2 支铁钉完全放入水中，上面用少量植物油液封。第 3 支铁钉放在一个干燥的试管中，试管中可以考虑放入少量吸水干燥剂（如氯化钙 $CaCl_2$），试管口用橡胶塞塞好。第 4 支试管一半放在食盐水中	提示：连续观察一周左右	

交流讨论

经过实验，小明得出钢铁制品腐蚀的条件是：____________________

实验表明，铁在干燥的空气里不易生锈，但在有水（实际上是水溶液，其中或多或少溶解盐酸、碱、盐等物质）和空气存在的条件下，很快就会生锈，所以在夏天潮湿的季节里，钢铁制品最容易生锈。如果遇到氯化钠溶液、稀盐酸等，铁发生腐蚀的速率就会更快。由此我们知道，影响铁腐蚀的因素有：铁接触的空气是否潮湿，铁是否与像氯化钠、稀盐酸等这样的溶液接触。

除了金属铁生锈以外，其他的金属长期露置在空气中也会生锈，例如金属铜。坐落在颐和园中的“铜牛”是由铜合金制成的，始建于清朝乾隆年间。经过多年的风吹日晒，铜牛的身体也出现了一些绿色的物质。这些绿色的物质就是金属铜长期与水、氧气、二氧化碳同时接触后生成的锈（碱式碳酸铜，化学式：$Cu_2(OH)_2CO_3$）。

图 7-15　颐和园的“铜牛”

探索海洋

探究金属铜生锈的条件

如图 7-16，A～F 这 6 只大小相同的试管中放置了一块大小相同的未生锈的金属铜片，其余条件如图所示。请你预测，一段时间后，哪只试管中的铜片开始生锈，为什么？哪些试管中的现象对比可以说明金属铜生锈的条件是与水接触？又有哪些试管中的现象对比可以说明金属铜的生锈条件与氧气、二氧化碳有关？

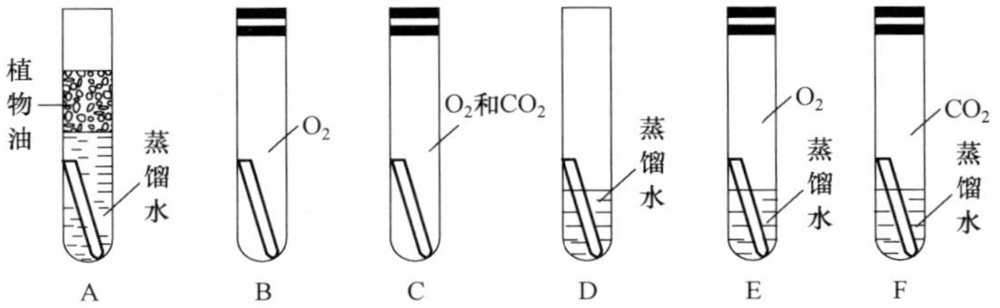

图 7-16　探究金属铜生锈的实验示意图

我预测，编号为_____的试管最开始出现铜锈。这是因为____

我认为，编号为_____和_____的试管现象进行对比，能够说明金属铜生锈的条件之一为与水接触。编号为_____和_____的试管现象进行对比，能够说明金属铜生锈的条件之一为与氧气接触。编号为_____和_____的试管现象进行对比，能够说明金属铜生锈的条件之一为与二氧化碳接触。

生活中，你能购买到表面发蓝发黑的铁钉，细心观察，你会发现这些铁钉不易生锈。因为这里有一道工艺——烤蓝，在铁表面镀上了一层氧化膜，从而减缓了铁钉的生锈速率。小明对此十分感兴趣，他想亲手制作一个不易生锈的铁钉。

探索海洋

制作不易生锈的铁钉

请根据以下实验操作步骤完成实验，填写实验现象并解释相关原理。

注意：氢氧化钠固体有强腐蚀性，使用时勿接触皮肤。

表 7-13　“制作不易生锈的铁钉”实验任务单

实验操作	实验现象	原理解释
1. 取少量稀氢氧化钠溶液于试管中，放入铁钉，除去油膜； 2. 再用试管量取适量稀盐酸，把铁钉投进，除去镀锌层，氧化膜和铁锈； 3. 称取 2 g 固体氢氧化钠，0.3 g 硝酸钠和一勺亚硝酸钠，在烧杯中溶于 10 mL 蒸馏水； 4. 把铁钉投入烧杯中，加热至表面生成亮蓝色或黑色的物质为止		

上述实验的原理是：亚硝酸钠与铁在强碱溶液中反应生成四氧化三铁、氨气和氢氧化钠。这层氧化膜有效阻止了氧气和水与铁接触，减缓铁钉生锈的速率。

交流讨论

除了对铁制品做烤蓝处理以外，生活中还有哪些方法可以减缓铁的锈蚀呢？请你与同学们交流讨论、并上网搜索相关信息，和同学们分享一下吧！

金属的腐蚀损失是巨大的，后果是严重的，因此，我们需要采取各种有效的措施防止金属的腐蚀。这些措施主要有：

（1）改变金属的内部结构。例如：向钢铁中加入一定量的铬和镍制成不锈钢。

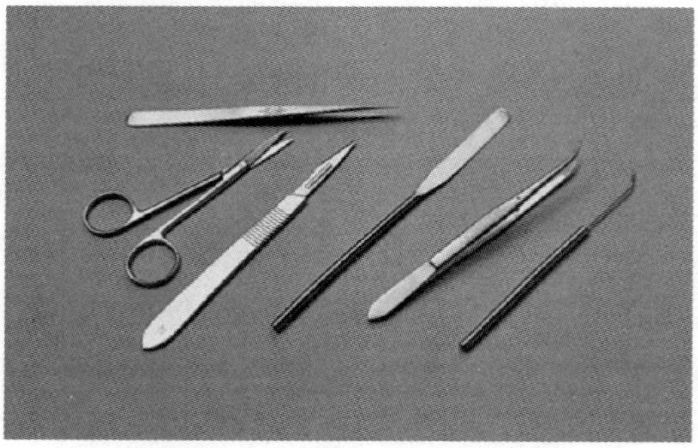

图 7-17　生活中的不锈钢制品

（2）在金属表面覆盖保护层。例如：涂油脂、刷油漆、电镀、烤蓝等。

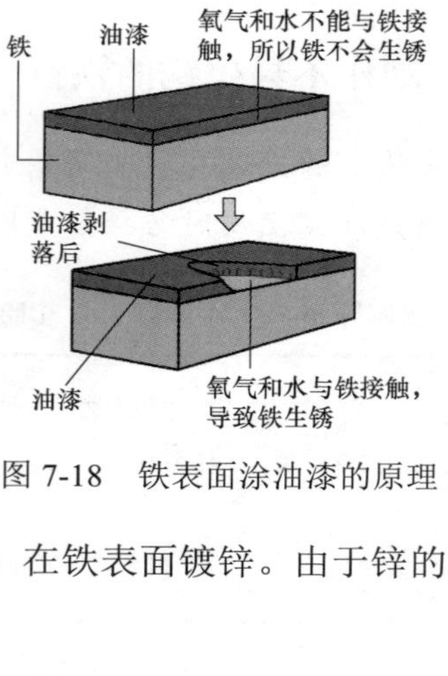

图 7-18　铁表面涂油漆的原理

（3）电化学保护法。例如：在铁表面镀锌。由于锌的金属活动性大于铁，当铁表面镀锌后，锌和氧气、水等发生反应，从而保护了金属铁。

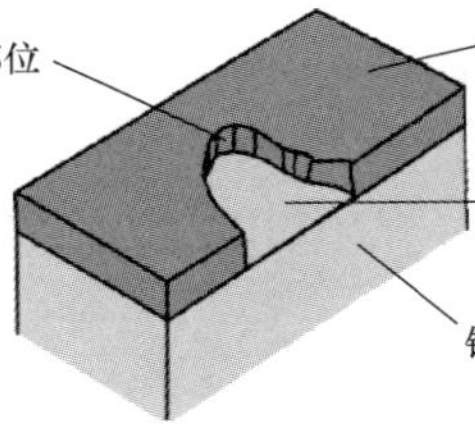

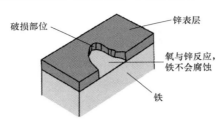

图 7-19　铁表面镀锌，保护铁不被腐蚀

除此以外，我们还要回收利用金属资源，例如：回收废钢铁，回收铝制饮料罐，回收废导线中的铜等。

我们国家矿产资源是比较丰富的，但是人均矿产资源非常少，因此，我们要有计划、合理开采矿物，实现可持续性发展。

另外，我们还可以通过寻找金属的代用品来保护金属资源。例如：用高分子合成材料来代替金属制造各种管道、齿轮以及汽车外壳等。

项目式学习

项目名称：调查不同的金属的冶炼方法。

项目目的：你知道我们生活中的金属，例如：铝、铁、铜、银、金等是如何冶炼出来的吗？请你和同学们一起查阅相关资料，就该问题做一个项目研究吧。

实施提示：

1. 你需要知道什么是冶金。
2. 你需要调查至少 5 种不同金属的冶炼方法。
3. 对这 5 种金属的冶炼方法进行归纳总结，形成项目研究报告。

以下是项目研究手册，供你参考。

项目名称：________________________________

合作团队：________________________________

项目目标：________________________________

实施计划：

实施过程（需记录关键现象，不够另附纸）：

成果展示：

小试牛刀

1. 下列金属中，通常采用热还原法冶炼的是（　　）。

A. Na　　B. Al　　C. Fe　　D. Ag

2. 光亮的铁钉在下面几种情况下，最不容易生锈的是（　　）。

A. 

B. 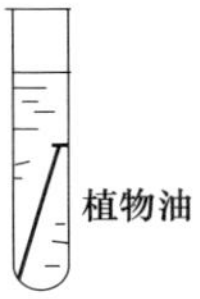

C. 

D. 

3. 下列叙述正确的是（　　）。

A. 由铁矿石炼铁是物理变化

B. 生铁和钢都能完全溶解在稀盐酸中

C. 用铁制容器盛放稀硫酸溶液，容器易被腐蚀

D. 生铁和钢都是铁合金，他们在性能和用途上差异不大

4. 有关金属资源的叙述错误的是（　　）。

A. 目前世界年产量最高的金属是铁

B. 地球上金属资源大多数以化合物形式存在

C. 地球的金属资源是有限的，而且不易再生

D. 保护金属资源的唯一途径是防止金属的腐蚀

5. 铁生锈是比较常见的现象，某实验小组为研究铁生锈的条件，设计了以下快速易行的方法：

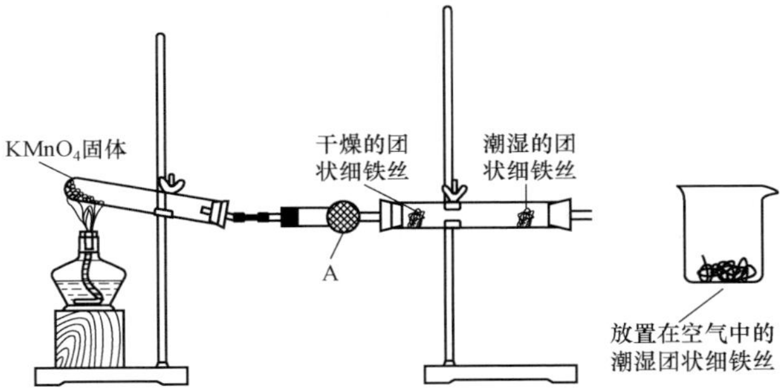

首先检查制氧气装置的气密性，然后按上图连接好装置，点燃酒精灯给药品加热，持续 3 分钟左右，观察到的实验现象为：① 直形管中用蒸馏水浸过的光亮铁丝表面颜色变得灰暗，发生锈蚀；② 直形管中干燥的铁丝表面依然光亮，没有发生锈蚀；③ 烧杯中潮湿的铁丝依然光亮。

试回答以下问题：

（1）仪器 A 的名称为______________，其中装的药品可以是___________，其作用是____。

（2）由实验可知，该类铁生锈的条件为__________________________。决定铁生锈快慢的一个重要因素是____。

学习反思

亲爱的同学们，通过本节内容的学习，你达到学习目标了吗？请你根据自己的学习情况进行自我评价。

表 7-14　自我评价量表

学习目标	是否达成 （全部达成请画☆☆☆，部分达成请画☆☆，没有达成请画☆）	学习反思
知道常见金属铁、铜、铝的矿物，知道工业炼铁的原理		掌握较好的内容有： 有待提高的内容有：
了解金属锈蚀的条件及防止金属锈蚀的简单方法		
知道废弃金属对环境的污染，认识回收金属的重要性		

单元小结

核心概念

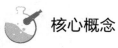

金属的物理通性	金属光泽、导热性、导电性、延展性、熔沸点、硬度、密度 注意：金属之最
金属的化学通性	位置越靠前的金属活动性越强，与氧气反应越剧烈。位于氢前面的金属能从盐酸或稀硫酸溶液中置换出氢，位于前面的金属能把位于后面的金属从它们的盐溶液中置换出来（K、Ca、Na 除外） K　Ca　Na　Mg　Al　Zn　Fe　Sn　Pb　(H)　Cu　Hg　Ag　Pt　Au ——————————————→ 金属活动性顺序由强逐渐减弱
合金	概念、三大性能、常见合金
铁生锈	生锈条件、保护方法
保护金属资源	防止金属腐蚀；金属资源的回收利用；有计划合理地开采矿物；寻找金属的代用品

思维导图

请试着画一个思维导图，将本单元核心知识进行关联，明确知识之间的关系，明确知识与实验之间的关系，并试着想想跨学科知识是怎样用于解决一个真实问题的？

第八单元　酸碱盐的故事

生活中的酸碱盐非常多。食醋、苹果、山楂等物质中含有酸，肥皂、管道通等物质中含有碱。小苏打、大理石、纯碱、食盐等物质中含有盐。奇妙的是，酸碱盐之间能发生丰富多彩的反应，人类利用这些反应能够解释神奇的自然现象，也能创造美味的食物。例如：雨后清晨的牵牛花有些是蓝色的，有些是紫色的，这是因为牵牛花本身是一种酸碱指示剂，遇到不同酸碱度的环境能够呈现出不同的颜色。再如：生活中小苏打用来做面粉发酵，使馒头蓬松柔软。本单元，让我们一同走进酸碱盐的奇妙世界吧！

本单元课题

厨房中白色粉末的鉴别

课题意义：厨房的调料盒中有三种白色粉末，时间长了，你的妈妈不清楚这三种白色粉末可能是什么物质。可能是氯化钠、可能是碳酸钠、也可能是碳酸氢钠。请你设计合理的实验方案，用来检验白色粉末的可能性，并在实验室完成实验，以检验方案是否合理。最终，请你给出实验报告，帮助妈妈进行判断。

课题目标：设计一个鉴别白色粉末的方案，并书写存放白色粉末的建议。其中，方案里面需要包括鉴别流程图。

开展计划：

1. 建立研究小组，每组 2～3 人。进行小组分工。
2. 根据本章酸碱盐的相关知识制订合理的计划。
3. 寻找专业人士咨询计划的可行性，及时调整计划。
4. 在实验室完成实验。
5. 书写实验报告，并完成目标中的所有要求。

附：可参考的实验报告格式

实验主题	
实验目标	
实验原理	
实验方案	
实验结论	
书写建议	

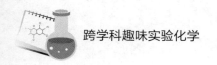

主题1 自制指示剂

学习目标

1. 学会用酸碱指示剂（酚酞、石蕊）检验溶液的酸碱性。
2. 学会用 pH 试纸测定溶液酸碱度的操作
3. 能够用常见物质（月季花、紫甘蓝等）制作酸碱指示剂，并检验常见物质的酸碱性。

关键概念

酚酞、石蕊、自制指示剂

学科融合

历史 指示剂的发现历史
化学 自制指示剂；石蕊、酚酞与酸碱变色
生物 植物指示剂

一、生活中的指示剂与发现历史

跨学科

与生物学科的融合：植物指示剂的原理

一个雨后的清晨，当你走在路边时，发现有些牵牛花的花瓣不是原来的蓝色了，而是紫色（图 8-1），这是为什么呢？大千世界的花朵，除了可以享受它们的美丽之外，还可以用来作一种实用的工具：指示剂。

图 8-1 变色的牵牛花

许多蔬菜或水果的花、果、茎、叶中都含有色素，这些色素在酸性溶液或碱性溶液里显示不同的颜色，可以作为酸碱指示剂。图 8-2 是能用来做植物指示剂的几种蔬菜或水果。

牵牛花　　月季　　心里美　　紫甘蓝

图 8-2　可以做植物指示剂的蔬菜或水果

跨学科

与历史学科的融合：指示剂的发现历史

300 多年前，英国年轻的科学家波义耳在做实验时，不小心把少许盐酸溅到了桌子上的鲜紫罗兰花上，结果发现紫罗兰花变成了红色，这使波义耳既新奇又兴奋，他认为，可能是盐酸使紫罗兰颜色变红。为进一步验证这一现象，他立即返回住所，把一篮子鲜花全部拿到实验室，取了当时已知的几种酸的稀溶液，把紫罗兰花瓣分别放入这些稀酸中，结果现象完全相同，紫罗兰都变为红色。他想，这太重要了，以后只要把紫罗兰花瓣放入溶液，看它是不是变红，就可判别这种溶液是不是酸。偶然地发现，激发了科学家的探究欲望，后来，他又弄来其他花瓣做试验，并制成花瓣的水或酒精的浸液，用它来检验是不是酸，同时用它来检验一些碱溶液，也产生了一些变色现象。这位追求真知，永不困倦的科学家，为了获得丰富、准确的第一手资料，他还采集了药草、牵牛花，苔藓、月季花、树皮和各种植物的根……泡出了多种颜色的不同浸液，有些浸液遇酸变色，有些浸液遇碱变色，不过有趣的是，他从石蕊苔藓中提取的紫色浸液，酸能使它变红，碱能使它变蓝，这就是最早的石蕊试液，波义耳把它称为酸碱指示剂。

二、实验室常用指示剂

酚酞和石蕊是初中化学实验室常用的指示剂。酸碱指示剂是能和酸或碱溶液发生化学变化而显示出不同颜色的试剂。下面，我们通过实验体验一下酚酞和石蕊的变色反应吧！

探索海洋

酸碱指示剂的变色

表 8-1 “酸碱指示剂的变色”任务单

实验示意图	现象	结论
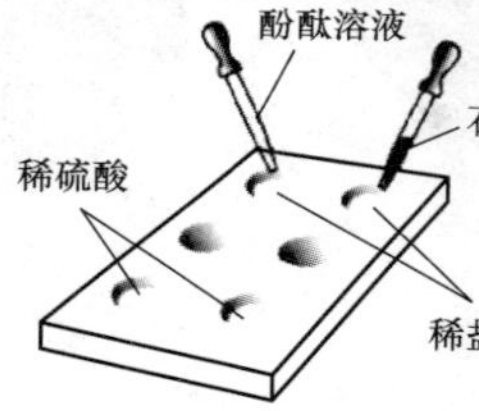 图 8-3　酚酞、石蕊与酸的作用		酚酞溶液遇酸性物质变成什么颜色？ 石蕊溶液遇酸性物质变成什么颜色？
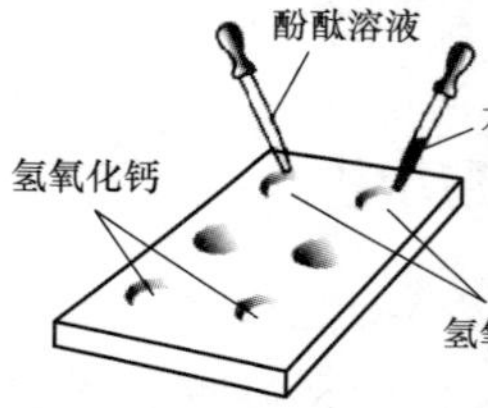 图 8-4　酚酞、石蕊与碱的作用		酚酞溶液遇碱性物质变成什么颜色？ 石蕊溶液遇碱性物质变成什么颜色？

实验表明，石蕊溶液遇酸由紫色变为红色，遇碱由紫色变为蓝色；酚酞溶液遇酸不变色，遇碱由无色变为红色。指示剂之所以能够在不同的酸碱性溶液中颜色发生变化，是因为酸溶液中的 H^+，碱溶液中的 OH^-，会使指示剂的分子结构发生不同的改变，从而导致颜色的改变。能够使指示剂变色是酸类物质的通性，也是碱类物质的通性。

三、溶液酸碱度的表示方法——pH

溶液的酸碱性有强弱之分，酸碱指示剂只能指出溶液呈酸性或呈碱性，却不能判断溶液酸碱性的强弱，那么如何表示和测定溶液酸碱性的强弱程度呢？这里就要用到一个新的量——pH。溶液的酸碱度常用 pH 表示，pH 的范围在 0～14 之间，溶液的酸碱性与 pH 的关系如表 8-2 所示。

表 8-2　溶液的酸碱性与 pH 关系

酸性溶液	pH＜7	pH 越小，则溶液的酸性越强
碱性溶液	pH＞7	pH 越大，则溶液的碱性越强
中性溶液	pH＝7	

如图 8-5 所示，测定溶液 pH 最简便的方法是用 pH 试纸测定，精确测量 pH 也可以用 pH 计。pH 试纸实际上由多种酸碱指示剂的混合制成，因此在不同酸碱度溶液中能呈现出

不同的颜色。pH 试纸的使用方法是：用镊子将 pH 试纸放在表面皿中，用洁净的玻璃棒蘸取少量被测溶液于 pH 试纸上，然后将 pH 试纸呈现的颜色与标准比色卡比较，读数。

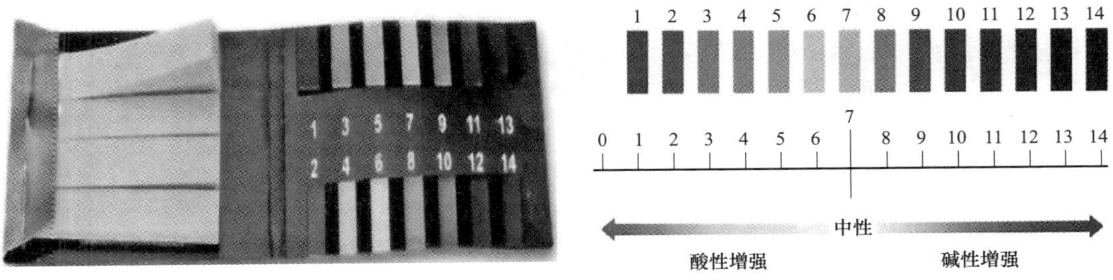

图 8-5　广泛 pH 试纸与溶液的酸碱性

探索海洋

溶液 pH 的测定（如表 8-3 所示）

表 8-3　“溶液 pH 的测定”任务单

实验示意图	测定结果
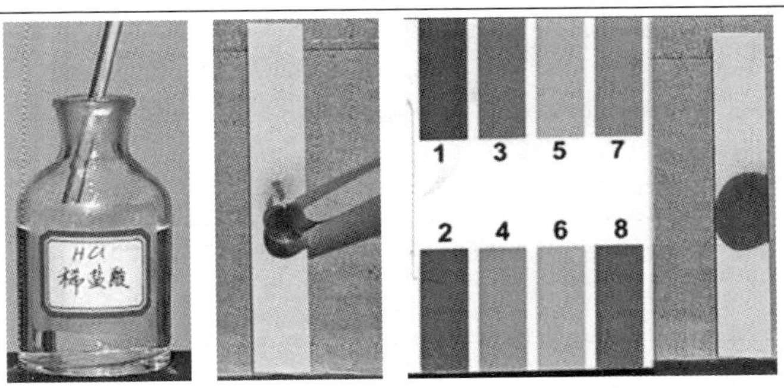蘸　点　比、读 图 8-6　测定溶液的 pH 的方法	稀盐酸：pH＝________
	稀硫酸：pH＝________
	稀醋酸：pH＝________
	氢氧化钠溶液：pH＝________
	氢氧化钙溶液：pH＝________
	稀氨水：pH＝________
	碳酸钠溶液：pH＝________
	氯化钠溶液：pH＝________

提示：pH 试纸使用时不能先用水润湿。

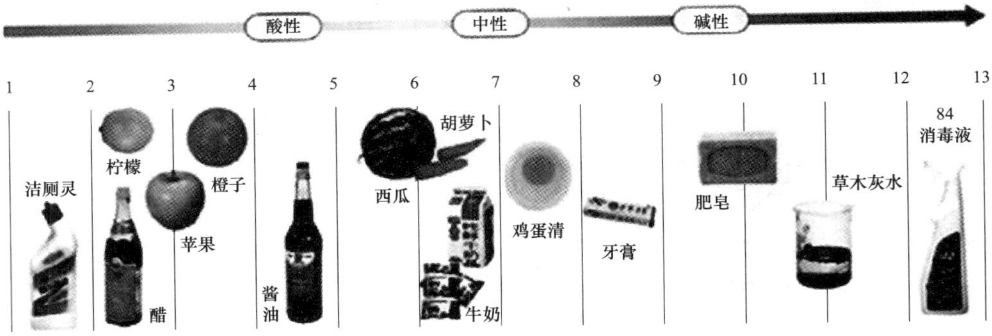

图 8-7　生活中常见物质的 pH

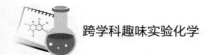

如图 8-7 所示为生活中一些常见物质的 pH，了解溶液的 pH 有着重要的意义。我们知道胃酸的时候不宜吃苹果，因为苹果是酸性的。土壤的 pH 接近 7，农作物才能健康成长。正常雨水的 pH 为 5.6，小于 5.6 就是酸雨了。人要想健康生活，体内的 pH 必须在合适的范围内，血液 pH 正常范围是 7.35～7.45。强碱性会对头发造成严重腐蚀，所以洗发水不宜选用碱性太强的物质。

四、自制指示剂

探索海洋&项目式学习

用植物自制指示剂，并测试常见物质的酸碱性

本实验中，你可以采用以下的提示来完成。

步骤 1. 制作 1 种或多种酸碱指示剂

选择校园里的花（例如：牵牛花、月季）、超市里的蔬菜（例如：紫甘蓝、心里美、红苋菜）等植物作为指示剂：将其捣烂，用体积比 1:1 的酒精和水的混合溶液浸泡，将获得的浸出液过滤，得到的清液就可以成为酸碱指示剂了。请记录你选择的植物名称。

步骤 2. 用你自制的指示剂测试一定数目的物质，完成表 8-4

选择生活中常见的物质进行测试，例如：食盐、白糖、食醋、酱油、洁厕灵、炉具清洗剂等。注意：固体物质需先溶于水后再进行实验。请记录你选择的物质名称。

表 8-4　自制指示剂实验记录表

物质	颜色	酸性物质（属于请画 √）	碱性物质（属于请画 √）

步骤 3. 将你的指示剂和标准的 pH 比色卡进行比较

这一步，你需要自己设计实验。想清楚所需要的实验仪器、药品；设计合理的实验步骤；列表表示实验结果；完成与 pH 比色卡的比较。

步骤 4. 将测试物质按照 pH 大小进行排列

为了完成这一步，你需要使用 pH 试纸。开始行动吧，记录实验数据。

步骤 5. 在班级里与同学们进行交流讨论

展示自己的才华，go go!

小试牛刀

1. 用一种试剂可以鉴别 NaCl、NaOH、稀盐酸三种溶液，这种试剂是（　　）。

A. 酚酞试液　　B. 石蕊试液　　C. 硫酸铜溶液　　D. 碳酸钠溶液

2. 土壤的酸碱度直接影响农作物的生长。已知某地土壤显微酸性，从土壤的酸碱性考虑在该地区不适宜种植的作物是（　　）。

作物	小麦	油菜	西瓜	甘草
最适宜的土壤 pH 范围	5.5～6.5	5.8～6.7	6.0～7.0	7.2～8.5

A. 西瓜　　B. 甘草　　C. 小麦　　D. 油菜

3. 通过实验我们测得了下列溶液的 pH，其中 pH 最大的是（　　）。

A. 食盐溶液　　B. 食醋溶液　　C. 稀盐酸　　D. 石灰水

4. 向某无色溶液滴入酚酞试液，酚酞变红，这说明该溶液是（　　）。

A. 酸性溶液　　B. 稀盐酸　　C. 碱性溶液　　D. NaOH 溶液

5. 小强在厨房里发现一瓶没有标签的无色液体。

（1）他闻了闻，初步判断为白醋，小强是利用白醋的__________（填“物理”“化学”）性质作出的判断。

（2）他取少量此液体放入玻璃杯中，加入纯碱，产生气体，说明该液体含有__________（填“酸性”“碱性”或“中性”）物质，进一步判断为白醋。

（3）另取少量此液体滴入石蕊试液，溶液变为__________色，要使其变为蓝色，可向其中加入__________

A. 食盐　　B. 熟石灰　　C. 白酒　　D. 水

学习反思

亲爱的同学们，通过本节内容的学习，你达到学习目标了吗？请你根据自己的学习情况进行自我评价。

表 8-5　自我评价量表

学习目标	是否达成（全部达成请画☆☆☆，部分达成请画☆☆，没有达成请画☆）	学习反思
学会用酸碱指示剂（酚酞、石蕊）检验溶液的酸碱性		掌握较好的内容有： 有待提高的内容有：
学会用 pH 试纸测定溶液酸碱度的操作		
能够用常见物质（如月季花、紫甘蓝等）制作酸碱指示剂，并检验常见物质的酸碱性		

主题 2　食醋的妙用

学习目标

1. 理解食醋除铁锈、除水垢的基本原理。
2. 通过食醋的实验探究能够总结出酸的化学通性。

关键概念

食醋用途、酸的化学性质

食醋是生活中的必备调料品（见图 8-8）。食醋中含有醋酸，化学式为 CH_3COOH。醋酸是食醋产生酸味的原因。食醋除了可以作为调料品之外，还有很多其他用途。例如：将生活中生锈的铁钉泡在食醋里，可以去除铁锈；煮水的水壶时间长了，会产生水垢，将水壶里放入食醋静置一段时间，可以将水垢除掉；将鸡蛋煮熟后，如果不想用手剥去鸡蛋壳，可以将鸡蛋壳浸泡在食醋一段时间，你会发现鸡蛋壳逐渐消失了。下面，我们通过实验探究一起来体会食醋的奇妙用途吧！

图 8-8　生活中的食醋

一、酸与金属氧化物的反应

探索海洋

食醋除铁锈

表 8-6　食醋除铁锈的实验任务单

实验操作	实验现象	实验原理
取一支生锈的铁钉放在盛有白醋的烧杯中，观察实验现象 注：由于白醋在食醋中醋酸含量最高，实验现象明显，故采用白醋完成实验	铁钉表面有什么现象？ 溶液有什么颜色变化？	

［**实验反思**］生锈的铁钉可以长时间放在白醋里浸泡吗？为什么？

____

实际上，铁锈的主要成分为氧化铁(Fe_2O_3)，一种红色的物质。它可以和醋酸发生化学反应，生成醋酸铁［$Fe(CH_3COO)_3$］和水，从而将铁锈去除，在这个过程中，溶液的颜色从无色逐渐变成黄色，这是因为 $Fe(CH_3COO)_3$ 溶液的颜色是黄色的。但是，生锈的铁钉不能长期放在白醋中，这是因为当铁锈除去后，铁可以和醋酸继续反应，生成醋酸亚铁［$Fe(CH_3COO)_2$］和 H_2，铁钉会被腐蚀。

实验室，通常用稀盐酸（主要成分为 HCl）和稀硫酸（主要成分为 H_2SO_4）来除铁锈。这是因为酸可以和大部分金属氧化物反应。金属氧化物是指由金属元素和氧元素组成的化合物。氧化铁属于金属氧化物。用稀盐酸、稀硫酸除铁锈的化学方程式如下：

$$Fe_2O_3+6HCl=FeCl_3+3H_2O$$

氯化铁

$$Fe_2O_3+3H_2SO_4=Fe_2(SO_4)_3+3H_2O$$

硫酸铁

二、酸与盐、碱的反应

探索海洋

食醋除水垢

表 8-7 食醋除水垢的实验任务单

实验场所	实验操作	实验现象	实验原理
生活中	生活中在有水垢（白色固体）的水壶里加入少量白醋，放置 24 小时后，将白醋倒掉，观察实验现象	铁钉表面有什么现象？ 溶液有什么颜色变化？	
实验室	实验室，由于水垢的主要成分为碳酸钙（$CaCO_3$）和氢氧化镁［$Mg(OH)_2$］。我们选择这两种物质分别和白醋发生反应 步骤 1. 取少量碳酸钙粉末于试管中，加入适量白醋，观察实验现象； 步骤 2. 取少量氢氧化镁于试管中，加入适量白醋，观察实验现象		请你书写步骤 1 和步骤 2 的化学反应方程式

［**实验反思**］在实验室完成实验，我们发现步骤 1 中出现了无色气体，这个反应原理类似我们在“空气探秘”单元学过的一个反应，你能说说这是什么气体吗？__________

实际上，碳酸钙属于盐类物质。盐是指金属阳离子或铵根离子（NH_4^+）和酸根离子【包括硫酸根（SO_4^{2-}）、碳酸根（CO_3^{2-}）、硝酸根（NO_3^-）、盐酸根（Cl^-）等】形成的化合物。碳酸钙是由钙离子（Ca^{2+}）和碳酸根（CO_3^{2-}）形成的，可以称之为碳酸盐。酸可以与碳酸盐发生化学反应，生成对应的一种新盐，同时还有水和二氧化碳生成。实验室，我们可以用稀盐酸或稀硫酸与碳酸钙发生化学反应，反应的方程式如下：

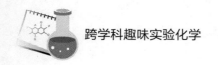

$$CaCO_3+2HCl = CaCl_2+CO_2\uparrow+H_2O$$

$$CaCO_3+H_2SO_4 = CaSO_4+CO_2\uparrow+H_2O$$

硫酸钙

氢氧化镁属于碱性物质。碱大多数是指金属阳离子和氢氧根（OH^-）形成的化合物。酸和碱能够发生中和反应，生成盐和水。白醋与氢氧化镁的反应原理就是如此。实验室，我们可以用稀盐酸或稀硫酸与氢氧化镁发生化学反应，反应的方程式如下：

$$2HCl+Mg(OH)_2 = MgCl_2+2H_2O$$

氯化镁

$$H_2SO_4+Mg(OH)_2 = MgSO_4+2H_2O$$

硫酸镁

生活中食用松花蛋的时候，通常加一些食醋会美味可口。这是因为松花蛋含有碱性物质，加入食醋之后，酸碱发生了中和反应。生活中，鸡蛋壳的主要成分也是碳酸钙，如果把含壳的鸡蛋放在浸有白醋、稀盐酸或稀硫酸的烧杯中，你来预测会发生什么现象呢？请你设计实验，在实验室完成该实验。

探索海洋

设计实验：白醋与鸡蛋壳的作用

表 8-8　白醋与鸡蛋壳的实验任务单

预测的现象	
设计的实验	
实际的现象	
反应的原理	

交流讨论

请你根据本节课的内容，归纳酸这类物质的化学通性吧！

拓展学习

酸的知识小百科

一、酸的定义

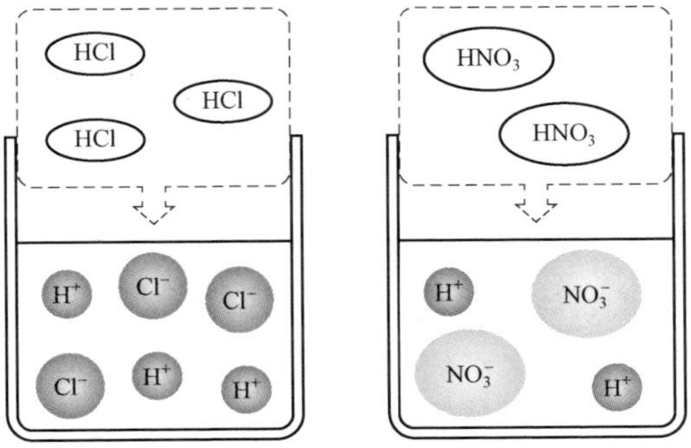

图 8-9　盐酸与硝酸（主要成分为 HNO_3）在水中溶解过程中发生变化示意图

如图 8-9 所示，你发现了吗？HCl、HNO_3 溶于水后变成了离子，其中阳离子全部是 H^+，我们把这种溶于水后生成的阳离子全部是 H^+的化合物称为**酸**，并把溶于水后生成的阴离子称为**酸根离子**。用化学用语（电离方程式）来表示为：

$$HCl \xlongequal{} H^+ + Cl^- \quad HNO_3 \xlongequal{} H^+ + NO_3^-$$

二、酸的分类

（一）可根据是否含氧元素分为无氧酸和含氧酸，例如：

无氧酸：盐酸（HCl）、氢氟酸（HF）、氢溴酸（HBr）、氢碘酸（HI）、氢硫酸（H_2S）；

含氧酸：硫酸（H_2SO_4）、亚硫酸（H_2SO_3）、碳酸（H_2CO_3）、硝酸（HNO_3）。

（二）按电离出氢离子的数目分为一元酸、二元酸和三元酸，例如：

一元酸：HCl、HF、HBr、HI、HNO_3 等；

二元酸：H_2CO_3、H_2SO_4、H_2SO_3 等；

三元酸：H_3PO_4 等。

三、两种浓酸的性质

盐酸和硫酸是常见的强酸，它们都是非常重要的工业原料。盐酸是胃酸的主要成分，可以帮助消化食物。盐酸还可用于制药、金属表面除锈等。硫酸可用于生产化肥、农药、火药、染料以及冶炼金属、精炼石油和金属除锈等，被称为“化工之母”。在实验室中浓硫酸还用作干燥剂，这是因为浓硫酸具有吸水性。

（一）浓盐酸

浓盐酸具有挥发性，打开盛有浓盐酸的瓶塞，会看到有白雾，这是挥发出来的氯化氢与空气中的水蒸气结合形成的盐酸小液滴。因此，在实验室保存浓盐酸需密封并且放置于阴冷处。

图 8-10　浓盐酸

（二）浓硫酸

浓硫酸具有强烈的吸水性，它能迅速吸收空气中的水蒸气，这一性质使浓硫酸可作为干燥剂。浓硫酸还具有强烈的脱水性，它能将纸张、木材、布料、皮肤等含碳、氢、氧元素的化合物中的氢、氧元素按水的组成脱下来，剩余部分成为黑色的炭。我们在使用浓硫酸时应非常小心，如果不慎将浓硫酸沾到皮肤上，应立即用大量水冲洗，然后再涂上 3%～5%的碳酸氢钠溶液。

图 8-11　浓硫酸

浓硫酸稀释时，强烈放热，因此，我们必须将浓硫酸沿烧杯内壁慢慢注入水中，并不断搅拌及时散热，见图 8-12。千万不能把水倒入浓硫酸中，否则将产生酸液飞溅，可能导致危险。

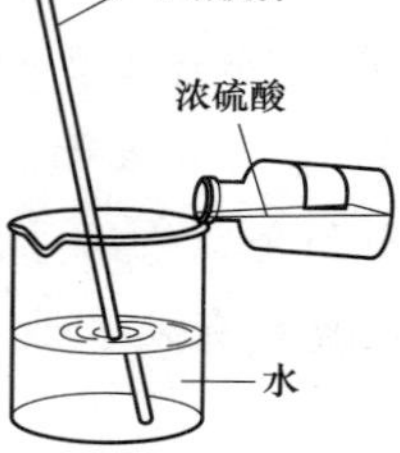

图 8-12　稀释浓硫酸的正确操作示意图

浓盐酸和浓硫酸均属于危险化学品，同学们在做实验的时候如果需要接触这两种酸，请你一定要佩戴护目镜、戴好口罩，穿好实验服，并放在通风橱中完成实验。

小试牛刀

1. 打开下列溶液的试剂瓶，在瓶口出现白雾的是（　　）。

A. 稀盐酸　　B. 稀硫酸　　C. 浓盐酸　　D. 浓硫酸

2. 下列物质的保存方法中，正确的是（　　）。

A. 少量白磷保存在水中　　B. 氢氧化钠固体敞口放在空气中

C. 生石灰露置于空气中　　D. 浓盐酸盛放在敞口玻璃瓶中

3. 生活中常见的柠檬汁、番茄汁、柑橘汁、苹果汁等都有酸性，这是由于它们（　　）。

A. 都含有盐酸　　B. 都属于强酸

C. 组成中含有氢元素　　D. 其中一些成分电离产生了氢离子

4. 热水瓶胆的壁上沉积的水垢（主要成分是碳酸钙和氢氧化镁），可以用__________把它们除去。写出有关的化学方程式______________________________、______________________________

5. 写出氢氧化铝［$Al(OH)_3$］治疗胃酸（主要成分为HCl）过多的化学方程式。

____

学习反思

亲爱的同学们，通过本节内容的学习，你达到学习目标了吗？请你根据自己的学习情况进行自我评价。

表 8-9　自我评价量表

学习目标	是否达成 （全部达成请画☆☆☆，部分达成请画☆☆，没有达成请画☆）	学习反思
理解食醋除铁锈、除水垢的基本原理		掌握较好的内容有：
通过食醋的实验探究能够总结出酸的化学通性		有待提高的内容有：

主题 3　碱的趣味小制作

学习目标

1. 掌握常见的碱（氢氧化钠、氢氧化钙）的化学性质。
2. 能够综合运用生物与化学知识解释“叶脉书签”的制作原理。

关键概念

氢氧化钠、氢氧化钙、碱的化学性质

学科融合

化学　碱的化学性质

生物　叶片结构

一、两种常见的碱

碱大多数是由金属阳离子和氢氧根离子（OH^-）组成的化合物，还包括一水合氨（$NH_3 \cdot H_2O$），$NH_3 \cdot H_2O$ 电离时产生 NH_4^+和 OH^-。氢氧化钠（NaOH）和氢氧化钙[$Ca(OH)_2$]是常见的碱，其外观如图 8-13 所示。氢氧化钠易溶于水，是一元强碱（化学式中有一个 OH^-）；氢氧化钙微溶于水，是二元强碱（化学式中有两个 OH^-）。它们的性质对比如表 8-10 所示。

氢氧化钠　　氢氧化钙

图 8-13　氢氧化钠与氢氧化钙的外观图

表 8-10　氢氧化钠、氢氧化钙的性质对比

	NaOH	$Ca(OH)_2$
颜色、状态	白色固体	白色固体
俗名	火碱、烧碱、苛性钠	熟石灰、消石灰
碱性强弱	强碱	强碱
水溶性	易溶	微溶
吸水性	强烈	微弱
腐蚀性	强烈	有腐蚀性

氢氧化钠暴露在空气中容易吸收水分，表面潮湿并逐渐溶解，这种现象称为潮解。氢氧化钠与生石灰混合后可制成碱石灰干燥剂，可用于干燥碱性气体。氢氧化钠有强腐蚀作用，如不慎沾到皮肤上，要快速用大量水冲洗，再涂上硼酸溶液。

如同稀盐酸和稀硫酸具有酸的通性一样，氢氧化钠和氢氧化钙也具有碱的通性，这是因为它们都能电离出氢氧根离子（OH^-）。碱的通性包括与指示剂作用、与酸反应、与酸性氧化物反应、与盐反应等 4 个方面。

（1）使酸碱指示剂变色。例如：酚酞溶液遇碱变为红色。

（2）与酸反应，生成盐和水（中和反应）。例如：氢氧化钠与醋酸发生中和反应，生成醋酸钠和水，反应的化学方程式为：

$$CH_3COOH + NaOH = CH_3COONa + H_2O$$

醋酸钠

（3）与酸性氧化物反应，生成盐和水。例如：我们前面学习过的，向澄清石灰水中通入二氧化碳变浑浊的反应，就是酸性氧化物与碱的反应，该反应用于实验室检验 CO_2，化学方程式为：

$$CO_2 + Ca(OH)_2 = CaCO_3\downarrow + H_2O$$

类似的，二氧化碳也能与氢氧化钠溶液反应，生成碳酸钠和水，该反应用于实验室吸收 CO_2，反应的化学方程式为：

$$CO_2 + 2NaOH = Na_2CO_3 + H_2O$$

（4）与盐反应，生成新碱和新盐。例如：氢氧化钠与氯化铁反应，生成氢氧化铁和氯化钠，反应的化学方程式为：

$$3NaOH + FeCl_3 = Fe(OH)_3\downarrow + 3NaCl$$

类似地，氢氧化钠与硫酸铜反应，生成氢氧化铜和硫酸钠，反应的化学方程式为：

$$2NaOH + CuSO_4 = Cu(OH)_2\downarrow + Na_2SO_4$$

氢氧化钠广泛应用在精炼石油、造纸、纺织、印染、制作肥皂等行业。生活中炉具清洗剂、管道疏通剂中往往含有氢氧化钠，如图 8-14 所示。前者利用油脂在氢氧化钠中的水解原理，后者是利用氢氧化钠具有腐蚀性的原理。

图 8-14　炉具清洗剂（左图），管道通（右图）

氢氧化钙是制备碳酸钙的原料，可以降低土壤的酸性，从而起到改良土壤结构的作用；农药中的波尔多液正是利用石灰乳（氢氧化钙的悬浊液）和硫酸铜水溶液按照一定的比例制备而成；冬天，树木过冬防虫，可以在树干处涂上石灰浆。

图 8-15　树木过冬防虫，树干涂上石灰浆

二、有关氢氧化钠的小制作

跨学科&探索海洋

与生物学科的融合：制作叶脉书签

丰富多彩的树叶可以做成轮廓分明、条纹细腻的叶脉书签，丝丝脉络上呈现出淡淡的透明色彩，薄如蝉翼、细如织纱，稍加装饰即可成为精美的艺术品。请同学们按照以下操作制作叶脉书签。

［**实验原理**］叶片由表皮、叶肉和叶脉组成（见图 8-16）。叶片外表包围一层表皮细胞，具有保护叶片的结构，表皮里面是一些含有叶绿体能进行光合作用的叶肉细胞，贯穿在叶肉组织间的是由输导组织和机械组织组成的叶脉。将树叶用氢氧化钠溶液加热处理，叶肉和表皮的主要成分是蛋白质，在碱性条件下发生水解反应，加热后迅速腐烂，而叶脉由坚韧的纤维素组成，不易腐烂而得以保留。

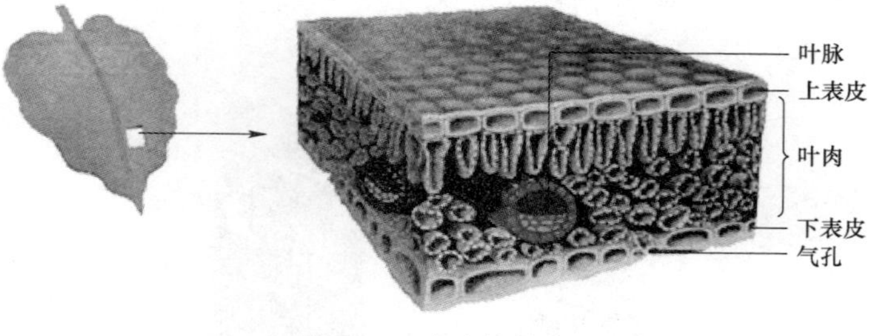

图 8-16　叶片的结构

［**实验操作**］

步骤 1. 选择叶片

采集大小定型处于生长盛期的叶子，带有叶柄、无破损、无病虫害的完整树叶。制作叶脉书签常用的树叶有桂花叶、玉兰叶、香樟叶、板栗叶、桑树叶、杨树叶等。

步骤 2. 腐蚀叶片

氢氧化钠、天平、量筒、烧杯、三脚架、酒精灯、石棉网，称量 10 g 氢氧化钠倒入烧杯中，向烧杯中缓慢倒入 90 mL 水，用玻璃棒搅拌溶解（注意氢氧化钠溶解时会放热），溶液搅拌至透明，配制成 10%的溶液。将洗净的树叶浸没在氢氧化钠溶液中，将烧杯置于石棉网上，使用酒精灯外焰加热。加热时用玻璃棒轻轻搅动，使叶肉分离，腐蚀均匀。煮沸约 10 min，当叶片变黄褐色、叶肉酥烂时，用镊子取出叶片，放在清水中反复漂洗干净。煮好的树叶需要经过多次清水漂洗干净，根据实践经验，桂花叶大小适宜、采摘方便、质地较硬、叶脉网状金黄色，是实验室制备叶脉书签的较好材料。

步骤 3. 去除叶肉

使用的工具材料有腐蚀好的树叶、镊子、白瓷盘、旧牙刷、旧纸杯和烧杯等。首先在白瓷盘上放入少量清水，将叶片平放。然后一手固定叶片基部，用旧牙刷从叶柄到叶尖、沿主脉向侧脉一个方向进行反复平刷。注意使用软毛刷，动作要轻柔、细心，用力均匀避免刷破，边刷边不断用水冲洗，除去表皮和叶肉。对于难刷除的地方可以用牙刷垂直点状轻拍，最后还需刷一刷叶柄。将刷好的叶脉在清水中反复清洗，直至整个叶脉完全透明无杂质。

步骤 4. 漂白与染色

使用的工具、材料包括毛笔、84 消毒液、水彩水、颜料、墨水、瓷盘、旧报纸、旧书等。向纸杯倒入少量的 84 消毒液漂白 3～5 min，叶脉颜色变白后用清水漂洗数次，并用旧报纸吸干压平。染色时在瓷盘中倒入少量水彩水，根据颜色的深浅适量加水，均匀染色 3～5 min，或直接用毛笔在叶脉上涂色。可以尝试不同的染色方法：全染、渐染、挑染、片染，将叶脉染成不同的颜色。染过色的叶脉可以用旧报纸吸干，再夹入旧书中压平保存（桂花叶脉直接吸干压平，不变颜色保持金黄色本色也非常美丽）。

步骤 5. 加工装饰

使用的工具材料有塑封机、塑封膜、打孔器、书签、彩绳、彩笔等。将染好的叶脉配上个性书签卡片，加上平时采集制作的动、植物标本作为点缀装饰。然后选择合适尺寸厚度的塑封膜进行塑封，打孔穿上彩绳彩带，精美的叶脉书签即制作完成，如图 8-17 所示。

图 8-17 叶脉书签

探索海洋

牛奶变清水

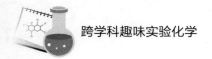

氢氧化钠可以制作叶脉书签，氢氧化钙又有什么神奇的小制作呢？接下来，我们做一个魔术，能够把一杯“牛奶”变成“清水”。

表 8-11 “牛奶”变“清水”任务单

实验操作	实验原理
实验台上有一杯“牛奶”，向其中加一种无色的溶液少许，震荡，过一会儿，发现牛奶变成了“清水”	提示：“牛奶”实际上是石灰乳，无色的溶液是稀盐酸。你能解释这其中的原理吗？试着写出方程式吧

小试牛刀

1. 小烧杯中盛有含石蕊的氢氧化钠溶液，逐滴加入稀盐酸至过量，烧杯中溶液颜色变化的顺序是（　　）。

A. 紫色——红色——蓝色　　B. 蓝色——紫色——红色

C. 蓝色——红色——紫色　　D. 紫色——蓝色——红色

2. 下列物质的俗名、化学名称和化学式不一致的是（　　）。

A. 火碱、氢氧化钠、NaOH　　B. 生石灰、氧化钙、CaO

C. 消石灰、氢氧化钙、$Ca(OH)_2$　　D. 熟石灰、碳酸钙、$CaCO_3$

3. 下列气体不能用氢氧化钠固体干燥的是（　　）。

A. 氧气　　B. 二氧化碳　　C. 氢气　　D. 氮气

4. 按一定的特点或规律对物质进行分类，给化学学习与研究带来很大的方便。下列各组物质中符合“氧化物—酸—碱—盐”顺序排列的是（　　）。

A. HClO　HCl　$Mg(OH)_2$　$MgCl_2$

B. CO_2　H_2CO_3　$CaCO_3$　$Ca(HCO_3)_2$

C. H_2O　HNO_3　$NH_3 \cdot H_2O$　NH_4NO_3

D. SO_3　$NaHSO_4$　NaOH　Na_2SO_4

5. 请根据以下描述填写相应的物质。

最轻的气体______，能使带火星的木条复燃的气体______，空气中含量最多的气体______，颜色是红色的金属单质______，银白色的液体金属单质______；在空气中容易自燃的白色固体非金属单质______，常使人煤气中毒的氧化物______，能使澄清石灰水变浑浊的氧化物______，地壳中含量最多的非金属元素和金属元素组成的化合物______，常用来检验二氧化碳的化合物______，常用作清洁油污的碱为________

学习反思

亲爱的同学们，通过本节内容的学习，你达到学习目标了吗？请你根据自己的学习情况进行自我评价。

表 8-12　自我评价量表

学习目标	是否达成 （全部达成请画☆☆☆，部分达成请画☆☆，没有达成请画☆）	学习反思
掌握常见的碱（氢氧化钠、氢氧化钙）的化学性质		掌握较好的内容有： 有待提高的内容有：
能够综合运用生物与化学知识解释“叶脉书签”的制作原理		

主题 4　粗盐提纯

学习目标

1. 理解粗盐提纯的原理。
2. 能够在实验室通过溶解、过滤、蒸发等操作获得精盐。

关键概念

粗盐提纯、溶解、过滤、蒸发

学科融合

历史　古罗马货币“盐巴”

化学　粗盐提纯的实验操作

生物　食盐在人体中的重要作用

如图 8-18，粗盐为海水或盐井、盐池、盐泉中的盐水经煎晒而成的结晶，即天然盐，是未加工的大粒盐，主要成分为氯化钠，还有一些可溶性的杂质（如氯化镁等）和不溶性杂质（如泥沙等）。你知道如何将粗盐中的不溶性杂质去除吗？本课题，我们将通过实验探究的方法，将粗盐进行初步提纯。

图 8-18　天然粗盐

一、食盐的历史地位与人体健康

跨学科

与历史学科的融合：古罗马的货币

在古罗马表示富有与贫穷，不看拥有黄金的多少，而是比较藏有盐粒的数量，历史上称为食盐货币时代。我国的西藏过去也使用过盐巴货币。为了换取生活必需的一小块盐巴，需要付出昂贵的代价。新中国成立前贵州只有少数人家吃得起吊盐（吃完饭以后，用舌头在吊挂着的盐块上舔一下），可见食盐的贵重。

为什么需要进行粗盐提纯呢？这是因为提纯后的精盐，主要成分为 NaCl（见图 8-19），经过加工后，成为食盐，人体健康离不开食盐。

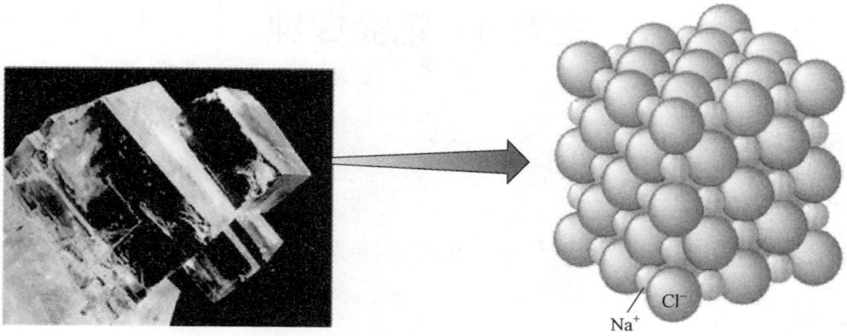

图 8-19　氯化钠晶体及微观示意图

跨学科

与生物学科的融合：氯化钠在人体中的作用

如运动过度，出汗太多时，体内的 Na^+、Cl^-和 K^+大为降低，就会使肌肉和神经反应受到影响，导致恶心、呕吐、衰竭和肌肉痉挛等现象。因此，运动员在训练或比赛前后，需喝特别配制的饮料，以补充失去的盐分。

由于新陈代谢，人体内每天都有一定量的 Na^+、Cl^-和 K^+从各种途径排出体外，因此需要膳食给予补充，正常成人每天氯化钠的需要量和排出量大约为 3～9 g。

此外，常用淡盐水漱口，不仅对咽喉疼痛、牙龈肿疼等口腔疾病有治疗和预防作用，还具有预防感冒的作用。

氯化钠在日常生活用于调味和腌菜、肉，医药上的生理盐水为 0.9%的氯化钠溶液，工业上是化工原料，制取氯气、盐酸、纯碱。公路上的积雪也可以用氯化钠来消除。

既然氯化钠用途这么多，那么我们来看看，如何从自然界中获得它吧！本课题，我们不能得到纯净的氯化钠，只能得到氯化钠含量较高的精盐。

二、从自然界获得精盐

从实验室获得精盐离不开溶解、过滤、蒸发几个关键的操作步骤。溶解是将溶质溶于溶剂形成溶液的过程。溶解的过程需要玻璃棒进行搅拌，以加速溶解。过滤是将固体和液体分离的操作。我们在第四单元“水的朋友圈”中学过该操作。蒸发是将溶液中的溶质从溶剂（一般是水）中分离出来的过程。通过蒸发，可以得到溶质固体。实验室的蒸发装置如图 8-20 所示，在蒸发皿上得到溶质固体。

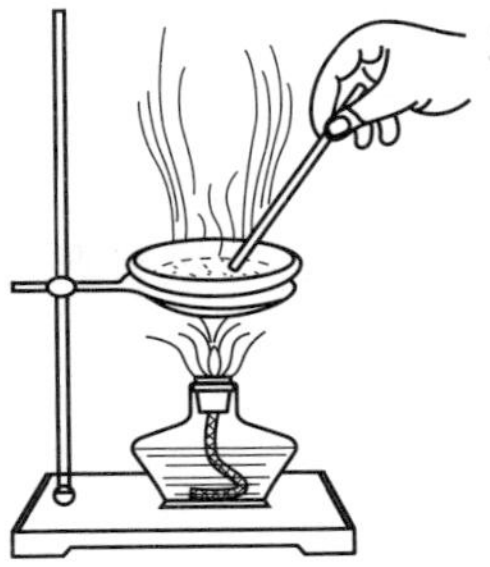

图 8-20　蒸发操作

探索海洋

小勇来到实验室，老师递给他一包粗盐，现在他通过实验操作，将这包粗盐初步提纯，得到精盐。

[提出问题] 如何将粗盐提纯成精盐呢？

[查阅资料] 粗盐中含有精盐和泥沙等物质。其中精盐可以溶于水，泥沙不溶于水。

[猜想与假设] 通过溶解、过滤、蒸发的操作可以将粗盐提纯吗？

[实验设计] 小明结合上述资料，设计成如下实验过程。请填写表 8-13 中相关的实验现象和实验结论。

表 8-13　粗盐提纯的实验任务单

<table>
<tr><th>实验操作</th><th>实验现象</th><th>实验结论</th></tr>
<tr><td>1. 溶解
用天平称取 5.0 g 粗盐，用药匙将该粗盐逐渐加入盛有 10 mL 水的烧杯里，边加边用玻璃棒搅拌，一直加到粗盐不再溶解为止
称量剩下的粗盐，计算 10 mL 水中约溶解了多少克粗盐</td><td></td><td><table><tr><td>称取粗盐/g</td><td>剩余粗盐/g</td><td>溶解粗盐/g</td></tr><tr><td></td><td></td><td></td></tr></table></td></tr>
<tr><td>2. 过滤
过滤食盐水。仔细观察滤纸上剩余物及滤液的颜色</td><td></td><td></td></tr>
<tr><td>3. 蒸发
把所得溶液滤液倒入蒸发皿，用酒精灯加热。在加热过程中，用玻璃棒不断搅拌，防止因局部温度过高，造成液滴飞溅。当蒸发皿中出现较多固体时，停止加热。利用蒸发皿的余热使滤液蒸干。观察蒸发皿中食盐的外观</td><td></td><td></td></tr>
<tr><td>4. 计算产率
用玻璃棒把固体转移到纸上，称量后，回收到教师指定的容器中。将提纯后的氯化钠与粗盐作比较，并计算精盐的产率</td><td></td><td><table><tr><td>溶解粗盐/g</td><td>精盐 /g</td><td>精盐产率/%</td></tr><tr><td></td><td></td><td></td></tr></table></td></tr>
</table>

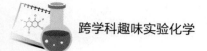

［**实验结论**］可以通过溶解、过滤、蒸发的操作可以将粗盐提纯。

［**反思与评价**］

1. 小勇的同学在溶解、过滤、蒸发三个过程中，均用到玻璃棒。你能说说玻璃棒的作用分别是什么吗？

____

____

____

2. 小勇进行几次实验中，总是发现精盐产率偏低，你能帮他找找可能的原因吗？（写出三个即可）

____

____

____

拓展学习

实验主题：用盐和冰块制作冰镇可乐！

实验步骤：

步骤 1. 从冰箱中取出冰块放在玻璃杯里，将一根棉线一段放入到冰块上，然后在冰块和棉线的接触部分撒入少量食盐。过一会儿，用手拎住棉线的另一端，你发现什么了？是不是棉线和冰块“长”在一起了？如此神奇的实验效果是为什么呢？你能解释解释吗？

步骤 2. 在高脚杯里放入适量的可乐，然后将你刚刚制作的棉线冰块吊入高脚杯里，品尝一下冰镇可乐吧！

小试牛刀

1. 实验小组的同学欲对一粗盐样品进行初步提纯。所用实验仪器或用品如图 8-21 所示：

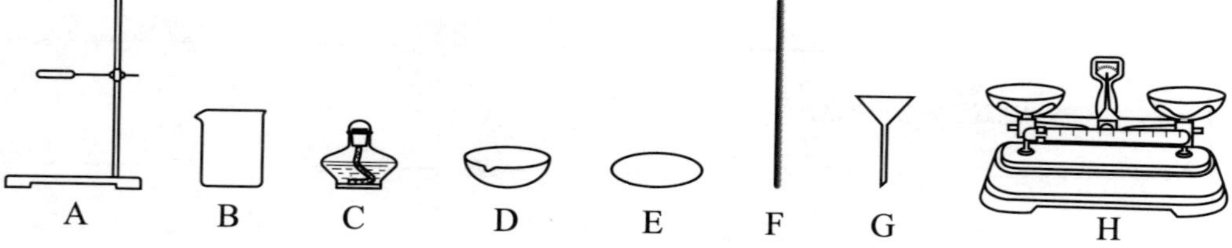

图 8-21　粗盐提纯所需仪器

（1）A 的名称是________

（2）提纯的步骤是：溶解、过滤、________、计算产率

（3）“过滤”操作的要点可概括为“一贴、二低、三靠”，其中“二低”的含义是____

（4）实验小组通过正确的计算发现，所得实验结果对与该粗盐的实际含量对比，实验测得的结果比实际偏低，请分析可能的原因：________________________________

2. 粗盐中含有较多的杂质，小林进行粗盐提纯实验。

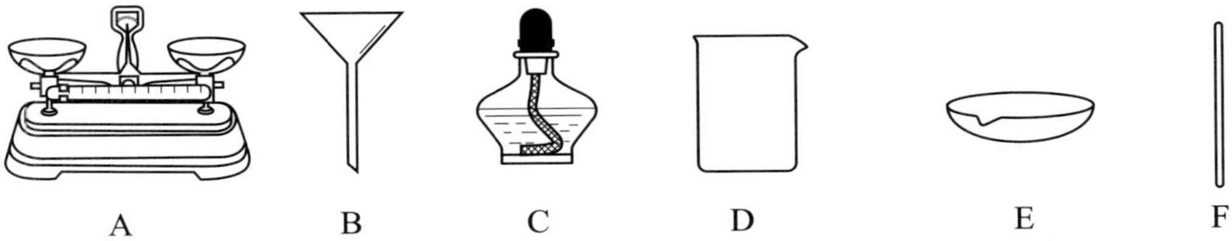

图 8-22　粗盐提纯部分仪器

（1）如图 8-22，仪器 B 的名称是________，在本实验中用得最多的仪器是______（填序号）。

（2）称量食盐应放在仪器 A 的____盘，蒸发时防止液滴飞溅的操作是___________

（3）操作步骤有：① 计算产率、② 过滤、③ 溶解、④ 蒸发，正确的操作顺序为________（填序号）。

学习反思

亲爱的同学们，通过本节内容的学习，你达到学习目标了吗？请你根据自己的学习情况进行自我评价。

表 8-14　自我评价量表

学习目标	是否达成 （全部达成请画☆☆☆，部分达成请画☆☆，没有达成请画☆）	学习反思
理解粗盐提纯的原理		掌握较好的内容有：
能够在实验室通过溶解、过滤、蒸发等操作获得精盐		有待提高的内容有：

主题 5　苏打家族

学习目标

1. 通过实验探究理解苏打、小苏打的化学性质。
2. 能够根据性质设计合理的实验来鉴别物质。
3. 能够从多个方程式中总结复分解反应的特点。

关键概念

苏打、小苏打

学科融合

化学　苏打、小苏打的化学性质和应用

生物　酵母发酵

苏打家族的成员可不少，有小苏打、苏打和大苏打。这三者都是白色固体，如图 8-23 所示。

化学式	Na_2CO_3	$NaHCO_3$	$Na_2S_2O_3$
学名	碳酸钠	碳酸氢钠	硫代硫酸钠
俗名	苏打（或纯碱）	小苏打	大苏打

图 8-23　苏打、小苏打、大苏打的相关信息

中学阶段，我们只学习苏打和小苏打的性质，因为这两种物质在生活中用途广泛。苏打广泛用于玻璃、造纸、纺织和洗涤剂的生产。小苏打是焙制糕点的膨化剂，同时也是治疗胃酸过多的抗酸药。这两种物质从化学式来看，都有“CO_3”片段，有相似的化学性质。下面，我们通过实验来看看他们的神奇反应吧！

探索海洋

变幻莫测的“1+3”

表 8-15　碳酸钠的趣味实验任务单

实验操作	实验现象	实验结论
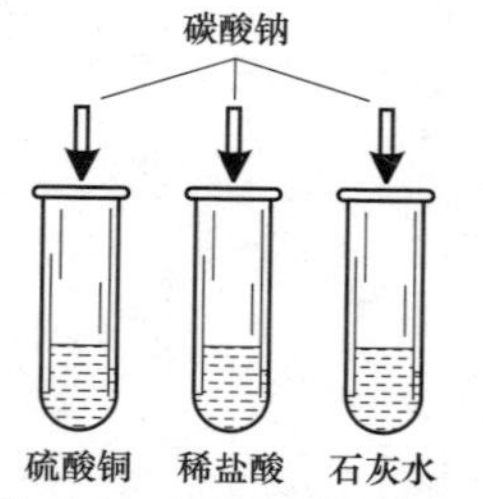 图 8-24　碳酸钠的多样反应		

续表

实验操作	实验现象	实验结论
如图 8-24，硫酸铜属于物质分类中的盐，稀盐酸的主要成分属于物质分类中的酸，石灰水的主要成分属于物质分类中的碱。将碳酸钠溶液分别加入这 3 只试管中，你看到了什么？		

实验表明，碳酸钠（苏打）和某些酸、碱、盐之间都能发生反应。当碳酸钠和硫酸铜溶液接触时，溶液中产生了漂亮的蓝色沉淀。当碳酸钠和稀盐酸反应时，溶液中产生了无色气泡。当碳酸钠和石灰水反应时，溶液变浑浊。这 3 个反应的化学方程式如下：

$$Na_2CO_3+CuSO_4 = CuCO_3\downarrow+Na_2SO_4$$

（注：后续反应为 $2CuCO_3+H_2O = Cu_2(OH)_2CO_3\downarrow+CO_2\uparrow$）

碳酸铜

$$Na_2CO_3+2HCl = 2NaCl+CO_2\uparrow+H_2O$$

$$Na_2CO_3+Ca(OH)_2 = 2NaOH+CaCO_3\downarrow$$

仔细观察上述 3 个反应，发现酸、碱、盐在溶液中能够发生反应，如：酸碱中和反应、酸与盐的反应、碱与盐的反应、盐与盐的反应。这些反应的特点是一般都是由两种化合物互相交换离子，生成另外两种化合物的反应，表示为：

$$AB+CD = AD+CB$$

类似这样的反应，我们称之为**复分解反应**。

大量的实验研究表明，发生复分解反应，至少应该满足以下三个条件之一：

（1）有沉淀生成

（2）有气体生成

（3）有水生成

小苏打有哪些神奇的反应呢？回忆一下，我们在第一单元“物质的变化”中学过“自制灭火器”的实验，用到的是碳酸氢钠和浓盐酸的反应。我们在第四单元“水的朋友圈”中学过“自制碳酸饮料”的实验，制作饮料的原料是小苏打和柠檬酸。再次说明小苏打和酸能够发生化学反应。下面，我们再次利用这类反应，看看如何让一只气球自动鼓起来呢？

探索海洋

自动充气的气球

表 8-16　自动充气气球任务单

实验操作	实验现象	实验解释
1. 实验装置如图 8-25 所示，在试管中加入适量的稀盐酸，在气球中放入 2～3 勺碳酸氢钠；		

续表

实验操作	实验现象	实验解释
2. 将气球中的碳酸氢钠倒入试管中，观察实验现象 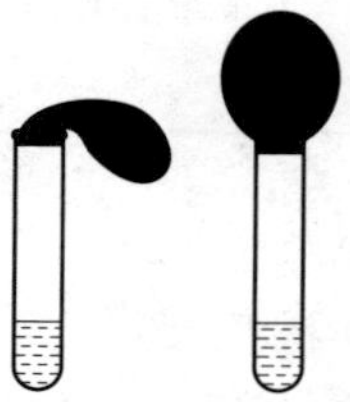 图 8-25　自动充气的气球		

该过程发生的是碳酸氢钠与稀盐酸的反应，方程式如下：

$$NaHCO_3+HCl = NaCl+CO_2\uparrow+H_2O$$

与上述反应类似，利用小苏打与柠檬酸的反应，可以制作“自充气气球”，如图 8-26 所示。这种气球里有一个神奇的“硬块”，使用时，用手把“硬块”捏碎，气球就能自动鼓起来了，使用起来十分方便。你知道这是什么原理吗？

图 8-26　自充气气球

探索海洋

苏打和小苏打从外观上看十分相似。有一天，小程从厨房中拿来一包白色固体，不知道是苏打还是小苏打，请你帮助小程通过实验来证明吧。

［**查阅资料**］已知：碳酸氢钠受热可以分解产生碳酸钠、水、二氧化碳。碳酸钠受热不易分解。

［**设计实验**］____

［**实验反思**］可以通过白色粉末与酸反应来鉴别它是碳酸钠还是碳酸氢钠吗？

____

跨学科

与生物学科的融合：面粉发酵的原理

本节前面讨论过，碳酸氢钠可以用于烘焙食物，可以作为发酵粉。实际上，市面上常用的发酵粉是泡打粉和酵母。它们分别是什么原理呢？

泡打粉　　　　酵母

图 8-27　泡打粉和酵母

泡打粉是由苏打（Na_2CO_3）粉或小苏打（$NaHCO_3$）粉混合其他酸性粉末（如酒石酸氢钾、磷酸二氢钠等粉末），并以玉米粉为填充剂的白色粉末。泡打粉是制作面食、烘焙糕点时常用的发泡剂。泡打粉在溶于水时即开始起作用，其中的苏打或小苏打与酸性物质发生反应，产生并放出二氧化碳（CO_2）。同时在烘焙加热的过程中，泡打粉中的小苏打在受热条件下也会产生并放出二氧化碳（CO_2）。这些气体会使产品变得膨胀松软。

酵母是一些单细胞真菌，在有氧和无氧的环境中都能生长，即酵母菌是兼性厌氧菌。在有氧的情况下，它把糖分解成二氧化碳和水且酵母菌生长较快。在缺氧的情况下，酵母菌把糖分解成酒精和二氧化碳。利用这个性质，酵母常常被用于发酵面包和馒头，即在发酵面包和馒头的过程中面团会放出二氧化碳，使面包和馒头松软可口。

小试牛刀

假期，王霞同学在家中与妈妈做面包，发现妈妈揉面粉时在面粉中加入一种白色粉末，做出的面包疏松多孔，口感很好。她很感兴趣，想探究这种“神奇粉末”的成分。

【查阅资料】通过对市场上相关产品进行调查，王霞发现如下图所示的三种商品：

商品			
成分	碳酸钠	碳酸氢钠	碳酸氢钠、有机酸

图 8-28　三种神奇粉末

其中，发酵粉与水混合后，产生大量气体，你认为该气体是_________。王霞妈妈告诉她所用的白色粉末就是以上 3 种商品中的一种。

【设计实验】王霞探究这种白色粉末的成分。

取少量白色粉末于试管中，加入适量蒸馏水，发现白色粉末溶解，无其他明显现象，实验结论是_________；另取少量白色粉末于试管中，加入_________，有无色气体产生，王霞认为白色粉末是纯碱。

【实验反思】小明同学认为王霞同学根据上面的实验现象，不能得出白色粉末是纯碱，你若认为小明说法有道理，请用化学方程式解释不能得出结论的原因________________________。为了得到鉴别纯碱和小苏打的正确方法，王霞继续查找资料，发现它们有下列的性质

性质	碳酸钠	碳酸氢钠
溶解性	20 ℃时溶解度 21.6 g，溶解时放热	20 ℃时溶解度 9.8 g，溶解时放热
加热	不分解	发生分解反应，分解产物为碳酸钠、二氧化碳和水

根据上面信息，检验白色粉末的方法之一是：20 ℃时，在 100 g 水中加入 12 g 该白色粉末，充分溶解后，如果有白色固体剩余，则为_______，否则为_________

在查找资料过程中，王霞同学还发现纯碱不是碱，是由于其水溶液显碱性而得名。现要验证纯碱溶液是否显碱性，请写出用 pH 试纸来测其 pH 值的操作过程____________

学习反思

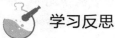

亲爱的同学们，通过本节内容的学习，你达到学习目标了吗？请你根据自己的学习情况进行自我评价。

表 8-17　自我评价量表

学习目标	是否达成 （全部达成请画☆☆☆，部分达成请画☆☆，没有达成请画☆）	学习反思
通过实验探究理解苏打、小苏打的化学性质		掌握较好的内容有：
能够根据性质设计合理的实验鉴别物质		有待提高的内容有：
能够从多个方程式中总结复分解反应的特点		

主题 6　有趣的鸡蛋

学习目标

1. 了解鸡蛋对于人体的重要作用。
2. 知道鸡蛋壳的主要成分，并能解释“蛋白留痕”“醋煮鸡蛋”的实验原理。
3. 理解液体的密度对浮力的影响。

关键概念

鸡蛋的作用、碳酸钙性质、浮力应用

学科融合

化学　碳酸钙的化学性质和应用

生物　鸡蛋对人体的重要作用

物理　浮力的应用

酸碱盐的家庭里有这样一位成员：碳酸钙，它是大理石（或石灰石）的主要成分之一，在第三章“空气探秘”时，我们学过“大理石的妙用”，就是利用碳酸钙制二氧化碳。

碳酸钙，化学式为 $CaCO_3$，是一种白色固体，大理石、石灰石的主要成分。生活中常见于贝壳、珍珠等物质中。碳酸钙可以与酸反应生成二氧化碳，其中与盐酸的反应原理如下：

$$CaCO_3+2HCl = CaCl_2+CO_2\uparrow+H_2O$$

你知道吗？鸡蛋壳的主要成分就是碳酸钙，用鸡蛋完成化学实验，十分有趣！

跨学科

与生物学科的融合：鸡蛋对人体的重要作用

鸡蛋是母鸡所产的卵。其外有一层硬壳，内则有气室、卵白及卵黄部分。富含胆固醇，营养丰富，一个鸡蛋重约 50 g，含蛋白质 7 g。青少年应当每日食用一枚鸡蛋，来补充身体所需要的蛋白质。鸡蛋壳的主要成分是碳酸钙（$CaCO_3$），约占整个蛋壳质量的 91%～95%，是钙质的良好来源。

鸡蛋的主要成分属于蛋白质，蛋白质在碱性、酸性、酶的作用下均可以发生水解。水解是一种化学变化。蛋白质发生部分水解可以形成多肽，这是一种比蛋白质的结构要相对简单、但是比氨基酸的结构相对复杂的物质，如图 8-29 所示。

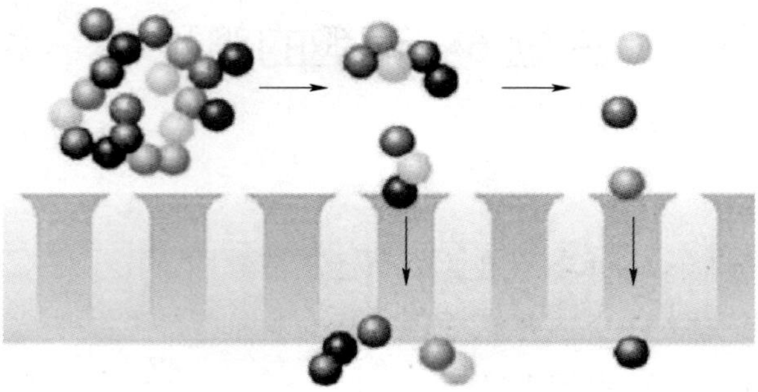

图 8-29　蛋白质、多肽、氨基酸示意图

蛋白质如果完全水解后，能够形成氨基酸。食物蛋白质在人体中的水解过程如图 8-30 所示。蛋白质最终水解的产物是氨基酸。

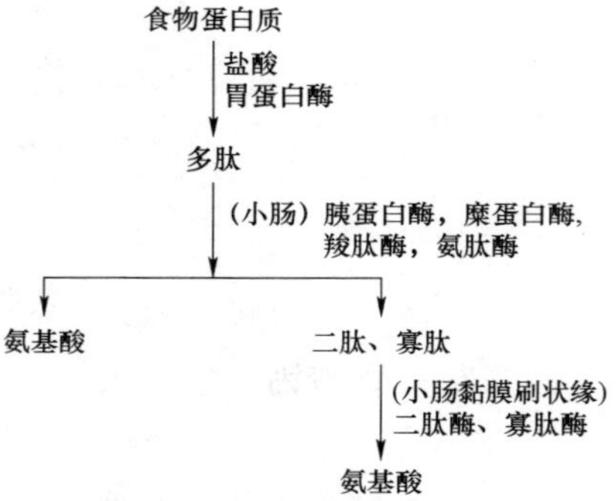

图 8-30　食物蛋白在人体中的水解过程

鸡蛋中的蛋白质在弱酸性下水解，能够形成一种多肽，这种多肽遇到硫酸铜溶液（弱酸性溶液）可以变成蓝色或紫色的物质。

探索海洋

蛋白留痕

［**实验用品**］鲜鸡蛋、醋酸、稀硫酸铜、三角架、石棉网、小烧杯、酒精灯、火柴、毛笔。

表 8-18　蛋白留痕实验任务单

实验步骤	实验现象	实验解释
1. 取一只鸡蛋，洗去表面的油污，擦干； 2. 用毛笔蘸取醋酸，在蛋壳上写字； 3. 等醋酸蒸发后，把鸡蛋放在稀硫酸铜溶液中煮熟； 4. 待鸡蛋冷去后剥去蛋壳，观察现象		

［**实验反思**］已知醋酸的化学是为：CH_3COOH，当碳酸钙与醋酸反应时，会生成醋

酸钙，其化学式为$(CH_3COO)_2Ca$，请你根据碳酸钙和盐酸反应化学方程式，仿写碳酸钙和醋酸反应的化学方程式____

除了在蛋白上留下痕迹，把鸡蛋放在醋酸里煮，也是一个有趣的实验。让我们来体验一下吧！

探索海洋

醋煮鸡蛋

表 8-19　醋煮鸡蛋实验任务单

实验步骤	实验现象	实验解释
1. 在烧杯中加入少量水，将鸡蛋放入烧杯中，观察实验现象; 2. 另取一只烧杯，加入少量醋酸，将鸡蛋放入烧杯中，就鸡蛋的位置。随着反应的进行，认真观察鸡蛋表面的现象和鸡蛋的位置		

[**实验反思**] 请你说说，液体的密度如何影响在液体中的物体的浮力？

____

跨学科

与物理学科的融合：浮力

浮力指物体在流体（包括液体和气体）中，各表面受流体（液体和气体）压力的差（合力）。公元前245年，阿基米德发现了浮力原理。浮力的定义式为$F_{浮}=G_{排}$（即物体浮力等于物体下沉时排开液体的重力），计算可用它推导出公式$F_{浮}=\rho_{液}gV_{排}$（$\rho_{液}$是指液体密度，单位：千克/立方米（kg/m^3）；g是指重力与质量的比值，g=9.8 N/kg，单位牛顿（N）；$V_{排}$是指排开液体的体积，单位立方米）。液体的浮力也适用于气体。轮船浮在水面上，而不是沉在海底，就是利用了浮力的原理，如图 8-31 所示。当浮力=重力时，物体漂浮在水面上，或者悬浮在水中。当浮力<重力时，物体上浮。当浮力＞重力时，物体下沉。

图 8-31　浮力使轮船浮在水面上

拓展学习

制作神奇的鸡蛋晶体

图 8-32　多彩鸡蛋晶体

一、实验材料

鸡蛋 1 个、大头钉、勺子、刷子、容器、热水、剪刀、纸巾、色素、明矾粉、胶水。

二、实验步骤

1. 先用大头钉在鸡蛋的两端各戳一个孔，然后把鸡蛋里面的蛋液弄出来（这里可以对着一个孔吹气，帮助蛋液快速流出），如图 8-33 所示。

图 8-33　第一步操作示意图

2. 用剪刀把鸡蛋壳横着剪成两份，然后用纸巾擦干净。

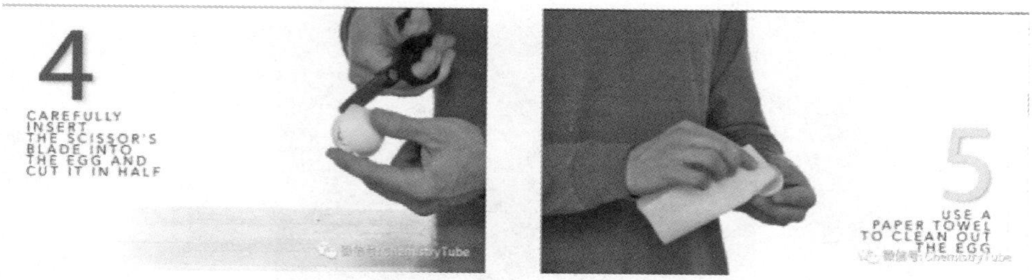

图 8-34　第二步操作示意图

3. 取其中一块鸡蛋壳，修饰鸡蛋壳的外形，让它看起来更为自然。

图 8-35　第三步操作示意图

4. 在鸡蛋壳上倒上胶水，然后用刷子将鸡蛋壳里外的胶水涂均匀。

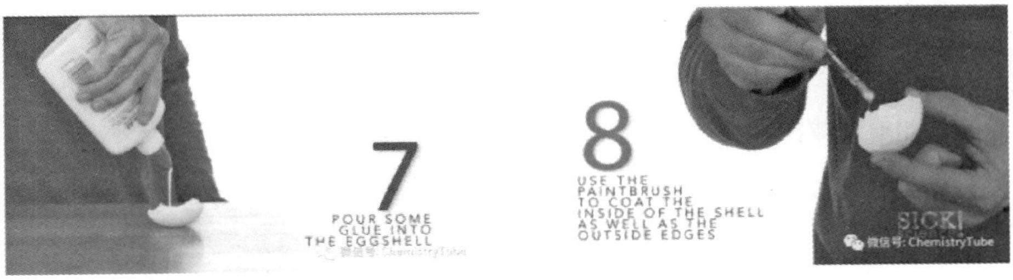

图 8-36　第四步操作示意图

5. 这时候可以把明矾粉倒在鸡蛋壳涂有胶水的地方，弄均匀后把多余的明矾粉倒掉。

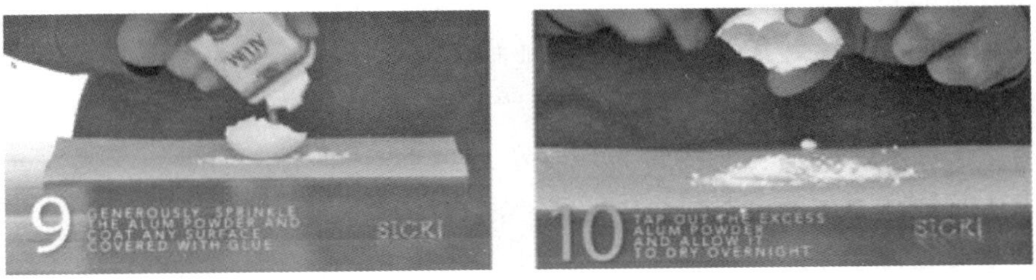

图 8-37　第五步操作示意图

6. 取一个 250 mL 烧杯，然后加入热水、色素，还有明矾粉，搅拌均匀。

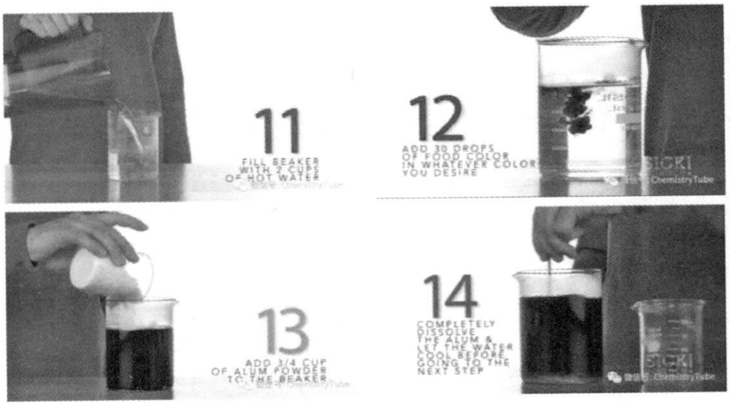

图 8-38　第六步操作示意图

7. 这时候可以把鸡蛋壳放在调好的明矾溶液中，用勺子将鸡蛋壳沉入水底。静待12－15 小时，取出鸡蛋壳。如果加入的色素是多彩的，我们就能够做成各种颜色的水晶蛋了！

图 8-39　第七步操作示意图

小试牛刀

1. 蛋白质在人体内水解后生成的物质是（　　）。

A. 氨基酸　　B. 葡萄糖　　C. 维生素　　D. 无机盐

2. 下列食品中，富含丰富的蛋白质的是（　　）。

A. 馒头　　B. 鸡蛋　　C. 西红柿　　D. 豆油

3. 物体在液体中受到的浮力大小（　　）。

A. 和物体本身的重力大小有关　　B. 和物体的体积大小有关

C. 和物体的密度大小有关　　D. 和物体排开液体的体积大小有关

4. 中国 094 级战略潜水艇从长江某基地赴黄海执行任务，在此过程中（　　）。

A. 潜水艇在海水中潜行时所受的浮力大于在江水中潜行时所受的浮力

B. 潜水艇在海水中潜行时所受的浮力等于在江水中潜行时所受的浮力

C. 潜水艇在海水中潜行时所受的浮力小于在江水中潜行时所受的浮力

D. 潜水艇在海水中潜行时所受的重力小于在江水中潜行时所受的浮力

5. 完成以下实验报告。

实验课题：探究鸡蛋壳的成分（至少检出一种成分）。

实验原理：________________________________

实验器材：________________________________

实验药品：鸡蛋壳、____________________________

查阅资料：已知二氧化碳可以使澄清石灰水变浑浊。这是检验二氧化碳的一种重要方法。

实验记录：

表 8-20　探究鸡蛋壳的成分任务单

实验步骤	实验现象	实验结论

学习反思

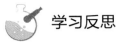

亲爱的同学们，通过本节内容的学习，你达到学习目标了吗？请你根据自己的学习情况进行自我评价。

表 8-21　自我评价量表

学习目标	是否达成 （全部达成请画☆☆☆，部分达成请画☆☆，没有达成请画☆）	学习反思
了解鸡蛋对于人体的重要作用		掌握较好的内容有： 有待提高的内容有：
知道鸡蛋壳的主要成分，并能解释“蛋白留痕”“醋煮鸡蛋”的实验原理		
理解液体的密度对浮力的影响		

主题 7　小化肥，大贡献

学习目标

1. 了解常见的氮肥、磷肥、钾肥、复合肥。
2. 知道植物缺乏氮肥、磷肥或钾肥的症状。
3. 能够通过实验鉴别不同的化肥。

关键概念

氮肥、磷肥、钾肥、复合肥

学科融合

化学　氮肥、磷肥、钾肥、复合肥

历史　化肥的历史

植物生长需要养分，土壤所能提供的养分是有限的，因此要靠施肥补充，施肥是使农业增产的重要手段。植物的生长离不开化肥。化肥的种类有很多，你知道这些化肥对植物具体有哪些促进生长的作用吗？你知道如何鉴别它们吗？本课题，我们将一探究竟。

跨学科

与历史学科的融合：化肥的发现历史

根据古希腊传说，用动物粪便作肥料是大力士赫拉克罗斯首先发现的。赫拉克罗斯是众神之主宙斯之子，是一个半神半人的英雄，他曾创下12项奇迹，其中之一就是在一天之内把伊利斯国王奥吉阿斯养有300头牛的牛棚打扫得干干净净。他把艾尔菲厄斯河改道，用河水冲走牛粪，沉积在附近的土地上，使农作物获得了丰收。当然这是神话，但也说明当时的人们已经意识到粪肥对作物增产的作用。古希腊人还发现旧战场上生长的作物特别茂盛，从而认识到人和动物的尸体是很有效的肥料。在《圣经》中也提到把动物血液淋在地上的施肥方法。

千百年来，不论是欧洲还是亚洲，都把粪肥当作主要肥料。进入18世纪以后，世界人口迅速增长，同时在欧洲爆发的工业革命，使大量人口涌入城市，加剧了粮食供应紧张，并成为社会动荡的一个起因。化学家们从18世纪中叶开始对作物的营养学进行科学研究。19世纪初流行的两大植物营养学说是“腐殖质”说和“生活力”说。前者认为植物所需的碳元素不是来自空气中的二氧化碳，而是来自腐殖质；后者认为植物可借自身特有的生活力制造植物灰分的成分。1840年，德国著名化学家李比希出版了《化学在农业及生理学上的应用》一书，创立了植物矿物质营养学说和归还学说，认为只有矿物质才是绿色植物唯一的养料，有机质只有当其分解释放出矿物质时才对植物有营养作用。李比希还指出，作物从土壤中吸走的矿物质养分必须以肥料形式如数归还土壤，否则土壤将日益贫瘠。从而否定了“腐殖质”和“生活力”学说，引起了农业理论的一场革命，为化肥的诞生提供了理论基础。

1828年，德国化学家维勒在世界上首次用人工方法合成了尿素。按当时化学界流行的“活力论”观点，尿素等有机物中含有某种生命力，是不可能人工合成的。维勒的研究打破了无机物与有机物之间的绝对界限。但当时人们尚未认识到尿素的肥料用途。直到50多年后，合成尿素才作为化肥投放市场。

1838年，英国乡绅劳斯用硫酸处理磷矿石制成磷肥，成为世界上第一种化学肥料。

1840年，德国化学家李比希为化肥的发明与应用奠定了理论基础。李比希还在1850年发明了钾肥。

1850年前后，劳斯又发明出最早的氮肥。1909年，德国化学家哈伯与博施合作创立了“哈伯—博施”氨合成法，解决了氮肥大规模生产的技术问题。

20世纪50年代以来，施用化肥得到了大规模应用。据统计，在各种农业增产措施中，化肥的作用占大约30%。

18世纪中期，随着人们对化学元素与植物生长关系的了解，出现了以化学和物理方法制成的含农作物生长所需营养元素的化学肥料。植物所需的营养元素包括碳、氢、氧、氮、磷、硫、钾、钙、镁等，其中氮、磷、钾的需求量较大，所以氮肥、磷肥、钾肥是最主要的化学肥料。

氮是植物蛋白质、核酸和叶绿素的组成元素。缺氮会造成新细胞形成受阻，植物的生长发育迟缓或停滞，如果是叶绿素含量下降，则直接影响光合作用的速率和光合作用产物的形成。虽然空气中含有大量的氮气，但大多数植物不能直接吸收氮气。只有大豆、蚕豆等少数根部有根瘤菌的豆科植物可将氮气转化成氮的化合物吸收，所以大部分植物需要补氮。可作氮肥的化合物有尿素［$CO(NH_2)_2$］、碳酸氢铵（俗称碳铵，NH_4HCO_3）、硫酸铵［俗称硫铵，$(NH_4)_2SO_4$］、硝酸铵（俗称硝铵，NH_4NO_3）和氯化铵（NH_4Cl）等。铵态氮肥加碱研磨后会有氨气的特殊刺激性气味，这是鉴别铵态氮肥的简单方法。

图 8-40　植物缺氮的症状

磷是植物核酸、蛋白质等多种重要化合物的组成元素。植物缺磷会造成生长迟缓、产率下降，但磷过量则会引起贪青晚熟、结实率下降。常用的磷肥有过磷酸钙，它是可溶性的磷酸二氢钙［$Ca(H_2PO_4)_2$］和硫酸钙（$CaSO_4$）的混合物，还有磷矿粉，其主要成分为磷酸钙［$Ca_3(PO_4)_2$］。

图 8-41　植物缺磷的症状

钾具有保证各种代谢过程顺利进行、促进植物生长、增强抗病虫害和抗倒伏能力，促进红薯、土豆等淀粉类作物淀粉合成等重要功能。常用的钾肥有氯化钾（KCl）和硫酸钾（K_2SO_4）等。

图 8-42　植物缺钾的症状

有些化肥同时含有两种或两种以上营养元素，称为**复合肥料**。例如：硝酸钾（KNO_3）就是钾肥和氮肥的复合肥，磷酸二铵［$(NH_4)_2HPO_4$］是氮、磷复合肥。复合肥料能同时供给多种营养元素，发挥营养元素间的相互作用，有效成分高。

探索海洋

化肥的鉴别

小兰来到实验室，老师给她很多化肥，含氮肥、磷肥和钾肥。她想通过实验，学会初步区分常用氮肥、磷肥和钾肥的方法。

【提出问题】如何初步鉴别常见氮肥、磷肥和钾肥呢？

【查阅资料】铵态氮肥加碱研磨后会有氨气的特殊刺激性气味，可以用来鉴别铵态氮肥。

【猜想与假设】可通过这些化肥的物理性质（外观、气味、溶解性）和化学性质鉴别。

【设计实验】

1. 比较物理性质的不同

比较氮肥（碳酸氢铵、氯化铵）、磷肥（磷矿粉、过磷酸钙）和钾肥（硫酸钾、氯化钾）的外观、气味和在水中的溶解性，归纳它们的性质，填写表 8-22。

表 8-22　归纳氮肥、磷肥、钾肥的性质

	氮肥		磷肥		钾肥	
	碳酸氢铵	氯化铵	磷矿粉	过磷酸钙	硫酸钾	氯化钾
外观						
气味						
溶解性						

2. 比较化学性质的不同

取下列化肥各少量，分别加入少量熟石灰［氢氧化钙，$Ca(OH)_2$］粉末，混合、研磨，能够嗅到味道？

表 8-23　比较氮肥和钾肥的化学性质

	氮肥		钾肥	
	硫酸铵	氯化铵	硫酸钾	氯化钾
加熟石灰粉末研磨				

【实验结论】可以通过化肥的物理、化学性质的不同来加以鉴别。请根据上述实验，归纳初步区分氮肥、磷肥和钾肥的步骤和方法：

____

____

探索海洋

通过互联网、相关书籍和报刊或咨询有关部门，就以下课题进行调查与研究，制作一张海报，与同学们交流。

1. 历史上发生过的由病虫害引发的农业灾荒。

2. 历史上与化肥和农药有关的研究成果。例如，与合成氨有关的研究曾 3 次获得诺贝尔化学奖（1918 年、1931 年、2007 年）；农药 DDT 杀虫效果的发现曾获得 1948 年诺贝尔生理学或医学奖（后来由于 DDT 的使用带来了许多环境问题而被禁用）。

3. 化肥、农药的现状及发展趋势。

小试牛刀

实验室有一瓶化肥的标签已脱落，只知道它是 NH_4Cl、$(NH_4)_2SO_4$、NH_4HCO_3 和尿素［$CO(NH_2)_2$］中的一种。请你完成以下探究：

【资料】 $BaCl_2$ 能与 $(NH_4)_2SO_4$ 反应，生成白色沉淀（主要成分是 $BaSO_4$）。

【猜想】 猜想①：该化肥是 NH_4Cl，猜想②：该化肥是____________，

猜想③：该化肥是 NH_4HCO_3，猜想④：该化肥是尿素。

【实验探究】

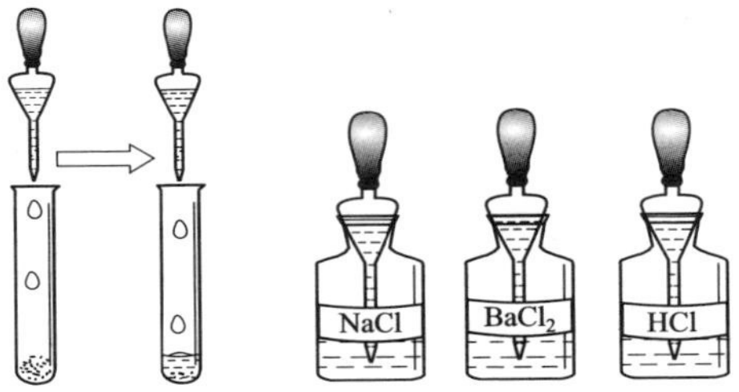

（1）取少量样品在研钵中与熟石灰研磨，有刺激性气味的气体放出，证明猜想____________不成立；写出其中一种化肥发生该反应的化学方程式：________________

（2）如上图，另取少量样品于试管中，滴加适量水振荡，再选______溶液滴入试管中，若无气泡放出，则猜想______不成立。

（3）在步骤（2）的试管中再滴入上图中的__________溶液，若______，则猜想①成立；若____________，则猜想②成立，其反应的化学方程式为：____________________

学习反思

亲爱的同学们，通过本节内容的学习，你达到学习目标了吗？请你根据自己的学习情况进行自我评价。

表 8-24 自我评价量表

学习目标	是否达成（全部达成请画☆☆☆，部分达成请画☆☆，没有达成请画☆）	学习反思
了解常见的氮肥、磷肥、钾肥、复合肥		掌握较好的内容有：
知道植物缺乏氮肥、磷肥或钾肥的症状		有待提高的内容有：
能够通过实验鉴别不同的化肥		

单元小结

核心概念

指示剂	酚酞：遇酸不变色、遇碱变红；石蕊：遇酸变红、遇碱变蓝；pH 试纸：检验溶液酸碱度
酸	（1）与指示剂作用：使石蕊试液变红； （2）酸＋活泼金属→盐＋氢气（置换反应）； （3）酸＋碱性氧化物→盐＋水； （4）酸＋碱→盐＋水（中和反应），中和反应是复分解反应的一种； （5）酸＋盐→新酸＋新盐（复分解反应），复分解反应与化合反应、分解反应、置换反应一起称为四大基本反应
碱	（1）与指示剂作用：使石蕊试液变蓝，使酚酞试液变红； （2）碱＋酸性氧化物→盐＋水； （3）碱＋酸→盐＋水（中和反应）； （4）碱＋盐→新碱＋新盐（复分解反应）
盐	（1）粗盐提纯：溶解、过滤、蒸发； （2）碳酸盐的化学性质：遇酸反应产生二氧化碳； （3）盐的化学通性：复分解反应、置换反应
化肥	化肥的种类、复合肥

思维导图

请试着画一个思维导图，将本单元核心知识进行关联，明确知识之间的关系，明确知识与实验之间的关系，并试着想想跨学科知识是怎样用于解决一个真实问题的？

参考答案

第一单元　物质的变化

主题1　魅力仪器

1. C　2. C　3. C　4. A　5. D　6. D

主题2　烛火的智慧

1. C　2. D　3. A　4. D　5. ① 水；② 放热；③ 石灰水变浑浊。

主题3　燃烧的秘密

1. C　2. B　3. C

4.

实验一	燃烧需要可燃物
实验二	燃烧需要氧气
实验三	燃烧需要使温度达到着火点

主题4　灭火的窍门

1. D　2. D　3. A　4. C　5. D　6. A

7. （1）爆炸时产生二氧化碳等不助燃的气体，隔绝氧气；（2）隔绝氧气且使温度降低到着火点以下。8. 隔绝可燃物。

主题5　当心爆炸

1. A　2. D

3. “油气炸弹”中的可燃性气体，燃烧消耗大量氧气，使防护工事内缺氧而使人窒息死亡。

主题6　神奇的化学能量

1. B　2. D　3. C　4.（1）自制暖宝宝（2）物质燃烧（3）生石灰与水反应

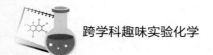

5. 浓硫酸溶于水放热，物理变化；硝酸铵溶于水吸热，物理变化。

主题 7　DIY 水果电池

1.（1）结论 1：同一种水果，电极插入深度越深，电压越高。

结论 2：不同种类的水果，插入深度相同，电压不同。

（2）苹果 2 cm 0.12 V；苹果 3 cm 0.18 V；苹果 4 cm 0.28 V（选择其他合理数据也可）证明的是结论

（3）将水果电池连接电压表，若示数为正，则电压表正接线柱接的为正极，负接线柱接的为负极；若示数为负，则相反。

第二单元　物质的奥秘

主题 1　小而生动的分子

1. A　2. C　3. C　4. C　5. A　6. D　7. B

8. （1）分子在不断运动着；（2）分子之间有间隔，且分子间间隔随温度的升高而增大；（3）分子的体积很小。

主题 2　原子的故事

1. A　2. B　3. A

主题 3　离子的由来

1.

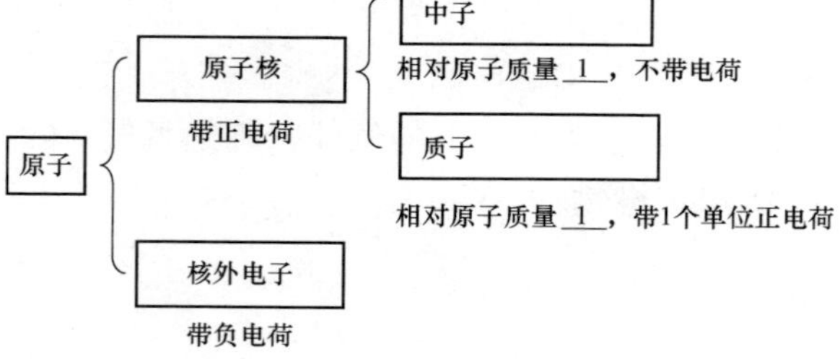

2. B　3. A　4. B　5. C　6. D

主题 4　神奇的元素

1. A　2. A　3. C　4. D　5. A　6.（1）Be、B、P、K、Ag、Al、Si （2）钠、锂、氟、铁、氖、镁、钙

第三单元　空气探秘

主题 1　空气组成的奥秘

1. B　2. B

3. （1）实验设计和步骤是否合理？不合理，需在②进行前检查装置气密性。

（2）该实验中红磷需稍过量目的是使空气中的氧气全部消耗完。

（3）步骤③ 中打开止水夹后观察到的现象，由此可得出空气中氧气的体积分数约为 $\frac{1}{5}$。该反应的化学方程式是 $4P+5O_2 \xlongequal{点燃} 2P_2O_5$。

（4）实验过程中，哪些因素会造成水面没有上升到 $\frac{1}{5}$ 处？ ① 没有冷却到室温就打开止水夹；② 装置漏气；③ 红磷量不足等。

（5）该实验能否用碳、硫代替红磷？ 不能 。原因是 碳与氧气反应生成二氧化碳，硫和氧气反应生成二氧化硫，虽然都消耗了氧气，但又生成了气体，装置内气体压强保持不变，水不会进入集气瓶。

主题 2　趣味氧气

1. B　2. C　3. C　4. B　5. B　6. D　7. D　8. A

主题 3　趣味氧气

1. D

2. （1）B　（2）急救病人（答案合理即可）；（3）物理变化；（4）AC；（5）生产条件容易达到（答案合理即可）。

主题 4　奇妙双氧水

1. $2H_2O_2 \longrightarrow 2H_2O+O_2\uparrow$（条件写酶、$MnO_2$ 都可以）。

2. 带火星的木条复燃。

3. 体温高于常温不是伤口上过氧化氢分解快的原因（或猜想 1 不成立）。

4. 51。

5. 在 37 ℃的温水中，注入 5 mL 过氧化氢溶液，不加过氧化氢酶（2 分，温度和过氧化氢溶液量，控制一个变量得 1 分，加入过氧化氢酶 0 分）。

6. 在过氧化氢酶存在时，温度也会影响过氧化氢分解的速度（答案合理即给分）。

主题5　神奇的干冰

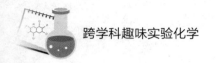

1. B 应该是干冰升华吸热使周围环境温度降低，水蒸气液化成小水珠，小水珠聚集到一起凝结成白雾。

2. B　3. CO_2；密度大于空气、不可燃、一般不助燃；光合。4. A

5. （1）变红；（2）证明二氧化碳和水不能使紫色石蕊变红，它们没有酸性；（3）证明二氧化碳与水能发生化学反应，生成物具有酸性。

主题6　大理石的妙用

1. D　2. A　3.（1）酒精灯；（2）$2KMnO_4 \xlongequal{\triangle} K_2MnO_4+MnO_2+O_2\uparrow$ 不易溶于水且不与水反应；（3）B　用燃着的木条放在集气瓶瓶口，若熄灭，则已满。

第四单元　水的朋友圈

主题1　自制净水器

1. A　2.（1）C；（2）D；（3）沉降；（4）混合物　没有除去水中的可溶性杂质。

主题2　水的深度净化

1.（1）明矾　过滤　ac；（2）蒸馏　　物理；（3）硬水。

主题3　玩转水

1.（1）负　正；（2）氧气　带火星的小木条　氢气　燃烧的木条；
（3）氢、氧元素；$2H_2O \xlongequal{通电} 2H_2\uparrow+O_2\uparrow$（4）$O_2$ 部分溶解在水中。2. D　3. C

主题4　神奇的溶液

1. A　2. D　3. D

4. 同一溶质在不同溶剂中的溶解能力不同。不同溶质在同一溶剂中的溶解能力也不同。

5. 方法1：升温。理由：温度升高，冰糖分子运动到水分子间隔中的速率加快。
方法2：搅拌。理由：搅拌能够促进冰糖分子快速运动到水分子间隔中。

主题5　制作浓度适宜的碳酸饮料

1. A　2. C　3. 20%　4. 食盐：900 g；水：99 100 g；5. 440 kg。

主题6　溶解度的故事

1. C　2. A　3. D　4. C　5. B

第五单元　定量化学

主题1　物质有名片

1. C　2. +6、+6、+5、+5、−3、+3、+7　3.（1）Fe_2O_3；FeO；Fe_3O_4；（2）Ag_2O、Na_2S、CaF_2；（3）$Al_2(SO_4)_3$、$NaHSO_4$、$Ca(HCO_3)_2$。

主题2　反应有规律

1. A　2. B　3. C　4. C　5. B　6.（1）因为铁生锈的过程需要氧气和水参与，铁锈的质量大于铁的质量；（2）因为木柴燃烧消耗氧气，生成二氧化碳，消耗的气体质量小于生成的气体质量，根据质量守恒定律，灰烬的质量小于原木柴的质量。

主题3　反应需表达

1. D　2. B　3. A

主题4　计算有方法

1.（1）0.96 g（2）2.45 g；1.55 g；2. 96 g

第六单元　碳的大家庭

主题1　碳单质的小组织

1. B　2. C　3. C　4. B　5. 木炭的化学性质比较稳定，埋入地下不易发生腐烂，也阻碍了环境中微生物对内部木材的侵蚀。

主题2　当心一氧化碳

1. C　2. C　3. C　4. C

主题3　饮酒有学问

1. C_2H_5OH　$C_2H_5OH+3O_2\xlongequal{点燃}2CO_2+3H_2O$

2. 火势不大，用湿抹布盖灭；火势很大，直接用灭火器灭火。

3. $2K_2Cr_2O_7$（橙色）$+3C_2H_5OH+8H_2SO_4=2Cr_2(SO_4)_3$（绿色）$+3CH_3COOH+$

$2K_2SO_4+11H_2O$。

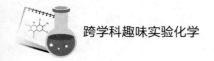

4. 用途 1：实验室做酒精灯。用途 2：伤口消毒　用途 3：与汽油形成混合燃料，供机动车使用。

主题 4　制作镜子

第一步，准备 1 个内壁清洗非常干净的试管。注意如果烧杯内壁有杂质，会影响镜子的产生。在试管中加入 1 mL 2%的 $AgNO_3$ 溶液，然后边振荡试管边逐滴滴入 2%的稀氨水，至最初产生的沉淀恰好溶解为止，制得银氨溶液。

第二步，向上述试管中加入 10 mL 葡萄糖溶液，震荡试管。

第三步，将试管放在盛有热水的烧杯中进行水浴加热，注意热水的温度控制在 60～70 ℃之间，你可以使用温度计测量水温。

第四步，几分钟后，将试管取出，观察表面现象。

注意事项：

实验室配制银氨溶液，应防止加入过量浓氨水，否则易生成易爆炸的雷酸银，试剂本身也失去灵敏性。配置好的银氨溶液不可久置，否则会生成叠氮化银，易发生危险。

主题 5　六大营养物质

1. D　2. A　3. A　4. B　5. A　6. C　7. B　8. A　9. C　10. A　11. B　12. C

主题 6　高分子材料

1. D　2. C　3. A　4. C　5. B　6. C　7. B　8. B　9. D　10. BCD

第七单元　金属及其化合物

主题 1　“金属、合金”一探到底

1. A　2. 铝、银、汞、金刚石

3. 取样，用磁铁吸引，能被吸引的是铁，不能被吸引的是石墨。

4. C　5. B　6. B

主题 2　神奇的金属反应

1. B　2. D　3. C　4.（1）Mg、Cu　（2）在金属活动性顺序表中，位于氢前的金属能与盐酸、稀硫酸反应生成氢气　$Fe+2HCl=FeCl_2+H_2\uparrow$

5.（1）C　（2）铜丝表面变黑　（3）铝片未打磨，表面的 Al_2O_3 致密阻止 Al 与 $CuSO_4$ 反应。

主题3 保护金属资源

1.C 2.B 3.C 4.D

5.（1）球形干燥管 碱石灰 除去水蒸气 （2）与氧气、水同时接触 氧气的浓度

第八单元 酸碱盐的故事

主题1 自制指示剂

1. B 2. B 3. D 4. C 5.（1）物理；（2）酸性；（3）红 B。

主题2 食醋的妙用

1. C 2. A 3. D 4. 稀盐酸 $CaCO_3+2HCl=\!=\!=CaCl_2+CO_2\uparrow+H_2O$ $2HCl+Mg(OH)_2=\!=\!=MgCl_2+2H_2O$。5. $3HCl+Al(OH)_3=\!=\!=AlCl_3+3H_2O$。

主题3 碱的趣味小制作

1. B 2. D 3. B 4. C 5. 氢气、氧气、氮气、铜、汞、白磷、一氧化碳、二氧化碳、氧化铝、氢氧化钙、氢氧化钠。

主题4 粗盐提纯

1（1）铁架台（2）蒸发（3）滤纸低于漏斗边缘，滤液低于滤纸边缘（4）可能是溶解时间不够，或者没有用玻璃棒搅拌，导致粗盐没有充分溶解。或者是蒸发时没有用玻璃棒搅拌，导致液滴飞溅。

2（1）漏斗 F；（2）左 用玻璃棒不断搅拌；（3）③②④①。

主题5 苏打家族

[查阅资料] 二氧化碳；

[设计实验] 该白色粉末不是快速发酵粉 适量稀盐酸；

[实验反思] $NaHCO_3+HCl=NaCl+CO_2\uparrow+H_2O$ 碳酸氢钠；碳酸钠；

用镊子夹取 pH 试纸于白瓷板上，用玻璃棒蘸取少量待测液于试纸上，与标准比色卡比照，读数。若 pH 大于 8，则说明待测液呈碱性。

主题6 有趣的鸡蛋

1. A 2. B 3. D 4. B

5. 实验原理：鸡蛋壳的主要成分为碳酸钙，碳酸钙与稀盐酸能够反应生成二氧化碳，将生成的二氧化碳倒入澄清石灰水，石灰水变浑浊。

实验器材：稀盐酸、试管、导管、石灰水。

实验操作	实验现象	实验结论
在试管中加入一小块鸡蛋壳，然后向其中加入少量稀盐酸，将该试管产生的气体通入到澄清石灰水	加入稀盐酸后产生气泡 通入石灰水后石灰水变浑浊	证明鸡蛋壳的成分之一为碳酸钙

主题7　小化肥、大贡献

［猜想］$(NH_4)_2SO_4$；（1）④$2NH_4Cl+Ca(OH)_2 = CaCl_2+2H_2O+2NH_3\uparrow$；（2）稀盐酸　③；

（3）$BaCl_2$　无沉淀生成　产生沉淀　$BaCl_2+(NH_4)_2SO_4 = BaSO_4\downarrow+2NH_4Cl$。

元素周期表

非金属　金属　过渡元素

原子序数 — 92 U — 元素符号，红色指放射性元素
元素名称 注 * 的是人造元素 — 铀
$5f^{3}6d^{1}7s^{2}$ — 外围电子层排布，括号指可能的电子层排布
238.0 — 相对原子质量

周期	I A 1	II A	III B	IV B	V B	VI B	VII B	VIII			I B	II B	III A	IV A	V A	VI A	VII A	0 18	电子层	0族电子数
1	1 H 氢 $1s^{1}$ 1.008																	2 He 氦 $1s^{2}$ 4.003	K	2
2	3 Li 锂 $2s^{1}$ 6.941	4 Be 铍 $2s^{2}$ 9.012											5 B 硼 $2s^{2}2p^{1}$ 10.81	6 C 碳 $2s^{2}2p^{2}$ 12.01	7 N 氮 $2s^{2}2p^{3}$ 14.01	8 O 氧 $2s^{2}2p^{4}$ 16.00	9 F 氟 $2s^{2}2p^{5}$ 19.00	10 Ne 氖 $2s^{2}2p^{6}$ 20.18	L K	8 2
3	11 Na 钠 $3s^{1}$ 22.99	12 Mg 镁 $3s^{2}$ 24.31											13 Al 铝 $3s^{2}3p^{1}$ 26.98	14 Si 硅 $3s^{2}3p^{2}$ 28.09	15 P 磷 $3s^{2}3p^{3}$ 30.97	16 S 硫 $3s^{2}3p^{4}$ 32.07	17 Cl 氯 $3s^{2}3p^{5}$ 35.45	18 Ar 氩 $3s^{2}3p^{6}$ 39.95	M L K	8 8 2
4	19 K 钾 $4s^{1}$ 39.10	20 Ca 钙 $4s^{2}$ 40.08	21 Sc 钪 $3d^{1}4s^{2}$ 44.96	22 Ti 钛 $3d^{2}4s^{2}$ 47.87	23 V 钒 $3d^{3}4s^{2}$ 50.94	24 Cr 铬 $3d^{5}4s^{1}$ 52.00	25 Mn 锰 $3d^{5}4s^{2}$ 54.94	26 Fe 铁 $3d^{6}4s^{2}$ 55.85	27 Co 钴 $3d^{7}4s^{2}$ 58.93	28 Ni 镍 $3d^{8}4s^{2}$ 58.69	29 Cu 铜 $3d^{10}4s^{1}$ 63.55	30 Zn 锌 $3d^{10}4s^{2}$ 65.39	31 Ga 镓 $4s^{2}4p^{1}$ 69.72	32 Ge 锗 $4s^{2}4p^{2}$ 72.61	33 As 砷 $4s^{2}4p^{3}$ 74.92	34 Se 硒 $4s^{2}4p^{4}$ 78.96	35 Br 溴 $4s^{2}4p^{5}$ 79.90	36 Kr 氪 $4s^{2}4p^{6}$ 83.80	N M L K	8 18 8 2
5	37 Rb 铷 $5s^{1}$ 85.47	38 Sr 锶 $5s^{2}$ 87.62	39 Y 钇 $4d^{1}5s^{2}$ 88.91	40 Zr 锆 $4d^{2}5s^{2}$ 91.22	41 Nb 铌 $4d^{4}5s^{1}$ 92.91	42 Mo 钼 $4d^{5}5s^{1}$ 95.94	43 Tc 锝 $4d^{5}5s^{2}$ [99]	44 Ru 钌 $4d^{7}5s^{1}$ 101.1	45 Rh 铑 $4d^{8}5s^{1}$ 102.9	46 Pd 钯 $4d^{10}$ 106.4	47 Ag 银 $4d^{10}5s^{1}$ 107.9	48 Cd 镉 $4d^{10}5s^{2}$ 112.4	49 In 铟 $5s^{2}5p^{1}$ 114.8	50 Sn 锡 $5s^{2}5p^{2}$ 118.7	51 Sb 锑 $5s^{2}5p^{3}$ 121.8	52 Te 碲 $5s^{2}5p^{4}$ 127.6	53 I 碘 $5s^{2}5p^{5}$ 126.9	54 Xe 氙 $5s^{2}5p^{6}$ 131.3	O N M L K	8 18 18 8 2
6	55 Cs 铯 $6s^{1}$ 132.9	56 Ba 钡 $6s^{2}$ 137.3	57-71 La-Lu 镧系	72 Hf 铪 $5d^{2}6s^{2}$ 178.5	73 Ta 钽 $5d^{3}6s^{2}$ 180.9	74 W 钨 $5d^{4}6s^{2}$ 183.8	75 Re 铼 $5d^{5}6s^{2}$ 186.2	76 Os 锇 $5d^{6}6s^{2}$ 190.2	77 Ir 铱 $5d^{7}6s^{2}$ 192.2	78 Pt 铂 $5d^{9}6s^{1}$ 195.1	79 Au 金 $5d^{10}6s^{1}$ 197.0	80 Hg 汞 $5d^{10}6s^{2}$ 200.6	81 Tl 铊 $6s^{2}6p^{1}$ 204.4	82 Pb 铅 $6s^{2}6p^{2}$ 207.2	83 Bi 铋 $6s^{2}6p^{3}$ 209.0	84 Po 钋 $6s^{2}6p^{4}$ [209]	85 At 砹 $6s^{2}6p^{5}$ [210]	86 Rn 氡 $6s^{2}6p^{6}$ [222]	P O N M L K	8 18 32 18 8 2
7	87 Fr 钫 $7s^{1}$ [223]	88 Ra 镭 $7s^{2}$ 226.0	89-103 Ac-Lr 锕系	104 Rf 𬬻 * $(6d^{2}7s^{2})$ [261]	105 Ha 𬭊 * $(6d^{3}7s^{2})$ [262]	106 * $(6d^{4}7s^{2})$ [263]	107 * $(6d^{5}7s^{2})$ [262]	108 * $(6d^{6}7s^{2})$ [265]	109 * $(6d^{7}7s^{2})$ [266]											

镧系	57 La 镧 $5d^{1}6s^{2}$ 138.9	58 Ce 铈 $4f^{1}5d^{1}6s^{2}$ 140.1	59 Pr 镨 $4f^{3}6s^{2}$ 140.9	60 Nd 钕 $4f^{4}6s^{2}$ 144.2	61 Pm 钷 * $4f^{5}6s^{2}$ [147]	62 Sm 钐 $4f^{6}6s^{2}$ 150.4	63 Eu 铕 $4f^{7}6s^{2}$ 152.0	64 Gd 钆 $4f^{7}5d^{1}6s^{2}$ 157.3	65 Tb 铽 $4f^{9}6s^{2}$ 158.9	66 Dy 镝 $4f^{10}6s^{2}$ 162.5	67 Ho 钬 $4f^{11}6s^{2}$ 164.9	68 Er 铒 $4f^{12}6s^{2}$ 167.3	69 Tm 铥 $4f^{13}6s^{2}$ 168.9	70 Yb 镱 $4f^{14}6s^{2}$ 173.0	71 Lu 镥 $4f^{14}5d^{1}6s^{2}$ 175.0
锕系	89 Ac 锕 $6d^{1}7s^{2}$ [227.0]	90 Th 钍 $6d^{2}7s^{2}$ 232.0	91 Pa 镤 $5f^{2}6d^{1}7s^{2}$ 231.0	92 U 铀 $5f^{3}6d^{1}7s^{2}$ 238.0	93 Np 镎 $5f^{4}6d^{1}7s^{2}$ [237.0]	94 Pu 钚 $5f^{6}7s^{2}$ [244]	95 Am 镅 * $5f^{7}7s^{2}$ [243]	96 Cm 锔 * $5f^{7}6d^{1}7s^{2}$ [247]	97 Bk 锫 * $5f^{9}7s^{2}$ [247]	98 Cf 锎 * $5f^{10}7s^{2}$ [251]	99 Es 锿 * $5f^{11}7s^{2}$ [252]	100 Fm 镄 * $5f^{12}7s^{2}$ [257]	101 Md 钔 * $(5f^{13}7s^{2})$ [258]	102 No 锘 * $(5f^{14}7s^{2})$ [259]	103 Lr 铹 * $(5f^{14}6d^{1}7s^{2})$ [260]

注：

1. 相对原子质量录自1995年国际原子量表，并全部取4位有效数字。

2. 相对原子质量加括号的为放射性元素的半衰期最长的同位素的质量数。